Julia Wolkenstein

Ein Weihnachtsmarkt der zauberhaften Wünsche

Liebe Leserin, lieber Leser,

herzlichen Dank, dass du dich für ein Buch von beHEARTBEAT entschieden hast. Die Bücher in unserem Programm haben wir mit viel Liebe ausgewählt und mit Leidenschaft lektoriert. Denn wir möchten, dass du bei jedem beHEARTBEAT-Buch dieses unbeschreibliche Herzklopfen verspürst.

Wir freuen uns, wenn du Teil der beHEARTBEAT-Community werden möchtest und deine Liebe fürs Lesen mit uns und anderen Leserinnen und Lesern teilst. Du findest uns unter be-heartbeat.de oder auf Instagram und Facebook.

Du möchtest nie wieder neue Bücher aus unserem Programm, Gewinnspiele und Preis-Aktionen verpassen? Dann melde dich für unseren kostenlosen Newsletter an:
be-heartbeat.de/newsletter

Viel Freude beim Lesen und Verlieben!

Dein beHEARTBEAT-Team

Melde dich hier für unseren Newsletter an:

Weitere Titel der Autorin

Weihnachtswunder im Hotel Mistelzweig
Zeit der Marzipanblüte

Über die Autorin

Julia Wolkenstein ist im Advent geboren und lebt mit ihrer Familie im Münsterland, wo es auch sehr schöne Weihnachtsmärkte gibt. Wenn ihre sechs Kinder es ihr erlauben, widmet sie sich ganz dem Schreiben von wunderbaren Romanen.

Julia Wolkenstein

Ein Weihnachtsmarkt der zauberhaften Wünsche

be HEARTBEAT

Vollständige Taschenbuch-Ausgabe des in der Bastei Lübbe AG erschienenen eBooks

beHEARTBEAT in der Bastei Lübbe AG

Dieses Werk wurde vermittelt durch die litmedia.agency, Germany.

Lektorat/Projektmanagement: Anne Pias
Covergestaltung: Christin Wilhelm, grafic4u.de unter Verwendung von Motiven von
© shutterstock (Valeri Luzina; Furyoku; Tanya Sid; Heleno4ka; by-studio; Julia Anisimova)
Satz: 3w+p GmbH, Rimpar
Druck: GGP Media GmbH, Pößneck

Printed in Germany
ISBN 978-3-947610-25-9

2 4 6 5 3

be-heartbeat.de
lesejury.de

Für Eleonore, meine eigene Luise

Prolog

»Oma! Kann Karo heute bei uns essen?« Die kindliche Stimme von Frieda kam aus dem Garten.

Luise saß in einem Sonnenstuhl auf der Terrasse im Schatten und strickte einen Schal, für diese Jahreszeit völlig unpassend.

»Natürlich kann sie zum Essen bleiben. Ich mache Pfannkuchen mit Apfelmus«, erklärte sie und strickte weiter, ohne genau hinzusehen.

»Oh, toll. Hast du gehört, Karo! Du kannst zum Essen bleiben. Kann sie auch bei mir schlafen?« Frieda ließ nicht locker. Die beiden Mädchen spielten Federball ohne Netz, liefen umher und trampelten auf den weißen Gänseblümchen herum, die ihre Köpfe der Sonne entgegenstreckten.

»Ich werde Karos Mutter anrufen, aber ich denke, das geht schon in Ordnung. Ich habe das Bett im Gästezimmer frisch bezogen. Möchtest du denn hier schlafen, Karolina?«, rief Luise dem Mädchen mit den blonden Zöpfen zu.

»Ja, sehr gern. Meine Eltern sind ohnehin nicht zu Hause. Es ist nur Frau Wagner da, unsere Köchin«, rief die Kleine, die schon gar nicht mehr so klein war. Sie war in den letzten Monaten regelrecht in die Höhe geschossen. Man konnte schon jetzt sehen, dass aus ihr einmal eine Frau mit langen Beinen werden würde.

Frieda hatte Karolina direkt nach der Schule mitgebracht. Sie waren zwölf Jahre alt und gingen in die gleiche Klasse des Gymnasiums.

»Gut, dann sage ich Frau Wagner Bescheid, dass du heute hier schläfst.«

Die beiden Mädchen fielen sich lachend in die Arme und drückten sich.

Luise war froh, dass Frieda eine Freundin gefunden hatte. Sie hatte vor Kurzem ihre Mutter verloren, und die Eltern von Karolina schienen sich nicht sonderlich viel um das Mädchen zu kümmern. Sie waren wohlhabend, doch ein Kind brauchte mehr als Reichtum und eine Frau, die das Essen kochte.

Luise erhob sich und legte das Strickzeug zur Seite. Der Schal konnte warten, bis Weihnachten war es noch lang. Er war als Geschenk für Karolina gedacht. Das Dunkelblau passte gut zu ihrem Anorak und den hellblonden Haaren. Als Nächstes würde sie den gleichen Schal in Grün für Frieda stricken. Ihr brünettes Haar schimmerte dunkelrot, wenn die Sonne darauf schien. Es würde die Mädchen freuen, wenn sie beide gleiche Schals tragen würden. Sie waren ein gutes Gespann, eine Einheit, beste Freundinnen eben.

Am Abend schaute Luise nach den beiden, die schon früh zu Bett gegangen waren. Den ganzen Tag an der frischen Luft zu sein, hatte sie müde gemacht. Als sie in Friedas Zimmer blickte, fuhr sie jedoch erschrocken zusammen: Das Bett war leer. Dann hörte sie leises Kichern. Sie ging weiter den Flur entlang und öffnete die Tür des Gästezimmers.

»Oma, darf ich hier schlafen, bei Karo? Das Bett ist doch groß genug für zwei. Ich habe Angst, wenn ich allein in meinem Zimmer schlafen soll.«

»Aber sonst hast du doch keine Angst.«

»Doch, nur sage ich es nicht. Bitte, Oma. Wir schlafen auch direkt ein und machen keinen Quatsch. Das Bett ist so schön groß.«

Luise nickte grinsend. »Na gut, das liegt daran, dass es ein Doppelbett ist. Morgen ist ja keine Schule, da könnt ihr beide ausschlafen. Aber vorher werde ich euch noch die Haare kämmen, mit den Zöpfen könnt ihr doch nicht richtig liegen.« Luise machte sich daran, die Haargummis zu lösen, und kämmte den Mädchen die Haare glatt. Jede bekam einhundert Bürstenstriche, genau abgezählt, und die Kinder zählten gemeinsam laut im Chor mit.

Es wurde schon langsam dunkel, als Luise endlich die Tür des Gästezimmers hinter sich schloss. Wie sehr sie doch Marion vermisste, Friedas Mutter. Sie hatte ihre Tochter viel zu früh verloren, genau wie ihren Ehemann. Jetzt waren nur noch Frieda und sie übrig. Sie würde alles dafür tun, dass Frieda ein glückliches Leben führte. Es war ein Versprechen, dass sie sich selbst gab. Sie hörte, wie die Mädchen kicherten. Vermutlich hatten sie wieder heimlich die Taschenlampen mit ins Zimmer genommen, um noch unter der Bettdecke zu lesen. Als sie wieder auf der Terrasse saß, nahm sie die Handarbeit erneut auf und strickte, bis es zu dunkel dafür wurde. Dann legte sie das Strickzeug zur Seite und nahm die Postkarte auf, die heute angekommen war.

Sie war von Konrad, dem besten Freund ihres Mannes. Er hatte ihr eine Karte aus dem Urlaub geschrieben, vom Gardasee. Er schrieb, dass er dort ein nostalgisches Karussell entdeckt hatte und überlegte, ob er es mit nach Nürnberg bringen sollte. Was er damit wohl anfangen wollte? Konrad war ein lieber Mann. Zu schade, dass er nie geheiratet hatte.

1

Konnte man sich auf den Tod vorbereiten? War es möglich, ihn zu steuern oder gar zu manipulieren? Nein. Auf keinen Fall. Er kam, wann es ihm passte, schlug in den unmöglichsten Momenten zu. Manchmal mitten ins Gesicht. Er machte, was er wollte und wie es ihm beliebte. Und dann verschwand er wieder, auf ganz leisen Sohlen. So als hätte es ihn nie gegeben. Als hätte die Person, die mit ihm Bekanntschaft machte und Freundschaft schloss, nie existiert.

So wie vor einer Woche. Karolina hatte gerade den Koffer vom Dachboden geholt, um ihn auszulüften. Schließlich sollte ihre Kleidung nicht staubig und abgestanden riechen, wenn sie in Italien ankam. Mailand war eine Weltstadt der Mode, auf keinen Fall konnte sie dort nach Mottenkugeln duftend aufschlagen. Vermutlich würde man die Nase rümpfen und sie am Zoll direkt wieder Richtung Nürnberg schicken. Also lüftete der Koffer auf der Dachterrasse, obwohl es Dezember war, und Schneeflocken sammelten sich im Innenraum. Sie hätte ihn auf den Kopf stellen müssen, wurde ihr jetzt klar. Im Moment suchte sie schon mal ihre Garderobe heraus, die mit ihr die Reise antreten würde. Viel war es nicht, denn sie hatte eine richtige Shoppingtour geplant, da brauchte sie Platz im Koffer – für die Rückfahrt.

Gerade als sie die Nylonstrümpfe auf Laufmaschen kontrollierte, klingelte ihr Handy und schreckte sie aus ihren Samt-und-Seide-Träumen auf.

Dieser Anruf bewirkte, dass ihre Träume von Mailand sich verflüchtigten wie Zuckerwatte im Regen, wie Seifenblasen, die einfach in der Luft zerplatzten.

Die Anruferin war Luise Aigner gewesen, die Großmutter ihrer besten Freundin Frieda. Seitdem war nichts mehr wie vorher. Mottenkugeln, Mailand und schicke Klamotten spielten keine Rolle mehr. Ihre Reise nicht und selbst das Schicksal nicht. Alles war vergessen, denn der Schmerz, den dieser Anruf hervorrief, hatte alles pulverisiert und Karolinas Glauben an die Menschheit ins Wanken gebracht. Frieda war gestorben. Einfach so, ohne sich zu verabschieden, ohne dass Karolina noch einmal mit ihr sprechen konnte. Ein schlechtes Gewissen machte sich in ihr breit. Sie hatte in der letzten Zeit zwei Mal ein Treffen abgesagt, weil die Arbeit sie so sehr in Beschlag genommen hatte. Eine Arbeit, die ihr immer weniger gefiel. Dabei war Frieda ihr doch so wichtig gewesen. Nun war der Moment vertan, es ihr noch einmal zu sagen. Ihr schlechtes Gewissen fraß beinahe ihre Seele auf.

*

Der kalte Wind wehte Karolina ins Gesicht, als sie einen Strauß weißer Rosen in das offene Grab auf Friedas Sarg warf. Weiße Rosen – die Blumen der ewigen Treue, für Beerdigungen gerne gewählt … und Friedas Lieblingsblumen.

So habe ich schon mal die passenden Blumen bei mir, wenn mir etwas passiert, hatte Frieda immer gescherzt, wenn sie sich einen Strauß weißer Rosen gekauft hatte und Karolina ihr erklärte, dass diese Farbe bei Blumen als Trauerfarbe galt. Bei Freesien und Chrysanthemen war es ebenso. Karolina liebte Blumen und bezog wöchentlich einen frischen Strauß über einen Abodienst. Der Strauß enthielt immer eine Steckanleitung sowie eine Infokarte mit Tipps zur Pflege, Herkunft und Verwendung der jeweiligen Pflanzen.

Doch Frieda ließ sich nicht beirren. Sie liebte weiße Blumen, egal, welches Symbol dahinterstand. Sie hatten gelegentlich herzhaft über ihren Scherz gelacht. Das würden sie nun nie wieder gemeinsam tun, denn Frieda war nicht mehr da. Von einer Sekunde auf die andere einfach so aus dem Leben gerissen. Ohne dass sie vorher noch mal miteinander gesprochen hatten und ohne dass sie sich voneinander verabschieden konnten. Ihre beste Freundin seit Schultagen war nur zweiunddreißig Jahre alt geworden und an einem Schlaganfall gestorben. Und nun wurde sie tatsächlich mit ihren Lieblingsblumen begraben. Das hätte ihr sicherlich gefallen, dieses Meer an weißen Blumen, das sich um ihr Grab versammelt hatte. Gebunden in Kränzen, Gestecke mit weiß-schwarzen Schleifen versehen. *In ewiger Verbundenheit, deine liebste Freundin Karo*, stand auf der Schleife des Kranzes, den Karolina geordert hatte. Und es entsprach der Wahrheit.

»Du wirst mir fehlen, Friedchen«, murmelte Karolina, als sie die Blumen betrachtete, die auf dem Sarg landeten.

»Mein Mädchen«, schluchzte Luise neben ihr auf. »Wie konnte das nur geschehen? Ich hätte besser auf sie achten müssen.«

Behutsam legte Karolina den Arm um Friedas Großmutter und drückte die kleine Frau an sich. Frieda war bei Luise aufgewachsen, da ihre Mutter, Marion, ebenfalls früh verstorben war, bei einem Verkehrsunfall. Seit Karolina denken konnte, hatte es immer nur Luise und Frieda gegeben – und eine Zeit lang auch Karolina, bis diese zum Studium nach München gegangen war. Einen Großteil ihrer Kindheit und Jugendzeit hatte sie zusammen mit Frieda bei Luise verbracht. Sie war ihre Ersatzoma, und so würde es immer bleiben.

»Warum verlassen mich denn alle, die ich liebe?« Luises Augen waren rot gerändert, Tränenspuren waren auf der Wange sichtbar.

Karolina hatte keine Antwort auf ihre Frage. Natürlich nicht. »Das ist das Leben, Luise. Man muss es nehmen, wie es kommt, man darf nur nicht aufgeben. Für Frieda kam das nicht infrage. Deshalb ist Resignieren auch keine Option für uns beide. Sie wird immer bei uns sein.« Karolina hielt Luise weiterhin fest im Arm.

Die sanfte, warmherzige Luise sah sie mit ihren großen braunen Augen an. Eindringlich. Mochte sie älter sein, als Karolina sie in Erinnerung hatte, ihr Haar mittlerweile weißgrau, aber ihre lebhaften Augen schimmerten immer noch in einem warmen Braun. »Jetzt bin ich ganz allein. Ich habe keine Ahnung, wie ich das alles bewältigen soll.«

Freunde und Kollegen von Frieda kondolierten ihr, schritten an ihnen vorbei. Auch Nachbarn waren gekommen.

»Luise, es tut mir so leid.«

»Was für eine Tragödie.«

»Wir fühlen mit Ihnen, Frau Aigner.«

»Luise, wie geht es dir, mein Mädchen?« Ein älterer Mann mit weiß gestutztem Bart nahm die alte Dame in die Arme und drückte sie an seine breite Brust. Er schien ein wenig älter als Luise zu sein, vermutlich Ende siebzig, und nickte Karolina zu.

»Ach, Konrad. Wie schön, dass du da bist. Ich weiß nicht, wie es weitergehen soll.«

»Ich komme dich besuchen, sobald ich Zeit finde. Es geht immer weiter, wir werden auch das überstehen, meine Liebe«, erklärte er und machte Platz für den nächsten Trauergast.

»Ich weiß nicht, was ich sagen soll, Luise. Ich habe Frieda sehr gern gehabt.«

Luise blickte auf. »Du? Was machst du hier? Du hast doch nur mit ihr gestritten. Ich möchte nicht, dass du hier an ihrem Grab stehst.« Luises Augen füllten sich erneut mit Tränen.

Karolina blickte erschrocken auf, so harte Worte war sie von Luise nicht gewohnt. Sie war doch sonst immer so eine liebe und ruhige Frau. Was war denn nur los?

»Komm, lass uns gehen.« Ein weiterer Mann zog den Angesprochenen am Ärmel, und gemeinsam traten sie den Rückzug an.

»Wer war das denn?«, wollte Karolina wissen, die den Mann durch den Tränenschleier in ihren Augen nur schemenhaft erkennen konnte.

»Ach, der hat seinen Stand gegenüber auf dem Christkindlesmarkt. Er hat ständig mit Frieda gestritten. Ich weiß gar nicht, was er hier überhaupt will.«

Karolina blickte den beiden Männern nach, die mit hängenden Köpfen und langsamen Schritten den Friedhof in Richtung Hauptausgang verließen. Sie wurden von dem älteren Herrn begleitet, der Luise getröstet hatte.

Luises Reaktion überraschte Karolina trotz ihrer Trauer. So kannte sie die ältere Frau gar nicht. Hart und unnachgiebig? Nein, das war nicht ihre Luise. Sie hatte ein großes Herz und half, wo sie nur konnte. War immer für alle da. Sie war nicht die Frau, die eine Beileidsbekundung ablehnte, und doch hatte sie es gerade getan.

Frieda hatte schon früh in einem Testament verfügt, dass es nach der Beerdigung kein Kaffeetrinken geben würde. Sie wollte nicht, dass man traurig dasaß und über ihren Tod sprach. Das Leben musste man feiern, und es sollte so weitergehen, als wäre nichts geschehen. Es hatte nun mal keinen Sinn, über Vergangenes Tränen zu vergießen. Da konnte ihr Karolina nur zustimmen. Aber es bedeutete auch, dass sie nun allein am offenen Grab standen, nachdem alle kondoliert hatten und gegangen waren.

»Du bist nicht allein, Luise. Ich bin doch auch noch da. Komm, wir setzen uns ein wenig.« Karolina führte Luise ein Stück weiter, wo eine Bank stand, auf der man verweilen konnte. Die Sitzgelegenheit stand unter einer wuchtigen Kastanie, die jetzt keine Blätter mehr trug. Sie wischte den Schnee von der Sitzfläche und nahm mit Luise auf der äußersten Kante Platz.

»Ich hätte mich gerne von Frieda verabschiedet. Wir hatten in der letzten Zeit nicht viel Kontakt. Seit ich aus München zurück bin, fehlte mir einfach die Zeit, um mich zu melden. Und jetzt wollte ich auch so schnell wie möglich aus Nürnberg weg, bevor mir der Weihnachtsrummel zu viel wird. Ich habe immer gedacht, dass Frieda und ich noch viele Jahre haben, um uns wieder zusammenzuraufen. Sie hatte mich zwei Mal um ein Treffen gebeten, und jedes Mal habe ich im letzten Augenblick abgesagt. Das bereitet mir nun ein schlechtes Gewissen. Hätte ich doch nur nicht immer meiner Arbeit den Vorzug gegeben. Es gibt Momente, die kann man nicht zurückholen. Daran werde ich den Rest meines Lebens zu nagen haben.«

Darauf bekam Karolina nur ein Nicken. Luises Herz schien gebrochen, und Karo konnte sie nur gut verstehen. »Komm, ich bringe dich nach Hause. Es wird kalt, und wir wollen doch nicht krank werden«, bot sie der alten Dame an.

Gemeinsam steuerten sie auf den Ausgang zu. Zum Schluss trafen sie noch auf den Pfarrer, der sich verabschiedete und ihnen ein paar tröstende Worte mit auf den Weg gab. »Liebe Frau Aigner, denken Sie immer daran, der Tod ist die Grenze des Lebens, aber nicht die der Liebe. Solange wir über einen geliebten Menschen sprechen, ist er nicht vergessen. Sie werden Ihre Enkelin immer in guter Erinnerung behalten. Gott schenkt uns keine Aufgaben, denen wir nicht gewachsen sind.«

»Wir wollen hoffen, dass Sie recht behalten, junger Mann. Nicht, dass ich auch noch meinen Verstand verliere und alles vergesse, was wichtig war, wie Frieda eben oder meine Freunde.« Luise schüttelte nachdenklich den Kopf.

»Liebe Frau Aigner, so weit wollen wir nicht denken. Ich werde für Sie und ihre Enkelin beten. Das Schicksal ließ ihr keine Wahl. Ihr Lächeln aber wird uns bleiben, als Sonnenstrahl in unseren Herzen. Von dort kann selbst der Tod es nicht vertreiben.«

»Das haben Sie sehr schön gesagt, Herr Pfarrer. Vielen

Dank für Ihren Trost.« Karolina drückte dem Mann die Hand und seufzte innerlich. Er war schön wie die Sünde, aber leider ein katholischer Geistlicher, für den die Ehe ein Tabu darstellte. Was für eine Verschwendung, ging es Karolina durch den Kopf. Doch er hatte seinen Weg gewählt und schien damit sein Glück gefunden zu haben.

Auf den umliegenden Gräbern brannten die Lichter, die noch von Allerheiligen übrig geblieben waren. Feiner Schneegriesel legte sich auf die Wege, bedeckte die Blumen mit einer weißen Schicht. Zwergmispeln, Winterheide und Christrosen verschönerten die tristen Gräber. Diese Jahreszeit war ohnehin schon trostlos, ein winterlicher Friedhof, über den eine Schicht Schnee gestäubt war, hatte etwas Tröstliches. Er wirkte wie aus einer märchenhaften Erzählung. Die kleinen Putten, die auf manchen Gräbern zu sehen waren, schienen fast schon lebendig. Ihre puppenähnlichen Gesichter blickten traurig, aber gleichzeitig auch lieblich, als wollten sie Zuspruch spenden. Für die Zurückgelassenen bildete dieser Ort so etwas wie einen Raum, an dem die Trauer zu Hause war. Die hier wohnte und an dem man sich seinen Gefühlen ergeben konnte.

»Willst du nicht mit zu mir kommen?«, bot Karolina Luise an, als sie auf den südlichen Ausgang des städtischen Friedhofs zusteuerten.

Zu ihrer Überraschung schüttelte Luise den Kopf. »Nein, ich muss nach Hause. Ich habe noch so viel zu tun.«

»Was denn genau? Vielleicht kann das ja warten.«

»Nein, sicherlich nicht. Ich habe eine Menge zu erledigen. Der Weihnachtsmarkt hat doch schon begonnen. Wir haben dort einen Stand, wie jedes Jahr. Und jetzt muss ich ganz ohne Frieda klarkommen, und das …«, der Rest des Satzes ging in einem Schluchzen unter. Luise weinte so heftig, dass ihre Schultern bebten.

Karolina strich der Frau über das graue Haar, das sie kinnlang geschnitten trug. Früher war ihr Haar dunkelbraun gewesen, so braun wie ihre Augen. »Gut, ich werde dich begleiten, und wir trinken eine Tasse Kaffee, wärmen uns ein wenig auf. Dann überlegen wir, wie es mit dem Stand weitergeht.«

Luise war deutlich anzusehen, dass ihr das ganz und gar nicht recht war. Doch Karolina konnte sie jetzt in ihrem Kummer unmöglich allein lassen. »Keine Widerrede, Luise«, sagte sie schnell, als diese widersprechen wollte. Schließlich wollte sie selbst mit ihrem Schmerz nicht allein sein, nur würde sie das niemals zugeben.

Unterwegs kaufte Luise eine Platte Streuselkuchen. »Den isst man doch sonst auf einer Beerdigung, oder nicht?«, fragte sie und versuchte sich an einem Lächeln, als hätte sie einen kleinen Scherz gemacht. »Weißt du, ich glaube, Frieda hat nicht gewollt, dass wir trauern. Wäre sie noch am Leben, würde sie uns das Versprechen abnehmen, dass wir auf ihrer Beerdigung singen und tanzen. Wir hätten über meine Beisetzung sprechen müssen. Ich wäre doch an der Reihe oder nicht?« Luise schüttelte den Kopf, als könnte sie es immer noch nicht fassen.

»Ja, das hört sich nach Frieda an, und bis zu deiner Beerdigung haben wir noch sehr viel Zeit.«

»Das weißt du doch gar nicht«, widersprach Luise trotzig.

»Da hast du recht, aber du glaubst doch nicht, dass sich das Schicksal gleich zwei Mal hintereinander mit mir anlegen will?«, erwiderte Karolina voller Überzeugung und ballte eine Faust.

Luise war stehen geblieben und sah sie nachdenklich an, dann schüttelte sie den Kopf und setzte ihren Weg gemeinsam mit Karolina fort.

In Luises Wohnung war es bitterkalt, stellte Karolina fest, als sie den Flur betrat. Fast so eisig wie draußen vor der Tür. »Hast du die Heizung abgestellt?«, fragte sie verwundert und rieb sich die Arme, zog ihren Mantel wieder über und band sich den Schal um. Eine Erkältung konnte sie im Augenblick sicher nicht gebrauchen.

Nachdenklich sah Luise sie an. »Ich … ich weiß nicht genau. Sie läuft sonst immer«, murmelte die ältere Frau grübelnd. Ihr schien die Kälte nichts auszumachen, sie hängte den Wintermantel an die Garderobe, als würde sie gar nicht spüren, wie eisig es hier war.

»Lass mal, ich schaue nach.« Die Heizungsanlage befand sich in einer Abstellkammer, wo Luise Putzeimer, Schrubber, Besen und Staubsauger aufbewahrte. Der kleine Raum lag am Ende des Flurs, hinter einer weißen Holztür. Das Licht wurde von einer klaren Glühbirne gespendet, und der verwinkelte Raum war eng, weil hier ein Teil des Kamins entlanglief. Als Kind hatten Frieda und Karolina hier Verstecken gespielt und ständig Angst vor Spinnen gehabt.

Schnell war klar, dass die Heizungsanlage abgeschaltet war. Nur der Frostwächter war eingestellt. Mit dem Hauptschalter startete Karolina die Anlage erneut, doch es würde einige Zeit dauern, bis es in der Wohnung behaglich warm sein würde. Das Haus war schon älter, die Anlage ebenfalls.

»Was war denn mit der Heizung?«, wollte Luise wissen, die in der Küche Kaffee aufkochte. Richtigen Filterkaffee, frisch aufgebrüht, nicht aus einem Automaten. So war sie eben. Luise vertraute der Elektrik nicht, machte viele Dinge lieber Old School.

»Sie war komplett heruntergefahren. Als wäre die Sicherung herausgesprungen. Keine Ahnung, was da los war. Wir sollten mal einen Monteur kommen lassen, der sich das ansieht«, schlug Karolina vor.

»Das lasse ich Konrad machen. Er kümmert sich um alles. Konrad ist der beste Freund meines Mannes«, fügte Luise hinzu.

Ein feiner Duft entfaltete sich im Raum, als das heiße Wasser aus dem Kessel auf das Kaffeemehl traf, und verbreitete sich in der Küche. Luise hatte den Tisch für zwei gedeckt, und Karolina ließ sich auf einen der acht Stühle nieder. Sie waren bunt zusammengewürfelt, jeder hatte eine andere Farbe, trotzdem wirkte die Einrichtung harmonisch. Allerdings fragte sich Karolina, wozu Luise so viele Plätze in der Küche brauchte. Früher gab es nur vier davon. Schon als Kind hatte sie hier gesessen, zusammen mit Frieda, und frischen Pflaumenkuchen gegessen, den Luise selbst gebacken hatte. Die Erinnerung daran trieb Karolina die Tränen in die Augen.

Nie wieder. Nie wieder würde sie mit Frieda hier sitzen. Sie fehlte ihr jetzt schon, obwohl es so viele Jahre her war, dass sie hier zuletzt zusammen gesessen und gelacht hatten.

Sie spürte eine Hand auf ihrem Arm und blickte auf.

»Ich sehe euch auch noch hier sitzen, mit euren langen Haaren, zu Zöpfen geflochten, Sommersprossen auf den Nasen und den Mund mit Kakao und Plätzchen verschmiert.« Luise lächelte bei dieser Erinnerung. »Wenn man so alt ist, wie ich es bin, lernt man, mit Verlusten umzugehen. Es wird mit der Zeit leichter, auch wenn wir uns das nicht vorstellen können. Wir werden Frieda nicht vergessen, genau wie Pfarrer Wittig es gesagt hat. Man darf bloß nicht den Fehler begehen, die Traurigkeit totzuschweigen. Dadurch wird der Schmerz nicht geringer, sondern viel größer, als man es sich vorstellen kann.« Sie schenkte den fertigen Kaffee in die Becher ein. Sie hatten unterschiedliche Farben, einer war hellblau, der andere gelb. Es gab auch einen grünen, einen violetten und einen dunkelblauen. Freundliche Farben, passend zu den Tellern. Dann verteilte sie den Kuchen, und sie begannen gemeinsam zu essen. Zuerst in friedlichem Schweigen, dann schüttelte Luise den Kopf.

»Ich glaube, sie machen den Streuselkuchen extra so trocken, damit man eine Tasse Kaffee nach der anderen bestellt, ansonsten besteht die Gefahr, dass man daran erstickt«, murmelte sie mit vollem Mund.

Überrascht blickte Karolina auf und grinste breit. »Ja, da hast du vollkommen recht. Es staubt ganz schön. Damit lässt sich eine Menge Kaffee verkaufen.« Sie trank schnell einen Schluck und sah Luise an. Plötzlich konnte Karolina nicht mehr an sich halten und musste lachen. Sie prustete los, hielt sich die Hand vor den Mund. Mit der anderen schob sie ihre blonden Locken aus dem Gesicht. Mit ihrem Lachen steckte sie Luise an, und dann lachten sie so lange, bis ihnen wieder die Tränen kamen. Doch diesmal waren es keine Tränen der Traurigkeit.

»Frieda hätte den Kuchen eingepackt und zurückgebracht«, entschied Karolina lachend.

Doch Luise schüttelte den Kopf. »Nein, sie hätte ihn in den Kaffee getaucht und erklärt, Streuselkuchen mit Kaffeegeschmack wäre ihre neueste Erfindung.«

Wieder lachten sie wie Kinder auf. Das hätte Frieda sicherlich gefallen, und sie hätte am lautesten mit ihnen gelacht.

*

Luise blickte auf die Terrasse hinaus und sah Karolina telefonieren. Hatte sie wohl einen Freund, mit dem sie sprach? Sie hob die Schultern, was wusste sie schon? In den letzten Jahren hatte sie das Mädchen nicht sehr oft gesehen. Karolina hatte in München studiert und dort gearbeitet, erst seit einem Jahr lebte sie wieder in Nürnberg und hatte einige Male Frieda besucht. Aber nicht so häufig wie früher. Hatten sich die Mädchen gestritten? Sie musste Frieda fragen. »Frieda!«, rief sie, und als sie keine Antwort erhielt, ging sie in den Flur, blieb vor Friedas Zimmer stehen. Die Tür war geöffnet, das Bett gemacht. Frieda hatte nicht in ihrem Zimmer geschlafen.

Luise wusste, es gab da etwas, was sie im Augenblick nicht richtig erfassen konnte. Sie betrat das Zimmer und erblickte ihre eigene Gestalt im Spiegel. Das schwarze Kleid, das sie trug, brachte die Erinnerung zurück. Frieda war nicht mehr da. Sie war gestorben. Hier in ihrem Zimmer zusammengebrochen. Luise hatte sie gefunden, da war Frieda schon bewusstlos gewesen. Sofort hatte sie den Krankenwagen gerufen. Diese endlosen Fragen, die man ihr gestellt hatte. Was geschehen war. Ob die Person noch ansprechbar war. Ob sie etwas eingenommen hatte. Als wenn Luise das wusste. Sie hatte sich mit Frieda unterhalten. Hatte selbst im Wohnzimmer gesessen, nachdem sie vom Markt gekommen waren. Plötzlich gab es einen dumpfen Aufprall, als wäre Frieda etwas heruntergefallen. Luise hatte nach ihr gerufen, doch sie hatte keine Antwort erhalten. Also hatte sie sich erhoben und nachgesehen. Da lag Frieda. Auf der Seite, einen Arm über den Kopf gestreckt, als hätte sie sich zum Schlafen hingelegt. Doch sie schlief nicht einfach nur so. Sie war ins Koma gefallen und kurz darauf im Krankenhaus gestorben. Irgendwas stimmte da nicht. Etwas lief falsch. Luise hätte als Erste sterben müssen. Sie hätte schon vor Marion, Friedas Mutter, sterben müssen, doch sie war immer noch hier und Frieda nicht mehr. Luise seufzte leise. Was sollte sie denn jetzt anfangen? Wie sollte es weitergehen? Sie konnte sich nicht erinnern, wann sie je allein gewesen war. Sie hatte früh geheiratet. Da war ihr Mann Friedhelm ständig bei ihr gewesen, und nach Marions Geburt waren sie zu dritt. Dann wurde Marion schwanger, und Frieda wurde geboren. Marion starb, und Frieda blieb bei ihnen. Auch Friedhelm ging viel zu früh, aber sie hatte immer noch Frieda als ihre Stütze. Nun war auch Frieda gegangen, und es gab niemanden mehr. Warum verließen sie denn alle? Lag es an ihr? Vergraulte sie die Menschen, die ihr etwas bedeuteten? Darauf gab es keine Antwort, zumindest wusste Luise sie nicht.

Wieder zurück im Wohnzimmer, sah sie Karo immer noch draußen auf der Terrasse stehen. Vielleicht wusste Karolina ja Rat, wie es weitergehen konnte. Aber sie war auch noch jung. Nein, Luise musste allein einen Weg finden. Sie hatte so viel überstanden und würde es auch weiterhin schaffen. Karolina hatte recht. Aufgeben war keine Alternative. Aber eines war klar: Das Schicksal meinte es nicht gut mit ihr. Was hatte sie ihm wohl angetan?

2

»Che cosa? Was soll das heißen, du kannst nicht kommen?« Francescas Stimme stieg in ungeahnte Höhen. »Wir wollen doch die Feiertage zusammen verbringen! Ich habe bereits Termine im Spa für uns gebucht und mir für die Tage freigenommen. Accidenti! Wir wollten ausgiebig shoppen gehen.« Die Stimme überschlug sich fast, so schnell sprach sie.

Leise seufzte Karolina. »Es tut mir wirklich leid, Francesca. Meine beste Freundin Frieda ist gestorben, und ich kann ihre Großmutter nicht einfach so allein lassen. Ich will mich um sie kümmern, damit sie über die Feiertage nicht so einsam ist. Du kennst doch Luise, wir haben sie mal besucht, als wir noch Kinder waren.«

»Aber du musst auch verstehen, dass ich enttäuscht bin. Ich habe mich so sehr auf dich gefreut. Meine Familie und Freunde freuen sich ebenfalls auf dein Kommen, und jetzt muss ich alle enttäuschen und erklären, dass du doch nicht anreisen wirst.«

Schnell unterbrach Karolina ihre Cousine. »Ich kann nicht anders, Francesca. Sie ist so etwas wie meine Ersatzgroßmutter gewesen, als ich ein Kind war. Ich muss das tun, es ist ein Akt der Nächstenliebe. Diese Frau ist allein und hat ihren Halt verloren.« Karolina war fest entschlossen. Sie konnte nicht unbesorgt in den Urlaub fahren, wenn sie wusste, dass es Luise nicht gut ging und sie womöglich die Feiertage ganz allein verbringen musste.

»Oh! Dio mio! Karo, das wusste ich nicht. Das tut mir sehr leid.« Francescas Stimme klang zerknirscht. Ihr war wohl klar geworden, wie egoistisch sie sich verhielt.

»Ich versuche, nach Weihnachten zu kommen. Aber versprechen kann ich nichts. Es ist ja nicht so, als würde ich nicht gerne mal wieder nach Mailand kommen. Doch die Lage hier ist etwas unübersichtlich. Sobald ich Genaues weiß, werde ich mich melden, damit du all diese tollen Dinge planen kannst.« Wann exakt das sein würde, wusste Karolina wirklich nicht. Sie hatte keine Ahnung, wie es mit Luise weitergehen sollte.

»Gerade zu Weihnachten ist es in Mailand sehr schön. Es ist wirklich schade, aber ich kann dich verstehen. Wir werden einen anderen Zeitpunkt finden, wo es uns beiden passt. Wir telefonieren wieder. Ich muss jetzt leider los, scusi, Karo.« Der Anruf war schneller beendet als gedacht. So war ihre Cousine Francesca – immer auf dem Sprung. Sie war eine viel beschäftigte Unternehmerin, und ihre Zeit war knapp bemessen. Deshalb fiel es Karolina umso schwerer, diese Verabredung abzusagen. Doch sie tat es mit gutem Gewissen, dass es einen entscheidenden Grund dafür gab und sie nicht nur aus einer Laune heraus handelte. Luise war ihr wichtig. Sehr wichtig sogar. Sie tat das für sie und für Frieda ebenso. Läge die Situation andersherum, hätte ihre Freundin genauso gehandelt. Da was sie sich sicher.

Für dieses Gespräch war Karolina auf die Terrasse hinausgegangen, damit Luise nichts davon mitbekam, dass sie sich Sorgen um sie machte. Es würde ihr sicher nicht gefallen, dafür kannte sie Luise gut genug. Mitleid konnte sie nicht ausstehen.

Karolina zog den Mantel enger um ihre schlanke Figur. Das Wetter war mies. Der Schneefall war in Niesel übergegangen, und der Wind hatte aufgefrischt. Genauso ungemütlich sah es in ihrem Inneren aus. Nun würde sie die Weihnachtstage in Nürnberg statt in Mailand verbringen. Jedes Jahr, seit sie es sich leisten konnte, flüchtete sie zum Fest der Liebe aus Deutschland, um dem Weihnachtsrummel zu entgehen. Sie konnte dem Ganzen nichts abgewinnen und war jedes Jahr froh, flüchten zu können. Nun blieb sie aus eigener Entscheidung und hatte keine Ahnung, was sie erwartete. Das hatte sie nicht richtig durchdacht. Aber jetzt hatte sie Francesca abgesagt und würde das auch nicht mehr zurücknehmen. Ihre Entscheidung war gefallen, daran gab es nichts zu rütteln. In diesem Jahr hieß es: Weihnachten in Nürnberg. Mit Luise. Sie würde es überleben.

Frierend betrat sie wieder die Wohnung des Mehrfamilienhauses an der Albrecht-Dürer-Straße. Es war ein restauriertes Fachwerkhaus, das Luise gehörte, die das gesamte Erdgeschoss mit dem kleinen Garten bewohnte. Die vier Wohnungen der zwei weiteren Etagen waren alle vermietet, und Luise konnte gut von den Mieteinnahmen leben. Außerdem bekam sie eine ordentliche Witwenpension, denn ihr verstorbener Mann, vor mehr als zwanzig Jahren an einem Herzinfarkt gestorben, war Richter am Amtsgericht gewesen.

Karolina ertappte Luise dabei, wie sie einen großen Karton aus dem Gästezimmer wuchtete.

»Was machst du denn da? Das ist doch viel zu schwer für dich.« Karolina nahm ihr den Karton ab.

»Der muss morgen mit. Da sind Socken und Wolle drin, die ich verkaufen will.«

»Socken? Seit wann sind denn Socken so schwer?« Vorsichtig setzte Karolina den Karton ab und spähte hinein. Es waren wirklich Socken, neben einigen Schals und Wollknäueln. »Was hast du damit denn vor? Und warum sind es so viele?«

»Na, es muss doch etwas auf meinem Stand zu kaufen geben. Wir haben das ganze Jahr über Socken, Handschuhe und Schals gestrickt. Frieda war der Meinung …« Sie kniff ihre Lippen zusammen. »Ich habe beschlossen, den Verkaufsstand nicht zu schließen. Das hätte Frieda nicht gefallen. Was soll ich auch sonst mit der ganzen Ware anfangen?« Sie schüttelte eigensinnig den Kopf. »Außerdem kann ich das zusätzliche Geld gut gebrauchen. Ich hab ja nun ein Grab mehr zu pflegen. Und die Blumen werden auch nicht billiger.«

Nachdenklich sah Karolina sie an. Luise musste sicher nicht am Hungertuch nagen. Vermutlich steckte etwas ganz anderes dahinter als nur der finanzielle Aspekt. War es Einsamkeit? Angst vor Veränderungen?

Plötzlich griff Luise in den geöffneten Karton. »Die hier hat Frieda gestrickt, als wir zusammen in München waren. Wir haben im chinesischen Garten gesessen und gemeinsam an den Waren für den Stand gearbeitet. Im Sommer, es war so schönes Wetter.« Ihre Augen glänzten, sie schien der Welt entrückt zu sein, wie sie so dastand und selbstvergessen die bunten Socken an ihre Brust drückte.

Schließlich blinzelte sie und blickte Karolina an. »Die werde ich behalten und nicht verkaufen.« Sie nahm die Socken und verschwand in Richtung ihres Schlafzimmers.

Karolina seufzte leise und blieb mit dem großen Karton im Flur zurück. Was sollte sie nur machen? Im Augenblick schien ihr Luise nicht in der Lage zu sein, alleine zu bleiben. Ihre Traurigkeit war gar nicht mit anzusehen.

Als Luise wieder aus dem Zimmer kam, trug sie die von Frieda gestrickten Socken an ihren Füßen. Einer war hochgezogen, der andere hing an ihrem Knöchel. Sie war der Inbegriff einer einsamen Frau, ein Bild, das Karolinas Herz berührte.

»Hör mal, Luise, was hältst du von der Idee, wenn ich heute Nacht hier bei dir bleibe? In deinem Gästezimmer. So wie früher immer. Das Zimmer hast du doch noch?« Dieser Vorschlag kam ihr wie selbstverständlich über die Lippen, ihr Kopf hatte noch gar nicht den Gedanken zu Ende geführt, da war er schon ausgesprochen.

»Natürlich habe ich das Gästezimmer noch. Aber glaubst

du etwa, ich komme nicht allein zurecht?«, fragte Luise schnippisch.

Sie hatte schon von Frieda gehört, als sie zuletzt telefonierten, dass Luise sich in letzter Zeit manchmal im Ton vergriff, es aber nicht böse meinte. Ein bisschen Altersstarrsinn machte sich da wohl bemerkbar.

»Doch, natürlich kommst du allein zurecht, aber vielleicht bin ich es ja, die heute Nacht ein wenig Gesellschaft braucht und nicht in meine einsame Wohnung zurück will.« Sie blickte Luise aufmerksam an, deren Züge sofort merklich weicher wurden.

»Gut, mein Kind. Nimm das letzte Zimmer auf der linken Seite, da hat Frau Wagenbrecht das Bett erst vor Kurzem frisch bezogen.«

»Wer ist denn Frau Wagenbrecht?« Den Namen hatte Karolina noch nie gehört.

»Na, die Putzhilfe, die zwei Mal in der Woche kommt. Ich glaube allerdings, sie hat mein Geld gestohlen.«

»Wer? Frau Wagenbrecht?«

»Ja, sie putzt bei mir. Habe ich dir das nicht schon erzählt? Frau Wagenbrecht ist meine Putzfrau. Und auf dem Tisch lagen zehn Euro, die plötzlich weg waren. Sie sagt, sie hat sie nicht genommen, aber ich glaube ihr nicht. Sie ist ein junges Ding, und man muss vorsichtig sein, wen man in sein Haus lässt. Aber sie putzt ordentlich, daran gibt es nichts zu rütteln.«

Karolina nickte, als wäre ihr nur kurz der Name entfallen. Es gab so Einiges, was sie nicht wusste. Zum Beispiel hatte sie keine Ahnung, dass Frieda und Luise einen Stand auf dem Weihnachtsmarkt betrieben. Vermutlich lag es daran, dass Frieda wusste, dass Weihnachten nicht Karolinas Ding war. Dieses Thema hatten sie immer gemieden.

In ihrer Familie war es kein Fest der Liebe gewesen, es wurde ständig gestritten. Angefangen vom Baum, den ihr Vater besorgt hatte und der in den Augen ihrer Mutter zu klein war, über das schlechte Essen, das ihre Mutter angeblich servierte, bis zu den Geschenken, die immer eine Katastrophe waren.

Welches Kind freute sich über einen Taschenrechner, wenn man ein Mathegenie war und sich eigentlich ein Malen nach Zahlen gewünscht hatte? Oder karierte Strumpfhosen, die man nur zu einfarbigen Röcken tragen konnte, obwohl man nur gemusterte besaß. Ganz zu schweigen von einem Buch, das man schon im letzten Jahr erhalten hatte. So zog es sich jahraus, jahrein hin, bis Karolina endlich alt genug war, um auszuziehen.

Mittlerweile waren beide Eltern verstorben, und seit diesem Zeitpunkt fuhr sie daher regelmäßig zur Weihnachtszeit in den Urlaub. Meist in Regionen, in denen das Fest keine so große Rolle spielte. Wo es zu warm war, um einen Weihnachtsbaum aufzustellen. Wo nichts an Schnee, Kälte und kitschige Christbaumkugeln erinnerte. Ihre Eltern waren kurz nacheinander verstorben, sie wusste gar nicht mehr, wie man eigentlich Weihnachten feierte.

Nun stürzte dieses ungeliebte Fest planlos auf sie ein, und hatte nicht den Hauch einer Ahnung, worauf sie sich einließ. Die alten Gefühle hatte sie tief in ihrem Herzen vergraben, doch nun hatte sich ein Loch aufgetan, und die Emotionen schwemmten langsam an die Oberfläche. Zu Karolinas Missfallen. Leise seufzte sie. Immerhin hatte sie sich aus freien Stücken so entschieden. Basta!, würde Francesca jetzt sagen.

Karolina legte einen Arm um die Schultern der kleinen Frau. »Danke, Luise. Wollen wir uns heute Abend eine Pizza bestellen? Dann brauchst du nicht zu kochen.«

»Ich esse doch keine Pizza!« Das klang fast so, als hätte Karolina von ihr verlangt, gebratene Ratte zu probieren! »Dieses italienische Zeug kommt mir nicht auf den Teller. Ich esse nur das, was ich selbst gekocht habe.«

»Na gut, Luise, dann bestelle ich mir eine Pizza, esse sie aus dem Karton, und für dich bestelle ich einen Chef-Salat. Wenn du ihn nicht magst, dann stellen wir ihn in den Kühlschrank und ich habe für morgen etwas.«

Luise nickte, als könnte sie damit leben. »Aber der Lieferant kommt mir nicht in die Wohnung.«

»Du hast noch nie etwas bei einem Lieferservice bestellt?«

Energisch schüttelte Luise den Kopf. »Frieda ist manchmal essen gegangen. Aber ich koche immer für mich. Man weiß nie, was da drin ist und wen man sich ins Haus holt.«

Karolina fing Rashid Singh an der Haustür ab und nahm dort die Pizza und den Salat entgegen. Er war der Pizzalieferant ihres Vertrauens, in Nürnberg geboren, mit indischen Wurzeln und überrascht, sie unter dieser Adresse vorzufinden. Wie immer wechselten sie einige freundliche Worte, und Karolina gab ihm ein großzügiges Trinkgeld. Die Pizza duftete wunderbar, sodass ihr Bauch vor Hunger laut knurrte. Ihr lief das Wasser im Mund zusammen. Bei Rashid gab es einfach das beste italienische Essen to go.

*

Jasper wusste nicht, ob er doppelt sah oder sich wirklich sechs Shot-Gläser vor ihm stapelten. Auf alle Fälle hatte er zu viel getrunken, das stand fest.

»Hey, Jasper! Was ist los? Liebeskummer?« Henri Meyer, der Barkeeper, sah ihn fragend an und hielt eine Flasche Jack Daniels in die Höhe. »Noch einen?«

»Mach lieber zwei daraus.«

»Was ist los mit dir?«, fragte er erneut.

»Heute war Friedas Beerdigung.«

»O Mann, Jasper, es tut mir so leid.« Henri stellte ein zweites Glas daneben, schenkte beide ein.

»Ich kann nicht fassen, dass sie nicht mehr unter uns ist«,

murmelte Jasper vor sich hin und strich sich das braune Haar aus dem Gesicht. Er hatte beide Arme auf der Theke abgestützt. Die meisten Gäste waren bereits gegangen, es war nachts um halb eins.

»Ich denke, für Luca ist es noch viel schlimmer.« Henri schüttelte den Kopf. »Er hat seine Freundin verloren, nachdem sie sich gerade erst gefunden hatten. Wo ist er eigentlich?«

»Schon nach Hause gegangen, er wollte allein sein, um abzuschalten. Er hat sich Urlaub genommen, will mir am Stand helfen. Ich sollte vermutlich auch gehen. Es ist spät, und ich muss morgen pünktlich auf dem Markt stehen.« Jasper nahm sein Glas, stieß mit Henri an, dann kippten beide den Jack Daniels in einem Zug hinunter. Jasper war schon über den Punkt hinaus, dass es in der Kehle brannte. Er hatte gehofft, dass der Alkohol alle Gefühle töten würde, doch er tat es nicht.

»Wem sagst du das. Für mich ist die Doppelbelastung zu Weihnachten auch immer hart. Erst auf den Weihnachtsmarkt und dann hierher in die Bar. Ich bin froh, wenn die Weihnachtszeit hinter uns liegt. Deshalb konnte ich auch nicht zur Beerdigung kommen. Gleich zwei Aushilfen sind wegen Krankheit ausgefallen. Paul und ich haben einen Kranz geschickt.« Henri räumte die Gläser, die auf dem Tresen standen, ab und wischte über den Marmor. »Mach Schluss für heute und geh ins Bett, Jasper. Du siehst echt fertig aus.«

Maja, eine der Bedienungen, nahm neben Jasper Platz. »Hallo, schöner Mann, so ganz allein? Ich mache gerade Feierabend.« Sie pustete sich den fransigen Pony aus der Stirn.

Jasper sah die junge Frau lächelnd an. Sie hatte schon öfter versucht, bei ihm zu landen, und heute war er genau in der richtigen Stimmung. Sein Blick blieb an ihren himbeerfarbenen Lippen hängen. Sie hatte die Farbe wohl gerade erst erneuert. Ihr Mund schimmerte verführerisch.

»Hast du Lust, bei mir noch etwas zu trinken?«, fragte Maja leise, sodass niemand außer Jasper sie hören konnte.

Fragend blickte er sie von der Seite an, dann nickte er stumm. Es war doch egal, in welchem Bett er schlief. Seine schlechte Laune würde ihm überallhin folgen. Sie würde ihn nicht in Ruhe lassen. Vermutlich für den Rest der Woche nicht. Nachdem er seine Getränke bezahlt hatte, stand er auf, wankte kurz und hielt sich am Tresen fest. Er hatte eindeutig zu viel getrunken, das war nun gewiss.

Draußen vor der Tür war es noch schlimmer. Die frische, klare Luft traf ihn wie ein Hammerschlag. Es hatte den ganzen Tag geschneit, nun war der Himmel sternenklar. Die Temperatur war eiskalt und weit unter Null gesunken. Ihr Atem wurde als weißer Rauch sichtbar, der sich schnell verflüchtigte.

»Puh, da gefriert einem ja der Atem«, jammerte Maja und drängte sich dichter an ihn.

Jasper blinzelte und blieb stehen. Was tat er hier? Ihm fiel wieder ein, dass er Maja versprochen hatte, sie zu begleiten. Aber eigentlich war sie gar nicht sein Typ. Zu auffällig, zu aufdringlich. Es wäre keine gute Idee, wenn er mit ihr ginge. Für beide wäre es besser, getrennte Wege zu gehen. »Hör mal, Maja. Du bist echt heiß …«

»Na, dann bin ich doch genau das, was du in dieser kalten Winternacht brauchst.« Sie berührte seine Wange.

Ihr aufdringliches Parfum stieg ihm in die Nase, sodass es ihn schauderte. Er machte einen Schritt rückwärts, sodass Maja fast ausgerutscht wäre. Automatisch streckte er die Hand aus, hielt sie fest, ließ sie aber sofort wieder los. »Tut mir leid, ich bin einfach zu betrunken«, brummte er und fuhr sich mit der Hand durch sein wirres kinnlanges Haar, das er sonst am Hinterkopf mit einem Haargummi zusammenfasste. Doch heute war es ihm abhandengekommen. Erneut strich er sich das Haar aus dem Gesicht. Es nervte ihn, er wollte unbedingt nach Hause.

»Du willst mich einfach hier stehen lassen?« Ihre Stimme wurde laut und bekam diesen ungläubigen, durchdringenden Ton, der in den Ohren wehtat.

Genau das hasste er an Maja. Sie regte sich sofort auf, wenn es nicht so lief, wie sie dachte. Sie wollte immer mehr, war nicht bereit, klein beizugeben, und merkte auch nicht, wenn es vorbei war. Obwohl es noch gar nicht begonnen hatte. Er hatte sie schon öfter im Lokal beobachtet und war nun sicher, dass er sie nicht wollte, nicht mal für eine Nacht. Sie war eine Frau, die sich ständig unter den Gästen einen Mann aussuchte, mit dem sie nach Hause gehen konnte.

»Sorry, Maja. Aber ich werde in meinem eigenen Bett schlafen.«

»Gut, dann gehen wir zusammen …«

»Allein! Ich möchte allein in meinem Bett schlafen«, stellte er deutlich klar. Seine Stimme nahm an Schärfe zu.

Maja wollte nach ihm greifen, doch er hob seine Hände.

»Lass mich. Ich muss allein sein.« Er pfiff nach einem Taxi, das in diesem Augenblick an ihnen vorbeifuhr, und hob winkend den Arm.

Der Fahrer trat auf die Bremse, legte den Rückwärtsgang ein und hielt neben dem Paar.

Schnell öffnete Jasper die Tür und schob Maja auf den Rücksitz. »Du wirst jetzt nach Hause fahren, allein.«

»Seit wann bist du so ein Widerling?«, fragte Maja beleidigt, sah aber wohl ein, dass dieser Abend hier und jetzt zu Ende war.

»Bringen Sie die Dame nach Hause«, sagte er zu dem Fahrer und drückte ihm zwanzig Euro in die Hand, woraufhin dieser grüßend die Hand an die Stirn hob und den Gang einlegte.

»Man sieht oft in den Menschen etwas anderes, als sie in

Wirklichkeit sind«, knurrte Jasper und sah dem Wagen nach, wie er um die nächste Ecke bog. Er schlug den Kragen seiner Jacke hoch. Er würde zu Fuß nach Hause gehen, die frische Luft tat ihm gut und bewahrte ihn vielleicht vor Kopfschmerzen am nächsten Tag. Vermutlich aber nicht, dafür hatte er zu viel getrunken, doch er war selbst schuld. Er hätte nicht so tief ins Glas schauen dürfen. Diese Schwäche hatte er sich jedoch heute zugestanden. Seine beste Freundin hatte ihn einfach so allein gelassen, und diesen Schlag ins Gesicht musste er erst einmal verkraften, was für einen gestandenen Mann gar nicht so einfach war. Sie waren seit der Schulzeit befreundet gewesen und auch kurze Zeit miteinander gegangen. Allerdings war sie nicht die Frau, nach der er sich verzehrt hatte. Also hatte er sich wieder getrennt. Anfänglich war Frieda darüber sauer gewesen, doch allmählich hatte sie sich beruhigt, und mit der Zeit waren sie gute Freunde gewonnen. Die besten sogar.

Als Frieda vor einem Jahr Luca, seinen guten Kumpel, kennengelernt hatte, hatten die beiden sich auf Anhieb ineinander verliebt. Es war wie in einem Kinofilm abgelaufen. Sie hatten bewiesen, dass es die Liebe auf den ersten Blick wirklich gab. Diese Verbindung hatten sie bisher geheim gehalten, weil Frieda sich um Luise sorgte. Sie wollte ihr im nächsten Jahr davon berichten, dass die beiden sich verlobt hatten. So lange hatte sie warten wollen, und Luca war damit einverstanden gewesen. Er hätte alles für Frieda getan, so verknallt war er.

Doch nun gab es Frieda nicht mehr, und seine und Lucas Welt war zusammengebrochen. Niemand hatte damit gerechnet, dass ihre Lebenskerze einfach so verlosch. Sie hatten viele Überlegungen angestellt, wie ihr Leben aussehen sollte. Hoffnungen waren aufgekeimt. Nichts von alldem würde jetzt realisiert werden. Es würden nur Träume bleiben, und Jasper hatte keine Ahnung, wie Luca damit zurechtkam. Er wollte für seinen Freund da sein, ihm beistehen, doch der hatte sich in ein Schneckenhaus zurückgezogen und war in die Berge geflüchtet. Bergsteigen war eines seiner vielen Hobbys, ebenso wie das Skifahren. So würde er den Kopf freibekommen. Er wollte erst im neuen Jahr zurückkehren und ein neues Leben beginnen. Jasper hoffte, dass es ihm gelingen würde. Er wünschte es ihm wirklich sehr.

*

Wie versprochen hatte Karo den Lieferanten nicht in die Wohnung gelassen. Es wurde immer davor gewarnt, Fremde ins Haus zu lassen, und Luise war nun mal ein vorsichtiger Mensch. Sie hatte im Türrahmen der Küche gestanden und gelauscht.

Karo betrat mit dem Pizzakarton die Küche, wo Luise zwei Teller hingestellt hatte. Es roch köstlich, musste Luise zugeben, wenn auch nur ungern.

»Hast du schon mal eine Pizza probiert?«, fragte Karolina und öffnete den Deckel der Verpackung. Jetzt roch es noch intensiver.

»Nein, so was mag ich nicht«, erklärte Luise leise.

»Aber, wenn du noch nie eine probiert hast, dann kannst du es ja nicht wissen. Wie wäre es, wenn ich dir ein kleines Stück zum Probieren gebe?«

»Ich nehme den Salat.« Luise wollte nicht nachgeben.

»Gut, Luise. Zum Salat gehören auch kleine Brötchen, die du mit Kräuterbutter bestreichen kannst.« Karo holte Besteck aus der Schublade und legte es neben die Teller.

Langsam begann Luise zu essen, nachdem Karo ihr ein Dressing über den Salat gegeben hatte.

»Warum liefern sie die Salatsoße extra?« Luise verstand den Sinn dahinter nicht.

»Damit der Salat noch frisch und knackig ist, wenn er hier

ankommt. Ich habe Joghurtdressing bestellt, das magst du sicherlich.«

»Ich gebe immer Essig und Öl über den Salat«, erklärte Luise und begann zu essen, zuerst zögernd, dann offenbar mit großem Appetit. Es gab Mais und Gurken, Eisbergsalat, gekochte Eier, Schinkenstreifen und leckere Cocktailtomaten und geriebenen Käse.

»Schmeckt es dir?«, wollte Karolina wissen und blickte kurz auf.

»Ja, sogar erstaunlich gut.«

»Möchtest du vielleicht doch von der Pizza probieren? Jetzt hast du noch die Gelegenheit.«

»Was ist das denn eigentlich?« Luise warf einen Blick auf Karos Teller.

»Nun, der Teig schmeckt ungefähr so wie die Brötchen. Es ist Mehl mit Salz, Hefe, Öl und Wasser. Der Belag besteht aus Tomatensoße, Basilikum und Schinken, der auch in deinem Salat ist. Dazu gibt es Champignons, Thunfisch und Zwiebel. Und Käse. Dann wird der Teig zusammengeklappt und das Ganze gebacken. Also lauter Dinge, die du kennst. Ich glaube, dir würde es schmecken.« Karo sah sie abwartend an.

»Na gut, ich kann ja mal probieren. Riechen tut es auf jeden Fall gut.«

»Glaub mir, es schmeckt auch gut.« Karo schnitt ihr ein Stück mit Füllung ab und legte es auf ihren Teller.

Sofort biss Luise ab. Genüsslich kaute sie und ließ es sich auf der Zunge zergehen. Sie nickte. »Ja, man kann es essen.« Den Rest des kleinen Stücks schob sie sich ebenfalls in den Mund.

»Möchtest du vielleicht noch mehr?«, fragte Karo gut gelaunt.

Luise nickte eifrig. »Ja, bevor du alles aufisst, nehme ich noch ein Stückchen. Du kannst gerne etwas von dem Salat haben.«

»Ich nehme mir ein Brötchen«, erklärte Karo, legte ihr diesmal ein ziemlich großes Stück der Pizza auf den Teller, schnitt ein Brötchen auf, bestrich beide Teile mit der Kräuterbutter und gab Luise eine Hälfte ab.

»Danke, du bist ein gutes Kind. Das schmeckt richtig gut. Allein wäre ich nie auf die Idee gekommen, eine Pizza zu essen. Ich habe immer gedacht, wer weiß, was da drin steckt. Aber die Italiener essen ja auch Dinge wie wir.«

Karo schaute sie verdutzt an, dann lachte sie laut auf. »Ja, Luise, und wir in Deutschland essen sogar mit Vorliebe Dinge, die in Italien angebaut werden.«

Luise nickte zustimmend. »Ja, wie Pizza zum Beispiel«, sagte sie und begann zu lachen. Am Ende nahm sie ein weiteres Stück Pizza und ein zweites Brötchen mit Kräuterbutter, das sie restlos verputzte.

3

Am nächsten Morgen räumte Karolina den Pizzakarton mit einem Lächeln in den Abfall. Sie hatte höchstens ein Drittel der Calzone abbekommen, den größten Teil hatte Luise gegessen, nachdem sie sich bereit erklärt hatte, ein Stück zu probieren. Und das, wo sie doch gar keine Pizza aß. Die Hälfte des Salats hatte sie zusätzlich verputzt. Karolina hatte sich gefragt, wo die kleine Frau das alles hinsteckte. Ihr hatten ein Stück Pizza und zwei Brötchen mit Kräuterbutter gereicht, die Rashid als Geschenk zusätzlich mitgebracht hatte. Ihr Appetit war in den letzten Tagen ohnehin nicht sehr groß.

Sie hörte einen Schlüssel in der Tür und ging in den Flur, um nachzusehen. War Luise schon aufgestanden?

Eine junge Frau trat herein und sah sie neugierig an. »Guten Tag. Ich bin Frau Wagenbrecht, die Putzhilfe. Ist Frau Aigner nicht da?«

»Doch, natürlich. Kommen Sie ruhig herein. Ich bin Karolina Nicolay, eine Freundin der Familie. Frau Aigner wird sicher auch gleich fertig sein.«

»Ich fange dann schon mal im Wohnzimmer an«, rief Frau Wagenbrecht und legte den Mantel ab. Aus der Kammer holte sie den Staubsauger und einen Putzeimer hervor, während Karolina sich weiter daran machte, den Tisch in der Küche zu decken.

Zum Frühstück erschien Luise bereits fertig angezogen, es fehlten nur noch der Wintermantel, Schal und Handschuhe. Sie setzte sich zu Karolina, die alles vorbereitet hatte, an den Tisch.

»Was hast du heute vor?«, wollte Karolina wissen und biss in ein Brötchen, das sie aufgebacken hatte.

»Ich muss den Stand pünktlich um zehn Uhr öffnen. Ich habe nicht mehr viel Zeit«, erklärte Luise ruhelos, schmierte sich eine Brötchenhälfte und trank schnell einen Schluck Kaffee, den Karolina frisch aufgebrüht hatte, auf die altmodische Weise, genau so, wie Luise es liebte.

»Ich fahre dich zum Markt«, überlegte Karolina laut, als sie sah, wie hektisch Luise hantierte.

»Aber musst du nicht zur Arbeit?« Luise hielt in ihrem Tun inne.

»Nein, ich habe doch Urlaub, erinnerst du dich? Das habe ich dir gestern in der Kirche erzählt.«

»Natürlich erinnere ich mich. Ich bin schließlich nicht senil.« Luise schien schon wieder beleidigt.

Als sie ein Geräusch hörte, blickte sich Luise neugierig um. »Wer ist denn da?«, fragte sie irritiert.

»Frau Wagenbrecht, deine Putzfrau.«

Sofort erhob sich Luise und ging hinüber ins Wohnzimmer. Karolina hörte, wie die beiden Frauen sich unterhielten; kurz darauf kam Luise zurück.

»Ich muss ihr doch sagen, was sie zu tun hat, damit sie das Saugen nicht vergisst.«

Ein kleines Lächeln huschte über Karolinas Lippen. »Ich glaube nicht, dass Frau Wagenbrecht das vergisst. Sie macht einen kompetenten Eindruck.«

Luise winkte ab. »Ihr jungen Dinger wisst doch gar nicht mehr, wie man richtig putzt«, murmelte sie und biss in ihr Brot.

Diesmal ging Karolina nicht darauf ein. »Sag mal, willst du nicht vielleicht den Stand schließen? Es ist ja nur noch knapp eine Woche bis zum Vierundzwanzigsten. Den ganzen Tag in der Kälte stehen, das ist doch sehr anstrengend für dich.«

Einen kurzen Augenblick hörte Luise auf zu kauen und

schaute aus dem Fenster, vor dem der Tisch stand, an dem sie saßen. »Ich sitze die meiste Zeit«, erklärte sie kurz angebunden. »Außerdem ist es unmöglich. Ich habe einen Vertrag unterschrieben und bin verpflichtet, den Stand zu betreiben, sonst droht mir eine saftige Strafe und ich werde nie wieder dort ausstellen dürfen. Das kann ich doch meinen Freunden nicht antun. Die warten alle auf mich. Man kann so einen Stand nicht einfach schließen, wie es einem gefällt. Dann würde ich im nächsten Jahr keine Standlizenz mehr bekommen. Und was soll ich dann machen? Allmächd, nein, das kommt gar nicht in die Tüte.« Energisch schüttelte Luise den Kopf, stopfte sich den Rest des Brötchens in den Mund und kaute schnell.

Innerlich stöhnte Karolina auf. Luise machte den Eindruck einer netten lieben Oma, aber sie hatte den Dickkopf eines störrischen Teenagers mitten in der Pubertät. Sie wusste ihre Interessen durchzusetzen. Wie hatte Frieda das nur hinbekommen? Auf die Dauer stellte Karolina sich das recht anstrengend vor. So hatte sie Luise gar nicht in Erinnerung. Aber sie war wohl nicht die Einzige, die sich über die Jahre hin verändert hatte.

»Ich will nicht, dass sich dieser Kerl von gegenüber meinen Standplatz unter den Nagel reißt. Nein, die paar Tage halte ich noch durch. Der kriegt meinen Stand nicht.«

Resigniert nickte Karoline. »Gut, dann komme ich mit und helfe dir, auch wenn dieser Weihnachtswirbel mir jetzt schon auf die Nerven geht. Ich mache mich schnell fertig.« Sie stellte ihre Tasse auf dem Tisch ab und erhob sich. »So kannst du in Ruhe aufessen, und mit dem Auto sind wir schnell da.«

»Zu Fuß brauche ich auch nur fünf Minuten«, rief Luise mit vollem Mund hinter ihr her.

»Ja, aber nicht mit dem schweren Karton«, konterte Karolina und stellte mit Befriedigung fest, dass Luise darauf keine Antwort einfiel. Schnell kämmte Karolina ihr Haar und trug ein wenig Lippenstift auf. Zum Glück hatte sie schon am frühen Morgen geduscht. Sie beeilte sich, damit Luise nicht auf die Idee kam, am Ende doch allein aufzubrechen, vermutlich noch mit ihrem alten Auto. Karolina konnte Luises nächsten Schritte nicht genau einschätzen, und das machte sie unruhig. Sie musste die alte Frau wieder besser kennenlernen. Es hatte sich in den letzten Jahren sehr viel verändert. War das alles an ihr vorbeigegangen? Warum hatte sie es nicht bemerkt? Weil vermutlich immer ihre Arbeit im Vordergrund stand und sie für nichts anderes mehr Zeit hatte. Nicht zum ersten Mal kam ihr der Gedanke, dass Arbeit nicht alles war. Doch in den letzten Jahren hatte es kaum etwas anderes für sie gegeben. Keine neuen Freunde, keinen Mann, mit dem sie ihre Freizeit hätte teilen können. Einfach niemand. Und das war etwas, was sie auf jeden Fall ändern wollte.

*

Jasper hatte an diesem Morgen den Stand mehr als pünktlich geöffnet. Obwohl er am Abend viel getrunken hatte, was er nicht mehr gewohnt war, erwachte er sehr früh. Diese ganzen Ereignisse ließen ihn einfach nicht los.

Mit geschulten Augen ging er die Regale und Fächer durch und füllte sie mit neuer Ware auf. Nach einem Blick auf die Uhr wunderte er sich, dass Luca noch nicht da war. Sie hatten sich um halb zehn verabredet, jetzt war sein Freund eine halbe Stunde überfällig. Er zückte sein Smartphone und wählte Lucas Nummer, doch dessen Handy war nicht erreichbar.

Was sollte Jasper jetzt tun? Luca war sonst sehr verlässlich, doch seit Friedas Tod war er nicht mehr der Alte.

Jasper wählte eine weitere Nummer. »Julian! Guten Morgen, Jasper hier. Hör mal, weißt du, wo Luca ist? Er wollte mir heute Morgen mit dem Stand helfen, ist aber nicht erschienen. Könntest du die Schicht heute zusätzlich einschieben? Super!

Ja, bis gleich.« Julian war ein Student, der sich regelmäßig bei Jasper etwas dazuverdiente, und ihm beim Stand aushalf. Keine Ahnung, was mit Luca los war, vielleicht tauchte er ja noch auf. Er würde es später noch mal auf dem Handy versuchen.

*

An diesem Morgen waren schon viele Menschen unterwegs. Es gab einfach keinen Stellplatz für das Auto direkt am Markt. Am Ende parkte Karolina den Wagen in einer nahen Tiefgarage.

Während sie den großen Karton mit den Socken über den Markt schleppte, wurden ihre Arme schwer. Keine Ahnung, wie Luise das hätte alleine bewerkstelligen wollen. Ihr Stand war der erste in der linken Reihe, direkt an der Frauenkirche. Luise hatte recht, der Platz war gut gewählt. Hier kamen viele Besucher vorbei. Sie waren spät dran, der Markt öffnete gerade, und bereits jetzt war der Andrang groß.

Viele Touristen kamen nur wegen des Christkindlesmarkts im Advent in die Stadt. Große Busse karrten die Menschen aus der Umgebung heran, und sie fielen förmlich über die Stände her. Selbst Urlauber aus Fernost nahmen den weiten Weg auf sich, um das Spektakel zu erleben. Karolina wurde langsam neugierig darauf, was die Menschen so sehr an Weihnachten faszinierte, dass sie dafür sogar ihren Urlaub opferten.

»Puh, ist der schwer.« Karolina stellte den Karton in der Hütte ab, nachdem Luise aufgeschlossen hatte. »Der Platz ist schon so voll, kaum zu glauben.«

»Ja, unser Markt hat eine jahrhundertelange Tradition. Bereits seit der Mitte des siebzehnten Jahrhunderts werden hier Waren angeboten, das muss man sich mal vorstellen.« Luise lächelte stolz, dass sie ein Teil davon war. »Ich bin ja auch schon so alt, da hätte ich fast bei den Anfängen dabei sein können.« Sie lachte über ihren Witz.

Schmunzelnd winkte Karolina ab. »Was du immer mit deinem Alter hast. Du bist doch noch jung.« Zumindest hatte Luise die Treppen der Tiefgarage wesentlich schneller erklommen als Karolina, allerdings ohne Karton, der gefühlte dreißig Kilo wog.

Die Verkaufshütte war gemütlich eingerichtet und nicht zu überladen. Auf der rechten Seite gab es handgefertigte Schals und Mützen, auf der anderen Seite lagen die gestrickten Handschuhe und Socken. Dazwischen standen kleine Holzfiguren, die unterschiedliche Berufe darstellten. Zwischen dem Bäcker, Schmied, Schornsteinfeger und Dirigenten lagen einfarbige und bunte Socken in allerlei Größen. Ein Lehrer an einer Tafel trug einen Minischal. Der Stand war liebevoll weihnachtlich dekoriert mit Lichterketten und Sternen, die hell leuchteten. Zum ersten Mal fühlte Karolina, wie viel Luise das hier alles bedeuten mochte. Auch wenn sie selbst nicht so empfand, bekam sie einen Einblick, wovon sie erzählte. Das Leuchten in Luises Augen sprach jedenfalls Bände.

»Die hast alle du gefertigt?« Karolina sah sich staunend um.

»Natürlich. Ich habe schon gestrickt, bevor ich schreiben konnte. Meine Großmutter hat es mir beigebracht. Es beruhigt meine Nerven. Doch langsam gehe ich mehr zum Häkeln über, das belastet die Gelenke nicht so sehr. Handarbeit ist wieder modern, das war ja lange Zeit nicht so attraktiv. Du solltest es auch mal probieren, es wird dir sicher gefallen. Do it yourself ist in. Ihr jungen Frauen braucht etwas, das euch entschleunigt.« Sie hörte sich wie eine Werbesendung an.

»Ich bin total ruhig«, murmelte Karolina. »Dabei kann ich weder das eine noch das andere«, gab sie dann zögernd zu. Sie nahm eine der hölzernen Stricknadeln in die Hand, die man ebenfalls am Stand erwerben konnte.

»Die liegen gut in der Hand, du solltest es mal probieren. Hier hast du ein Knäuel Wolle. Das ist eine Baumwolle-Cashmere Mischung, die eignet sich wunderbar für weiche Schals. Fühl mal.« Luise nahm einen Knäuel aus dem Regal, das an der hinteren Wand stand. Auch Wolle bot sie also an, übrigens in wunderschönen winterlichen Farben.

Zögerlich griff Karolina nach dem Knäuel und ließ ihren Daumenballen darüber gleiten. Er war wirklich weich, kratzte kein bisschen und fühlte sich auch nicht synthetisch an. Man könnte meinen, über das Haar einer lebendigen Ziege zu streichen. Ihr kam es vor, als hörte sie das laute Meckern des Tieres, und sie lächelte.

»Dieses Garn flust nicht, was von Vorteil ist. Es gibt doch nichts Schlimmeres, als wenn Fusseln am Lippenstift hängen bleiben, oder?« Luise lachte auf und zwinkerte ihr zu. Wie lebendig sie hier war. Eine völlig andere Frau.

Karolina gefiel die Griffigkeit des Garns. Es fühlte sich so wunderbar weich an, und die senfgelbe Farbe passte gut zu ihrem blauen Wintermantel. »Silver Lining« stand auf dem Etikett.

Mit einer schnellen Bewegung zog Karolina ihren Mantel aus. Sie trug ein Unterhemd, mit T-Shirt und einen großen Hoodie darüber. Ihr wurde langsam warm. »Und wie fange ich jetzt an?«, wollte sie wissen, nun doch neugierig geworden. Sie ließ sich neben Luise auf der kleinen Bank nieder, die in der Hütte Platz gefunden hatte.

»Du musst zuerst ein paar Maschen aufnehmen. Bei einer achter Nadelstärke reichen zweiundzwanzig. Das Garn ist dick, da kommst du schnell voran, und im Nu wirst du ein Ergebnis sehen. Es dauert gar nicht so lange, wie man immer denkt. Mit jeder neuen Reihe wächst die Freude, du wirst es sehen.«

»Aber wie fange ich an? Wie bekomme ich die Maschen auf die Nadeln?«

Luise sah sie verständnislos an. »Hattest du in der Schule keinen Handarbeitsunterricht?«

»Doch, natürlich, aber Karolina hat sich schon immer mehr für Mathematik interessiert als fürs Handwerkliche.« Das kam von einer dunklen Stimme vor dem Stand.

Die beiden Frauen blickten auf.

»Da bist du ja schon wieder. Ist man denn nirgendwo vor dir sicher? Hör auf, meine Gespräche zu belauschen.« Luise funkelte den Mann böse an, dann drehte sie ihm den Rücken zu.

Karolina erkannte in ihm den Mann, der gestern auf dem Friedhof gewesen war und den Luise verscheucht hatte. Auf den zweiten Blick sah sie in zwei Augen, die ihr merkwürdig bekannt vorkamen. Er schien sie jedenfalls zu kennen, seinen Worten nach zu urteilen. Sie wollte schon fragen, wer er war, da fiel es ihr wie Schuppen von den Augen.

»Jasper? Jasper Köhler?«, fragte sie ungläubig.

Der Mann schenkte ihr ein Lächeln, dass sie glatt aus den Schuhen haute.

»Ihr kennt euch?« Ungläubig drehte sich Luise zu Karolina um und schien nicht gerade begeistert von dieser Neuigkeit.

»Aber ja! Jasper war mit Frieda und mir in einer Jahrgangsstufe. Das ist aber schon fünfzehn Jahre her«, erklärte Karolina schnell.

Jasper nickte zustimmend. »So sieht man sich wieder. Obwohl wir uns ja schon gestern auf dem Friedhof begegnet sind.« Er warf Luise einen vorsichtigen Seitenblick zu.

»Tut mir echt leid. Ich war so verheult, dass ich keinen klaren Blick mehr hatte und dich nicht gleich erkannt habe. Du hast dich aber auch sehr verändert«, gab sie zögerlich zu, sah ihn entschuldigend an. »Was ist mit deinem Haar geschehen? Wo ist dein Kurzhaarschnitt geblieben?« Sie lachte auf.

»Ich spar mir den Friseurbesuch.« Jasper legte seinen Kopf ein wenig schief und blickte sie mit seinen braunen Augen an, die Karolina an dunkle Schokolade erinnerten. Sie passten gut zu seinen dunkelbraunen Haaren, die er mit einem Band am Hinterkopf zusammengebunden trug. Der gebräunte Teint gab ihm das Aussehen eines gut aussehenden Südeuropäers, obwohl er, wie sie wusste, hier in Nürnberg geboren war. Er sah selbst im Winter aus, als käme er gerade aus dem Sommerurlaub. Er war groß, selbst für einen Mann, und musste sich herunterbeugen, um nicht mit dem Kopf gegen die Verzierung der Hütte zu stoßen. Seine langen Beine steckten in Jeans, und er trug dicke Winterboots, was wirklich keine schlechte Idee war. Karolina sollte ihre Kleidung für die nächsten Tage noch mal ein wenig überdenken. Ihre Füße waren jetzt schon eiskalt, und das, wo der Markt gerade erst geöffnet hatte. High Heels waren wohl keine gute Idee.

»Dafür bist du immer noch die Karo, die ich als junger Mann kannte.« Sein Blick war so intensiv! Sie wusste nicht, ob das nun ein Kompliment war oder nicht.

»In den letzten Tagen eher nicht«, gab sie leise zu.

»Ja, wir alle sind ganz erschüttert von der Tragödie. Ich kann dich gut verstehen.«

Luise räumte die mitgebrachten Socken energisch auf den Tisch und in die Regale ein, schnaufte leise und tat so, als würde sie dem Gespräch nicht lauschen. Letztendlich konnte sie aber doch nicht über ihren Schatten springen und drehte sich um. »Du hättest nicht immer mit Frieda streiten müssen. Vielleicht würde sie dann noch leben.«

Ihr direkter Ton ließ Karolina nach Luft schnappen. »Luise! Wie kannst du denn so etwas sagen?« Sie konnte doch unmöglich jemandem die Schuld an diesem Unglück geben. Einen Schlaganfall konnte man nicht voraussehen, dafür trug niemand die Verantwortung.

»Wir haben nicht gestritten, wir …« Jasper verstummte, weil er wohl einsah, dass er gegen Luise keine Chance hatte.

Sie hatte mittlerweile die Hütte verlassen, war nicht mehr zu sehen.

Was er nur immer an ihrem Stand zu suchen hatte? Erst hatte er andauernd mit Frieda gestritten, und jetzt machte er sich auch noch an Karo ran! Luise schüttelte unentwegt den Kopf, während sie auf das nostalgische Karussell zulief.

»Was ist denn los, Luischen?«, fragte Konrad und nahm sie in die Arme. »Du bist ja ganz aufgeregt.«

»Dieser Kerl legt es wirklich drauf an, mich zu ärgern«, rief sie.

»Welcher Kerl?«

»Na, Jasper natürlich.«

»Jetzt schimpf doch nicht immer auf den Jungen. Er ist ganz in Ordnung.«

Luise schnaufte und sah Konrad böse an, weil er nicht auf ihrer Seite war.

»Warum magst du ihn so sehr?« Sie zog eine Schnute.

»Weil er mich ein wenig an mich selbst erinnert, als ich jung war. Jetzt benimm dich nicht wie ein Teenager. Du bist eine gestandene Frau, Luise. Eigentlich magst du Jasper, manchmal glaube ich, du vergisst das nur.« Konrad legte einen Arm um ihre Schultern.

»Das kann gar nicht sein.« Sie schüttelte den Kopf. »Ich weiß nicht, warum ihr immer alle meint, ich vergesse etwas. Erst Frieda, dann Karo und jetzt auch du.«

Konrad wandte sich dem Karussell zu, um einem Kind aus der Kutsche zu helfen. »So ist das gar nicht. Aber Jasper ist ein hilfsbereiter Mann, der das Herz auf dem rechten Fleck hat. Gib ihm eine Chance.«

»Ich muss zurück zum Stand, Karo kommt alleine nicht klar«, rief sie ihm zu, und Konrad winkte.

»Wir sehen uns, meine Luise«, rief er ihr zu.

Luise drehte sich um, und für einen Augenblick wurde ihr schwindelig. Sie hielt sich an einer der Holzbuden fest. Das war nichts, sie hatte sich einfach zu schnell umgedreht. Langsam begann sie zu zählen, bis sie bei neun anlangte.

»Es ist schwer für Luise, tut mir wirklich leid, dass sie sich dir gegenüber so verhält. Eigentlich ist sie eine liebe Frau.« Warum Karolina das Bedürfnis hatte, sich zu entschuldigen, wusste sie selbst nicht so genau. Jasper hatte Frieda schon zu Schulzeiten nicht gut behandelt. Als Teenager waren die beiden ein Paar gewesen, aber Jasper hatte ihre Freundin nach einigen Wochen wegen eines anderen Mädchens verlassen, was Frieda damals fast das Herz gebrochen hatte. Aber das alles war lange her und kein Grund, ihm eine Mitschuld an ihrem Tod zu geben.

»Kein Ding, ich kenne Luise ja schon einige Jahre.« Jasper lächelte nachsichtig. »Was tust du hier? Wie ist es dir in all der Zeit ergangen?«

Karolina hob die Schultern. »Ich greife Luise ein wenig unter die Arme, auch wenn es ihr womöglich nicht gefällt. Eigentlich wollte ich in Urlaub fahren, nach Italien, doch ich denke, in diesem Jahr werde ich Weihnachten in Nürnberg über mich ergehen lassen müssen.«

»Tust du das sonst nicht?« Er lehnte sich mit der Hüfte gegen die Hütte, was ziemlich lässig aussah.

Verlegen lachte Karolina. »Nein, ich hasse Weihnachten. Ich fliehe immer aus der Stadt, bevor der Zirkus überhandnimmt. Doch dieses Jahr hat Frieda mir einen Strich durch die Rechnung gemacht.« Plötzlich füllten sich ihre Augen mit Tränen. »Diese dumme Kuh. Macht sich einfach auf und davon und lässt mich allein zurück. Ich habe sie wie eine Schwester geliebt.« Sie schluchzte auf, weil sie ihre Emotionen nicht mehr unter Kontrolle hatte, was ihr ungemein peinlich war.

»Hey, warte mal.« Jasper ging um das Häuschen herum, das zu Beginn der Reihe stand, und tauchte dann an der hinteren Tür neben Karolina wieder auf. Behutsam legte er den

Arm um ihre Schultern und reichte ihr ein Taschentuch. Er sagte nichts, was sie ihm hoch anrechnete. Nicht, dass er sich noch über sie lustig machte. Doch Jasper drückte sie an seine Brust, strich über ihren Rücken. Diese Geste fühlte sich vertraut an, obwohl sie es nicht war, und tat ihr gut. Es war, als hätten sie sich erst letzte Woche voneinander verabschiedet, und nicht, als lägen mehr als zehn Jahre zwischen ihrer letzten Begegnung und dem heutigen Tag. Das war doch irgendwie verrückt!

Karolina nahm Jaspers angenehmen Duft nach einem herben Rasierwasser und Leder wahr. Und da war noch etwas anderes, etwas Feines. War es Vanille? Nein, es war der süßliche Duft von Zimt. Tief holte Karolina Atem. Sie mochte es, wie Jasper roch. Trotzdem machte sie sich von ihm frei. Es war ihr peinlich, dass sie so zusammengebrochen war. Und sie sah sich verlegen nach Luise um, die nicht mehr auftauchte. Wo war sie nur abgeblieben?

»Danke für dein Mitgefühl«, murmelte sie und putzte sich die Nase. »Wo ist eigentlich Luise hin?«, gab sie dann dem Gespräch eine andere Richtung.

»Ach, die ist bestimmt zu Konrad. Er betreibt hier das nostalgische Karussell und ist eine Institution auf dem Markt. Keiner ist länger dabei. Er ist bereits Rentner, macht es nur noch zum Spaß. Ich glaube, es gibt nichts, was Konrad nicht bewerkstelligen kann. Die beiden kennen sich schon ewig.«

»Ah, ich habe ihn gestern auf dem Friedhof gesehen«, fiel es Karolina ein, die sich langsam wieder beruhigte.

Kunden traten an den Stand, sahen sich bei den Socken um.

»Du hast Kundschaft. Möchtest du vielleicht einen Glühwein? Der beruhigt die Nerven«, meinte er und kehrte ihr den Rücken zu.

»Gerne, aber ohne Schuss. Ich muss noch lange durchhalten.« Sie schenkte ihm ein kleines Lächeln.

»Geht klar.« Jasper drehte sich um und warf ihr über die Schulter einen Blick zu, der Karolinas eisiges Herz schmelzen ließ. Sie war immer noch ganz verwirrt, Jasper hier auf dem Christkindlesmarkt getroffen zu haben. Wenn sie an früher dachte, musste sie zugeben, dass sie immer ein wenig in ihn verliebt gewesen war, doch sie hatte sich diesen Gedanken verboten, weil er Frieda wehgetan hätte. Alle Mädchen waren scharf auf Jasper gewesen, daher hatte sie sich nie eine Chance bei ihm eingeräumt. Wer stand schon auf das Nerd-Mädchen mit dem Mathefimmel?

»Sind die Socken aus reiner Wolle gestrickt?«, fragte die Kundin und hielt ihr ein geringeltes Paar entgegen.

Karolina hatte keine Ahnung. »Aus was denn sonst?«, fragte sie daher diplomatisch.

»Na, eventuell Polyester oder einer anderen Mischung.«

Karolina entdeckte im Regal neben ihr ein Knäuel Wolle, das die gleichen Farben hatte, und holte es hervor. »Hier, schauen Sie selbst.« Sie hielt der Kundin den Ballen entgegen, die einen wissenden Blick auf die Banderole warf. »Hundert Prozent reine Schurwolle. Sehr schön. Ich nehme die Socken und vier Knäuel Wolle direkt dazu. Dann stricke ich mir einen passenden Schal zu den Strümpfen.« Die Kundin schenkte ihr ein zufriedenes Lächeln.

Im Kopf zählte Karolina schnell die Preise zusammen und kassierte. »Ihnen noch einen angenehmen Tag.«

»Ihnen auch, und schöne Weihnachten.«

»Ja, natürlich, ein frohes Fest«, murmelte Karolina. Es war lange her, dass sie das jemandem gewünscht hatte, und die Worte kamen ihr nicht so flüssig über die Lippen, wie man denken sollte.

»Ist er weg?« Luise erschien an der Tür und blickte sich misstrauisch um.

»Wer?«

»Na, Jasper. Ich habe keine Ahnung, was er immer an unserem Stand zu suchen hat. Er soll sich um seine eigenen Dinge kümmern.« Vorsichtig betrat sie die Hütte, als würde er plötzlich aus einem Versteck hervorspringen.

Bemüht überhörte Karolina ihre Worte und erklärte voller Stolz: »Ich habe ein Paar Socken und vier Knäuel Wolle verkauft.«

»Ich hoffe, du hast richtig kassiert.«

Innerlich verdrehte Karolina die Augen. »Natürlich, Luise, du weißt doch, dass ich im Kopfrechnen eine Wucht bin.«

Luise berührte ihren Arm. »Das weiß ich doch, mein Kind. Die Bank kann sich glücklich schätzen, dass sie dich hat. Du weißt, wo das Portemonnaie liegt?« Luise griff unter den Ladentisch, zog dort eine kleine Holzkiste hervor. Darin lag eine schwarze Kellnerbörse. »Hier sind immer hundert Euro als Wechselgeld drin. Die Leute lieben es, mit großen Scheinen zu bezahlen, sodass wir kleine Scheine und Hartgeld zum Wechseln vorrätig haben müssen.«

»Gut zu wissen.« Karolina legte das Geld hinein, das sie von der Kundin erhalten hatte.

»Hier, dein Glühwein.« Jasper tauchte auf und reichte Karolina über den Tresen hinweg eine Tasse.

»Vielen Dank, Jasper.«

»Was machst du schon wieder hier? Hast du keine Kundschaft, dass du dich hier herumtreiben musst?«, schimpfte Luise, erntete aber von Jasper nur ein Lächeln.

»Du vergisst immer wieder, dass du mich eigentlich liebst, Luise«, sagte er voller Überzeugung.

Karolina erwartete fast schon, dass Luise jetzt erst richtig loslegte, doch sie schien tatsächlich darüber nachzudenken, ob er vielleicht recht hatte.

»Das hast du bestimmt geträumt. Ich glaube ja eher, dass du es auf meinen Standplatz abgesehen hast.«

»Nein, ich bin mit meinem ganz zufrieden, Luise. Wenn, dann bin ich eher an dem von Marie interessiert, denn dann wäre ich dein Nachbar, und wir könnten es uns so richtig gemütlich machen.«

Luise lachte freundlos. »Ja, das denke ich mir. Du willst mir nur meine Kunden abspenstig machen. Ich kenne dich doch, dich und deine Tricks. Bei Frieda hast du es auch immer versucht und sie mit deinen schönen Augen durcheinandergebracht.«

Nun lachte Jasper. »Du findest also, dass ich schöne Augen habe? Hörst du, Karolina, sie hat gesagt, meine Augen sind schön. Wie ist denn deine Meinung dazu?«

»Vorsicht, Karolina, er flirtet mit dir. Am Ende bist du mit ihm verheiratet, bevor du dich umsiehst. Sei vorsichtig«, warnte Luise und hob drohend einen Finger in die Höhe.

Karolina blickte von einem zum anderen und wusste gar nicht, was sie sagen sollte, sie lachte nur verlegen. »So schnell kriegst du mich nicht unter die Haube«, sagte sie voller Überzeugung an Luise gewandt.

»Ich muss zu meinem Stand, bis später mal«, verabschiedete sich Jasper. Er ging zur anderen Seite, wo seine Hütte stand, und Luise verfolgte ihn mit den Blicken.

»Das hat er wohl geträumt, dass ich ihn mal mochte«, murmelte sie und schüttelte den Kopf.

Karolina konnte ihr darauf keine Antwort geben, weil sie es nicht wusste. Frieda hatte Jasper nie wieder erwähnt, nachdem sie sich als Teenager getrennt hatten. Dass Luise sich nicht daran erinnern konnte, gefiel ihr aber ganz und gar nicht, denn etwas sagte ihr, dass Jasper die Wahrheit sprach. Da war etwas in seinem Blick, dass ihr sagte: Er war eine ehrliche Haut. Wie sehr er sich doch verändert hatte! Früher war Jasper der Teenieschwarm der Schule gewesen. Doch nun war er ein erwachsener Mann, und er war tatsächlich schön wie eine Statue. Sein intensiver Blick verfolgte sie immer noch in Gedanken. Karolina schluckte hart, und zum ersten Mal bereute sie es nicht, die Reise nach Mailand abgesagt zu haben.

Jasper drehte sich noch mal um, als er zu seinem Stand hinüberging, und lächelte Karo zu. Sie sah unfassbar gut aus. Ihr Haar war immer noch so blond, ihre grauen Augen noch ausdrucksvoller, als er es in Erinnerung hatte. Frieda hatte immer wieder von ihr erzählt, und er hatte jede Neuigkeit mit Freude zur Kenntnis genommen. Ihr jetzt so nah zu sein, versetzte sein Herz in Aufruhr. Wie konnte das sein? Luca verlor seine große Liebe, und er? Er traf auf die Frau, die ihm seit der Schulzeit nicht aus dem Kopf ging und die sein Herz jetzt schneller schlagen ließ.

Als seine Gedanken wieder zu Luca wanderten, fiel ihm ein, dass er immer noch nicht aufgetaucht war. Erneut versuchte er es auf dem Handy. Endlich ging der Anruf raus.

»Hey, Jasper!«, meldete sich Luca. Seine Stimme hörte sich verschlafen an.

»Hey, Bro! Was ist los? Wo bist du? Wir wollten uns doch heute am Stand treffen«, rief Jasper gut gelaunt.

»Tut mir leid, Jasper. Ich hätte mich eher melden müssen. Ich sitze im Zug nach Österreich, die Verbindung ist nicht die Beste.«

»Was machst du in einem Zug nach Österreich?«, rief Jasper erstaunt.

»Tut mir leid, ich musste raus aus der Stadt. Ich habe mir ein Zimmer gemietet und geh Ski fahren. Ich muss auf andere Gedanken kommen. Nürnberg erinnert mich zu sehr an Frieda. Ich brauche ein bisschen Abstand. Sorry, dass ich mich noch nicht gemeldet habe und dich hängen lasse. Ich bin im Augenblick kein guter Freund.«

Hart atmete Jasper aus. »Ist schon okay, mach dir um mich keine Sorgen. Ich mache mir aber welche um dich. Du solltest nicht allein sein.«

»Hey, ich bin kein Mann, den man im Auge behalten muss. Ich will einfach nur den Kopf frei bekommen. Du brauchst dir wirklich keine Gedanken zu machen. Ich bin nach Silvester zurück, und dann reden wir, okay?«

»Das machen wir, mein Freund. Erhole dich gut und brich dir nicht die Haxen.«

»Du kennst mich. Ich fahre Ski, seit ich laufen kann«, erklärte Luca, und Japser hörte ein Grinsen aus seinen Worten heraus. »Das Wetter ist perfekt, und es gibt dort eine Menge netter Leute, mit denen ich mir die Zeit vertreiben kann. Ich freue mich schon, wenn wir uns sehen. Ich wünschte, du wärst hier und könntest dir auch mal eine Auszeit nehmen«

»Vielleicht im nächsten Jahr, Kumpel. Ich wünsche dir auf jeden Fall viel Spaß, und komm gesund wieder.«

4

Gegen Abend zogen dunkle Wolken am Himmel auf. Es roch nach Schnee. Als es zu schneien begann, leerte sich der Markt zusehends, auch weil vor Sturmböen gewarnt wurde. Das war kein normaler Schneefall. Er war dicht, und der Wind frischte auf. Karolina blickte besorgt auf ihr Handy, wo die Wetter-App sie eindringlich warnte. »Es zieht ein Sturm auf, wir sollten vielleicht zusammenpacken«, schlug sie Luise vor.

Diese schüttelte den Kopf. »Nein, das wird schon nicht so schlimm werden«, winkte sie ab, setzte sich dann aber auf die Bank und atmete schwer.

»Was ist los?« Karolina sah sie besorgt an. Luise war ganz blass geworden, und das lag nicht an dem drohenden Sturm.

»Ich bekomme manchmal schlecht Luft, aber das geht vorbei.«

»Luise, warum sagst du denn nichts? Soll ich dich zum Arzt fahren?« Karolina war alarmiert und stand ratlos neben ihr.

»Nein, das wird nicht notwendig sein. Aber vielleicht kannst du Konrad Bescheid geben, er kann mich nach Hause bringen. Bis zum Feierabend sind es nur noch drei Stunden, das schaffst du doch sicher allein.«

»Ja, natürlich.« Nur hatte Karolina keine Ahnung, wo sie diesen Konrad finden konnte. Sie sah sich suchend um, da entdeckte sie Jasper, der sich daran machte, seinen Stand zu schließen.

»Jasper! Könntest du Konrad bitten, Luise nach Hause zu begleiten? Ihr geht es nicht so gut«, rief sie zu ihm hinüber und winkte, um auf sich aufmerksam zu machen.

Sofort kam er zum Stand und sah die ältere Frau besorgt an. »Natürlich. Ich bringe sie zu Konrad, es liegt auf ihrem Heimweg. Wir sollten uns beeilen.«

Beide blickten Luise an, die zustimmend nickte. Allein, dass sie so bereitwillig mit Jasper ging, ließ durchscheinen, dass etwas mit ihr nicht stimmte und es ihr schlechter ging, als sie zugeben wollte. Schnell nahm Jasper ihren Arm und verließ mit Luise die Hütte.

Eine Windbö erfasste Luise und hätte sie beinah von den Beinen gerissen, hätte Jasper sie in diesem Augenblick nicht festgehalten.

»Komm Luise, das Wetter wird nicht besser. Sie schließen gleich ohnehin den Markt. Ruh dich zu Hause aus.« Mit festem Griff, während er sie mit seinem Körper schützte, liefen sie zu dem nostalgischen Karussell, an dem Konrad gerade dabei war, alles abzuschließen.

»Luise! Was ist mit dir?«, rief er besorgt und kam ihnen entgegen.

»Luise geht es nicht gut. Sie bekommt schlecht Luft«, erklärte Jasper.

»Ach, ich muss mich nur ein wenig ausruhen, da ist nichts«, winkte sie ab. Wieso immer alle glaubten, sie besser zu kennen als sie sich selbst?

»Ist dein Blutdruck wieder zu hoch?«, fragte Konrad besorgt. »Ich bringe dich nach Hause, und dann werden wir deinen Blutdruck messen.«

Luise sagte nichts und nickte nur. Sie wollte nur noch nach Hause und sich ein wenig hinlegen. Die letzten Tage waren nicht einfach gewesen, das musste sie zugeben.

»Ich mache mich auf den Weg, um Karo dabei zu helfen, den Stand zu schließen«, erklärte Jasper und strich sich das Haar aus dem Gesicht.

»Du solltest wirklich mal zum Friseur, Jasper«, meinte Luise und schüttelte den Kopf. »So lange Haare hat man in den Sechziger getragen, aber doch heute nicht mehr.«

»Da war ich doch gerade erst geboren, Luise«, rief er ihr lachend zu und machte sich auf den Weg.

»Komm, Luise, lass uns nach Hause gehen, das Wetter wird nicht besser. Es hat sich ein Sturm angesagt, der Orkanböen mit sich bringt. Da ist es besser, wenn wir ein Dach über dem Kopf haben.«

Wenn auch Konrad sich so besorgt zeigte, dann wurde es wohl Zeit, dass sie nach Hause kamen. Auf sein Urteil legte sie viel Wert, er gehörte nicht zu den Männern, die nur schwafelten. Wenn Konrad etwas sagte, hatte es Hand und Fuß.

Er hielt ihr den Arm hin, und sie hakte sich ein. Gemeinsam gingen sie ihrem Tempo entsprechend los. Konrad war eben ein richtiger Gentleman.

Wenig später war Jasper zurück. »Du solltest zusammenpacken. Es hat eine Sturmwarnung gegeben, die Polizei räumt den Platz«, erklärte er an Karolina gewandt und lief zu seinem Stand, um nachzuschauen, ob auch alles gut verstaut war. Seine Aushilfe hatte bereits alles sturmsicher verpackt und den Stand abgeschlossen.

Während Karolina sich an die Arbeit machte, die Läden der Holzhütte zu schließen, begann es plötzlich zu stürmen, und heftiger Hagel setzte ein.

»Warte, ich helfe dir.« Jasper hielt die Läden fest, damit Karolina die Riegel vorschieben konnte.

»Musst du dich nicht um deinen Stand kümmern?« Sie blickte hinüber, aber dort war schon alles geschlossen.

»Am Nachmittag habe ich immer eine Aushilfe beschäftigt. Julian kommt gut allein klar. Er ist Student und verdient sich etwas dazu. Er ist sehr verlässlich und hat schon alles gesichert. Bei dir auch alles klar?«

»Ich muss noch meine Handtasche und die Kasse holen.« Während Karolina von hinten durch die Tür die Hütte betrat, ihren Mantel anzog und die Tasche und das Portemonnaie holte, ging eine Nachricht auf Jaspers Handy ein. Er zog es aus seiner Hosentasche und warf einen Blick darauf.

»Konrad. Er hat Luise ins Bett verfrachtet. Sie schläft jetzt, und er bleibt noch ein wenig bei ihr.«

»Ich glaube, ich sollte mich beeilen.« Karolina warf einen skeptischen Blick zum Himmel.

»Konrad und Luise sind alte Freunde und kennen sich seit Jahrzehnten. Hast du vielleicht Lust, Henri und Paul kennenzulernen? Sie haben den Glühweinstand an der Ecke und betreiben eine Bar in der Nähe der Burg, das Meyer Lansky.«

»Mein Wagen steht in der Tiefgarage.« Karolina sah sich skeptisch um.

»Den kannst du dort beruhigt stehen lassen und morgen abholen. Die ganze Stadt scheint auf dem Weg nach Hause zu sein. Dein Auto bekommst du jetzt eh nicht so schnell aus der Tiefgarage.«

»Kein Wunder, bei einer Sturmwarnung«, murmelte Karolina und sah ihn besorgt an.

»Umso besser, wenn man den Sturm mit Freunden abwartet. Na, komm schon.« Jasper nahm einfach ihren Arm und zog sie mit sich.

Kurz bevor sie die obere Krämergasse erreichten, ging ein heftiges Gewitter los. Der Himmel hatte sich immer mehr verdunkelt. Man hätte meinen können, das Ende der Welt stehe bevor. Den Rest des Weges rannten sie lachend auf das Meyer Lansky zu. Auf dem Kopfsteinpflaster war es gar nicht so einfach, voranzukommen. Der Hagel hatte einen rutschigen Matsch zurückgelassen. Der Wind riss Jasper die Tür aus der Hand, und er konnte sie nur mit Mühe wieder schließen. Die Bar war wie erwartet so gut wie leer. An den Tischen saßen nur wenige Gäste, die das Unwetter hier abwarteten.

»Ich dachte schon, dass heute gar keine neuen Gäste mehr

kommen«, rief Henri gut gelaunt und warf sich ein Küchentuch über die Schultern.

»Da draußen geht echt die Welt unter. Wir könnten einen Drink gebrauchen.« Jasper zog einen Hocker für Karolina heran. »Bitte, setz dich.«

»Wen haben wir denn da?«, fragte Henri und sah Karolina neugierig an.

»Das ist Karolina Nicolay, eine alte Schulfreundin«, stellte Jasper sie vor.

»Na, so alt sieht sie gar nicht aus.« Henri grinste breit.

»Karolina war Friedas beste Freundin und kümmert sich nun um Luise«, fügte Jasper hinzu.

»Alle Achtung! Da hast du aber eine Aufgabe angenommen. Hallo, ich bin Henri Meyer, mir gehört diese Bar, zusammen mit meinem Mann.«

»Dein Mann? Arbeitet er auch hier?«, fragte Karolina und sah sich suchend um.

Henri lachte. »Nein, Paul ist Steuerberater, aber er wollte später noch vorbeischauen. Ich hoffe, der Sturm weht ihn nicht davon. Habt ihr besondere Wünsche, oder soll ich mir etwas einfallen lassen?«

Jasper sah Karolina fragend an, die ihre Schultern hob. »Okay, dann überrasch uns mal.«

Henri machte sich an die Arbeit und ließ die beiden allein.

Jasper ließ sich auf seinem Hocker nieder und sah Karolina interessiert an. »Also, schieß mal los! Was ist aus dir geworden? Ich bin neugierig.«

Auf diese Frage hatte Karolina schon gewartet. Sie lachte auf. »Ich habe Mathematik und BWL in München studiert und arbeite jetzt als Risikoanalystin bei einer Privatbank. Ich weiß, das ist nicht gerade abenteuerlich. Ein reiner Bürojob. Aber gut bezahlt, und ich habe mit Formeln zu tun.«

Jasper sah sie bewundernd an. »Du hast es weit gebracht. Aber Zahlen waren ja schon immer dein Ding.«

Da konnte sie nur zustimmen. »Und was treibst du so? Ich denke nicht, dass du nur einen Stand auf dem Weihnachtsmarkt hast.« Sie musterte ihn neugierig. Er hatte sich sehr verändert. So gut aussehend hatte sie ihn nicht in Erinnerung, doch diese konnte nach all den Jahren auch getrübt sein. Allerdings hatte er als Mann ihr Interesse geweckt, was sie schon gar nicht mehr für möglich gehalten hatte.

Leise lachte Jasper auf, was ihn sehr sympathisch machte. »Nein, mein Beruf ist wesentlich bodenständiger. Ich bin Konditormeister«, erklärte er mit einem Schmunzeln im Gesicht.

»Was? Das hätte ich nicht erwartet. Dann stellst du die Pralinen selbst her, die du an deinem Stand verkaufst?«

Er nickte. »So sieht es aus. Alles eigenes Handwerk.«

»Und dann siehst du so aus?« Karolina ließ ihren Blick über seine schlanke Gestalt wandern, verweilte einen kurzen Moment an seiner breiten Brust und räusperte sich. »Ich würde vermutlich nicht mehr in meine Kleidung passen. Schokolade ist meine Leidenschaft«, gab sie ehrlich zu.

»Wenn man den ganzen Tag von schönen Frauen umgeben ist, dann zählt nicht mehr das Aussehen, sondern du legst mehr Wert auf innere Werte. Der Inhalt wird wichtiger als das schöne Äußere«, zog er einen Vergleich und zuckte mit den Schultern.

Um welchen Inhalt es sich dabei handelte, blieb sein Geheimnis, denn Henri stellte zwei Gläser ab und grinste wie ein kleiner Junge, den man mit den Fingern im Bonbonglas erwischt hatte.

»Bitte schön. Zwei Christmas Surprise à la Henri.« Der Rand des Glases war mit Zucker und einem Stückchen Baumkuchen verziert. Ein Papierweihnachtsmann steckte auf einem Holzspieß ebenfalls im Glas. »Lasst es euch schmecken, ich bin gespannt, wie meine Kreation ankommt.« Er wandte sich wieder anderen Gästen zu, die ebenfalls vor dem Sturm in die

Bar geflüchtet waren und mittlerweile an den Tischen Platz genommen hatten.

»Zum Wohl.« Jasper stieß mit ihr an, und Karolina nippte vorsichtig am Glas. Der Geschmack von Ananas, Grenadine, Kokosnuss und die Schärfe von Alkohol machten sich in ihrem Mund breit. Den Abschluss bildete ein Hauch Zimt.

»Mhm! Lecker«, urteilte sie und nahm einen weiteren kleinen Schluck.

»Das schmeckt echt ... weihnachtlich«, erklärte Jasper und grinste breit. »Ich denke, dir gefällt der Drink, er hat so etwas Weibliches. Mir wäre ein Bier lieber.«

Karolina nickte zustimmend, zog ihr Glas zu sich heran und winkte Henri. »Könnten wir bitte noch ein Bier haben.«

Jasper lachte. »So schlimm ist es auch wieder nicht, aber trotzdem danke?«

Henri war so beschäftigt, dass er nur schnell ein gezapftes Glas Bier vor Jasper abstellte. »Schmeckt er nicht?«, fragte er im Vorbeigehen.

»Doch«, bestätigte Karolina.

»Nein!«, rief Jasper.

»Hör nicht auf Jasper. Ich finde ihn klasse«, rief Karolina laut.

Gemeinsam begannen sie zu lachen. Karolina ließ ihren Blick durch die Bar schweifen. Sie war im Stil der USA der Vierzigerjahre eingerichtet. Es gab Holztische mit Stühlen, die mit violettem Samt bezogen waren. An den Fenstern hingen Vorhänge in der gleichen Farbe, und der Boden war schwarzweiß gefliest. Auch das Licht an der Wand hinter dem Tresen war violett. Es machte einen gemütlichen Eindruck und beruhigte. An den Wänden gab es Bilder von berühmten Schauspielern wie Humphrey Bogart, Ingrid Bergman und Katharine Hepburn. Eine Wurlitzer-Jukebox stand auf einem Podest, attraktiv beleuchtet. Die Musik kam allerdings aus einer modernen Musikanlage.

»Eine tolle Bar. Ich war noch nie hier.« Karolina trank einen Schluck. »Dabei ist es gar nicht weit von Luises Wohnung entfernt.«

»Ich habe Henri und Paul auf dem Christkindlesmarkt vor einigen Jahren kennengelernt, und seitdem sind wir befreundet. Wir sind ein kleiner Stamm von Ausstellern, die jedes Jahr das Weihnachtsfest zusammen verbringen. Wir treffen uns am Heiligabend bei Luise, die für uns alle kocht. Das lässt sie sich nicht nehmen. Henri und Paul sind mit von der Partie, dazu Konrad und Oskar. Er verkauft Laubsägearbeiten. Dann gibt es noch Marie. Sie hat den Stand neben Luise und bietet Öle und selbst gegossene Kerzen an. Du wirst sie sicherlich auch noch kennenlernen.«

»Ich muss zugeben, dass dieser ganze Weihnachtsrummel mich ziemlich überfordert«, gab Karolina zu. Und Luise scheinbar auch, wenn sie sich nicht daran erinnern konnte, dass sie mit Jasper Weihnachten verbrachte. Das war schon merkwürdig.

»Warum? Jeder mag doch Weihnachten.« Jasper nahm einen Schluck von seinem Bier und leckte über seine Oberlippe.

Der Bewegung mit den Blicken folgend, schüttelte Karolina den Kopf. »Nein, ich jedenfalls nicht. Dieser ganze Zirkus geht mir ziemlich auf die Nerven. Allein schon dieses Gedudel der Weihnachtsmusik. Dann die Suche nach den richtigen Geschenken, Tannenbäume und Mistelzweige. Ich verstehe nicht, was man daran gut finden soll. Ich bin froh, wenn das Fest endlich vorbei ist. Normalerweise wäre ich jetzt in Mailand.«

Jasper blickte sie neugierig an. »Das sind alles Dinge, die man nicht in Zahlen ausdrücken kann, oder?« Ein feines Lächeln glitt über seine Lippen, an denen Karolinas Blick hängen blieb. Er hatte schöne Lippen. Warum war ihr das noch nie aufgefallen? Doch, sie hatte es bemerkt, aber diesen Gedanken niemals zugelassen, denn sie fühlte sich Frieda immer verpflichtet, und Jasper hatte sich schließlich nicht im Guten von ihr getrennt. Doch das war schon so lange her, die Zeit heilte bekanntlich alle Wunden.

»Warum bist du zu Friedas Beerdigung gekommen?«, fragte sie frei heraus, um das Thema zu wechseln und weil es sie interessierte. »Luise sagt, du und Frieda, ihr habt euch immer gestritten.«

»Wir waren Freunde. Sehr gute sogar. Frieda war mit meinem besten Kumpel Luca liiert. Noch nicht lange, doch sie waren sehr verliebt und hatten vor, sich zu verloben. Davon hatte Luise jedoch keine Ahnung.«

Das war Karolina völlig neu. »Frieda hat mir nichts davon erzählt. Ehrlich gesagt, wusste ich noch nicht einmal, dass ihr wieder in Kontakt steht. Ich bin sehr überrascht, das zu hören. Ich dachte die ganze Zeit, dass ihr nicht mehr miteinander redet. Und dass sie sich verliebt hat, wow, noch eine Überraschung.«

»Sie hat niemandem davon erzählt, damit Luise es nicht erfuhr. Es hätte ihr das Herz gebrochen. Frieda konnte ihre Großmutter nicht allein lassen. Sie hätten mit der Hochzeit gewartet, bis … nun, das ist ja jetzt auch egal.« Jasper griff nach seinem Bier und trank einen kräftigen Schluck.

»Frieda war immer sehr rücksichtsvoll, aber ich glaube, Luise hätte nicht gewollt, dass Frieda ihretwegen ihr Leben nicht lebt. Sag mal, ist dir schon aufgefallen, dass Luise sehr vergesslich geworden ist?« Karolina wünschte, sie könnte das selbst beurteilen, doch dafür kannte sie Luise nicht mehr gut genug. Ihr wurde klar, dass sie in den letzten Jahren keine gute Freundin gewesen war, und das tat ihr jetzt entsetzlich leid. Sie schämte sich ein wenig dafür, dass sie nur an sich gedacht und ihre Freunde vergessen hatte.

Jasper, der bisher neben ihr gesessen hatte, drehte sich auf dem Barhocker ihr zu, stützte ein Bein auf ihrem Stuhl ab, und kam ihr so näher. Henri hatte Weihnachtsmusik eingeschaltet, die jetzt den Raum erfüllte. »Mir ist aufgefallen, dass sie sich in der letzten Zeit oft im Ton vergreift. Sie ist renitent und widerspricht. Sie kommt mir vor, als wäre sie ein aufsässiger Teenager. Frieda hatte es manchmal nicht leicht mit ihr. Ich habe versucht, sie zu unterstützen, wo es ging.«

Genau diese Beobachtungen hatte Karolina auch gemacht. Sie seufzte. »Ich kann Luise im Augenblick nicht allein lassen. Daher habe ich meinen Urlaub nach Mailand abgesagt und werde Luise unter die Arme greifen. Ich habe das Gefühl, dass etwas mit Luise nicht stimmt. Ihre Atemnot heute ist doch auch nicht normal. Jemand muss sich um sie kümmern.«

Bewundernd nickte Jasper. »Das finde ich sehr nobel von dir, dass du extra einen Urlaub absagst. Aber du hast recht, Luise braucht Beistand. Dass Frieda nicht mehr unter uns ist, hat sie schwer getroffen. Es ist nicht einfach für sie, plötzlich allein dazustehen. Niemand konnte damit rechnen.«

»Ich überlege, ob ich Luise nicht mal einem Arzt vorstellen soll. Etwas stimmt da nicht, und vielleicht können wir Hilfe bekommen. Mein Urlaub geht zwar bis ins neue Jahr, aber irgendwann muss ich ja auch wieder arbeiten, und ab diesem Zeitpunkt wäre Luise dann ganz allein und auf sich selbst gestellt. Ich weiß nicht, ob sie das schafft.«

»Das mit dem Arzt ist eine gute Idee. Ich hoffe, Luise spielt mit, bin mir da aber nicht so sicher.«

»Auch wenn sie so schwierig ist, ich tue das für Frieda und ein wenig für mein schlechtes Gewissen, dass ich in letzter Zeit so wenig Zeit für Frieda hatte.«

»Mir geht es genauso«, gab Jasper zu. »Die Zeiten werden härter. Freundschaften zu pflegen, bedeutet viel Zeit, die immer kostbarer wird. Warum haben wir uns eigentlich aus den Augen verloren?«, warf er unverhofft ein.

Karolina drehte ihr Glas mit den Fingerspitzen. »Ich bin nach dem Abitur direkt nach München gegangen, um zu studieren. Dort habe ich auch einige Jahre gearbeitet und lebe erst seit einem Jahr wieder in Nürnberg. Frieda hat mich dort oft besucht. Seit ich wieder zu Hause bin, haben wir uns jedoch weniger gesehen. Und du? Was hast du so getrieben?« Sie sah ihn aufmerksam an.

»Ich habe eine Bäckerlehre absolviert, weil ich etwas mit meinen Händen schaffen wollte. Ein Schreibtischjob wäre für mich vermutlich eine Katastrophe. Ich musste etwas Kreatives machen, also habe ich zusätzlich eine Konditorlehre absolviert und später meinen Meister gemacht. Nun habe ich eine kleine Pralinenmanufaktur. Das Geschäft läuft gut, weil ich eine Menge über das Internet in die ganze Welt verkaufe«, erzählte er nicht ohne Stolz.

»Wirklich?«

»Ja, ich habe einen Pralinenclub ins Leben gerufen. Auf der Homepage kann man Mitglied werden, und man bekommt vier Mal im Jahr neue Kreationen zugeschickt und erhält Rabatte auf seine übrigen Bestellungen, dazu gibt es zwei Mal im Jahr ein Journal, in dem ich Rezepte verrate und Geschichten aus der ganzen Welt über Kakao und Schokolade zusammentrage. Es ist viel Arbeit, aber ich tue das, was mir Spaß macht, und solange man Freude daran hat, ist es keine Arbeit, findest du nicht auch?«

So hatte Karolina noch nie darüber nachgedacht. »Etwas mit den Händen zu erschaffen, stelle ich mir schwer vor. Ich kann noch nicht einmal stricken oder häkeln. Luise will es mir beibringen, doch ich denke, sie wird an mir verzweifeln. Ich kenne mich weder mit Wollsorten aus, noch mit Nadelstärken. Vermutlich bin ich die reinste Katastrophe und werde ihr nicht viel helfen können.«

»Warum hast du München verlassen?«

»Es ist sehr teuer, dort zu leben. Freunde habe ich auch nicht wirklich gefunden. Ich glaube, ich fühle mich in Nürnberg wohler, als ich es je in München tun werde. Ich mag das einfache Leben. In München gibt es viel Kultur, doch alleine macht das auch keinen Spaß. Kurz gesagt, ich war in München nicht glücklich. Das zu erkennen, dafür habe ich allerdings sehr lange gebraucht. Jetzt bin ich wieder zu Hause und muss feststellen, dass auch hier die Zeit nicht stehen geblieben ist. Frieda ist nicht mehr da, und Luise hat sich verändert.« Sie seufzte und stemmte einen Ellbogen auf den Tresen, legte ihren Kopf an der Handfläche ab. Der Drink hatte es wirklich in sich. Sie sollte auf keinen Fall noch das zweite Glas trinken, wenn sie nicht betrunken bei Luise erscheinen wollte. Der Alkohol machte sie sentimental. Ein Blick auf die Uhr zeigte ihr, dass es schon fast einundzwanzig Uhr war. Um diese Zeit schloss normalerweise der Markt erst. Die Zeit war mit Jasper schnell vergangen, ohne dass sie es bemerkt hatte.

»Schon so spät! Ich sollte Konrad erlösen.« Sie griff nach ihrer Handtasche, um zu bezahlen, doch Jasper hielt ihre Hand fest.

»Lass mal, ich mach das schon. Ich lade dich ein. Der Sturm ist zum Glück weitergezogen, und es schneit auch nicht mehr. Ich werde dich nach Hause begleiten. Bis zu Luise ist es ja nicht weit. Natürlich nur, wenn du mich nicht für aufdringlich hältst.« Er sah sie fragend an.

Dabei fielen Karolina wieder seine sanften Augen auf. Braun wie Schokolade, mit kleinen Goldsplittern, ging es ihr durch den Kopf. Sie lächelte. »Nein, natürlich halte ich dich nicht für aufdringlich. Im Gegenteil, das ist sehr freundlich von dir, ich nehme das Angebot gerne an.«

Jasper bezahlte die Rechnung, und sie verabschiedeten sich von Henri. Zusammen traten sie in die Nacht hinaus. Die Temperaturen waren mittlerweile im zweistelligen Minusbereich, und Karolina knöpfte ihren Mantel zu. »Ich werde morgen meinen Wagen aus der Tiefgarage holen müssen. Es war keine gute Idee, die kurze Strecke mit dem Auto zurückzulegen. Doch Luise hatte einen schweren Karton dabei.«

»Wenn du mir deinen Autoschlüssel überlässt, dann erledige ich das für dich. Ich kenne den Besitzer der Tiefgarage, er wird mir bestimmt einen Bonuspreis machen. Während des Christkindlesmarkts sollte man auf das Auto in der Innenstadt besser verzichten.«

Karolina lachte. »Ja, das habe ich heute auch festgestellt. Ups!« Das Kopfsteinpflaster war so glatt, dass sie fast ausgerutscht wäre, hätte Jasper sie nicht aus einem Reflex heraus aufgefangen.

»Aufpassen, nicht dass du dir noch ein Bein brichst.« Er nahm ihre Hand und legte sie in seine Armbeuge. »Ich muss wohl auf dich achten.«

»Das schaffe ich schon ganz allein«, erklärte Karolina selbstbewusst, ließ sich aber dennoch gern von Jasper führen.

»Aber du solltest dein Schuhwerk überdenken. High Heels sind bei Glatteis mit Sicherheit nicht zu empfehlen.« Er grinste breit.

»Ja, das habe ich heute auch festgestellt. Mir sind fast die Füße abgefroren. Ich werde mir wohl dicke Winterstiefel besorgen müssen.«

Der Weg war nicht weit, und als sie vor der Haustür in der Albrecht-Dürer-Straße ankamen, hielt Karolina ihm die Hand entgegen. »Danke für den netten Abend und dass du mich begleitet hast.«

Statt ihre Finger zu ergreifen, nahm Jasper sie in den Arm. »Ich freue mich, dass wir uns wieder begegnet sind, Karo.« Mit einer zarten Geste berührte er mit seinen Lippen ihre Wange. Es war eine kleine, harmlose Verbindung, die Karolina dennoch ein Kribbeln einbrachte. Ein Prickeln der angenehmen Art, auch wenn sie es nicht zugeben wollte. Dann hielt er ihr seine flache Hand entgegen. »Dein Autoschlüssel.«

»Ach ja, natürlich.« Sie lachte verlegen auf, kramte in ihrer Handtasche und drückte ihm den Schlüssel in die Hand. »Aber nur, wenn es dir wirklich keine Umstände macht.«

»Macht es nicht. Ich werde den Wagen vor Luises Garage

parken. Sie hat ihr Auto vor einigen Monaten verkauft, dort stört er nicht. Was fährst du für ein Auto?«

»Einen weißen Audi A3. Er steht auf der ersten Ebene, rechte Seite, wenn man reinfährt.«

»Ich werde ihn schon finden. Ich hab ja einen Schlüssel.« Jasper grinste. »Okay, dann sehen wir uns morgen auf dem Markt. Schlaf gut.« Er drehte sich um, schlug den Kragen seiner Jacke hoch und ging mit langen Schritten davon.

Karolina stand noch eine Weile vor der Tür und starrte ihm hinterher, selbst als seine Silhouette nicht mehr zu sehen war. Sie hatte Jasper immer dafür gehasst, dass er Frieda einfach so verlassen hatte. Doch eigentlich war er ein netter Kerl. Es war schon lange her, und sie waren Teenager gewesen. Sie lächelte, als sie an die Zeit zurückdachte. Wie einfach war das Leben damals doch gewesen, wenn man es mit heute verglich. Und ein wenig wünschte sie sich in diese Zeit zurück.

Konrad Feuerbach war ein stattlicher Mann von achtundsiebzig Jahren. Sein Haar war schlohweiß, sein Bart ebenfalls, trotzdem sah er kaum älter als Anfang sechzig aus. Er hatte sich überaus gut gehalten, war vital und ein gut aussehender Mann, der eine erstaunliche Ruhe ausstrahlte.

»Sie sind Karolina, nicht wahr? Ich habe Sie bei der Beerdigung gesehen.« Er reichte ihr die Hand. »Ich bin Konrad Feuerbach.«

»Guten Abend, Herr Feuerbach.« Karolina ergriff seine Hand, die angenehm warm war.

Er winkte sofort ab. »Ach was, jeder nennt mich Konrad. Wir duzen uns alle auf dem Markt, und du gehörst ja jetzt auch dazu.«

»Dann bin ich Karolina. Wie geht es Luise?« Sie zog ihren Mantel aus, und Konrad nahm ihn ihr ab und hängte ihn an die Garderobe.

»Sie schläft schon eine ganze Weile. Ich habe mir die Zeit mit Sudoku vertrieben.«

»Bitte entschuldige, dass ich so lange gebraucht habe. Ich war mit Jasper noch auf ein Glas.«

»Du kennst Jasper?« Konrad schien das zu überraschen.

»Ja, wir waren zusammen auf einer Schule. Danach haben sich unsere Wege getrennt, weil ich nach München gegangen bin. Ich war echt überrascht, ihm auf dem Weihnachtsmarkt zu begegnen. Auch wenn er mit Frieda befreundet war, wir haben uns fünfzehn Jahre nicht gesehen und hatten uns Einiges zu erzählen.«

»Jasper ist ein guter Mann, Luise vergisst das manchmal.« Konrad griff nach seinem Mantel. »So, ich mache mich mal auf den Weg. Wir sehen uns auf dem Markt. Ich schaue mal vorbei. Luise wird es morgen bestimmt wieder gut gehen. Es ist nicht das erste Mal, dass sie ein wenig schwächelt. Das geht vorüber. Sie ist eine starke Frau.«

Karolina hoffte, dass er recht behielt. An der Tür verabschiedete sie Konrad, dann sah sie noch kurz nach Luise.

Die alte Dame saß wie ein kleines Mädchen auf der Bettkante und blickte Karolina irritiert an. »Karo! Was machst du denn hier? Besuchst du Frieda?«

»Frieda ist nicht da«, sagte Karolina leise.

Luise erhob sich und zog ihren Morgenmantel über, ging in die Küche. »Komm, ich mache uns einen Kakao«, rief sie Karolina zu.

Sie folgte ihr in die Küche, wo Luise gerade drei Kerzen auf dem Adventskranz anzündete. »Wir haben schon den dritten Advent, und nicht eine Kerze hat gebrannt. Ich hatte keine Zeit dafür.«

»Luise, geht es dir wieder besser?«, fragte Karolina vorsichtig. Sie wollte Luise auf keinen Fall unnötig aufregen.

»Aber natürlich, mein Kind. Mir geht es doch immer gut. Komm, lass uns noch einen warmen Kakao trinken.«

»Eigentlich möchte ich gar keinen Kakao. Es ist schon spät, wir sollten ins Bett gehen.«

»Nein, ich trinke jetzt einen Kakao. Du kannst ja zu Frieda ins Zimmer gehen. Wo ist Frieda denn?« Luise blickte sie irritiert an.

Karolina fühlte sich nicht in der Lage, Luise darauf eine Antwort zu geben. »Gute Nacht, Luise. Ich gehe ins Bett. Bitte vergiss nicht, die Kerzen wieder zu löschen, wenn du auch zu Bett gehst.«

»Wo denkst du hin. Natürlich nicht. Ich lösche immer die Kerzen.« Luise schüttelte den Kopf.

»Gute Nacht, Luise.« Karolina drückte der kleinen Frau einen Kuss auf die Wange und ging ins Bad. Schnell duschte sie. Es brauchte einige Zeit, bis das Wasser endlich heiß wurde. Sobald sie fertig war, zog sie ihren warmen Schlafanzug an. Schnell föhnte sie das nasse Haar, damit sie sich nicht erkältete. Sie fühlte sich plötzlich wie erschlagen. Etwas stimmte mit Luise nicht, und sie musste herausbekommen, was es war. Lag es an der Trauer, die sie einfach nicht verarbeiten konnte? War es das Alter, dass sie so vergesslich wurde? Das musste sich ein Fachmann ansehen. Ein Arzt wäre da genau die richtige Stelle. Ob Luise einen Hausarzt hatte? Jeder hatte doch einen, besonders Frauen in Luises Alter. Karolina wusste, dass im Flur auf dem kleinen Schränkchen, wo auch das Telefon stand, ein Telefonnotizbuch lag. Dort würde sie sicher den Eintrag zu einem Arzt finden.

Sie öffnete die Tür und sah, dass Luises Zimmertür geschlossen war. Sie hatte ihren Kakao getrunken und lag also wieder im Bett. Das war sehr beruhigend. Mit nackten Füßen tappte sie den langen Flur entlang und sah einen Lichtschein aus der Küche. Hatte Luise dort vergessen, das Licht auszuschalten?

Als sie die Küche betrat, erschrak sie fast zu Tode. Der Adventskranz auf dem Tisch stand in Flammen und brannte lichterloh.

»O verdammt, Luise!«, rief sie aufgebracht und schnappte

sich den Wasserkessel, der zum Glück halb gefüllt war. Mit dem kalten Wasser löschte sie den Brand, der wohl gerade erst ausgebrochen war, bevor der Rauchmelder anspringen konnte. Eine der schlanken Kerzen war umgekippt und hatte die Schleifen, die den Kranz schmückten, und die trockenen Tannenzweige in Brand gesteckt. Zum Glück hatte das Gesteck auf einem Porzellanteller gestanden und nicht direkt auf der Tischdecke, was vermutlich fatal gewesen wäre und zu einem Wohnungsbrand hätte führen können. Schnell warf Karolina den Kranz in das Spülbecken und ließ erneut kaltes Wasser darauf laufen. Sie öffnete das Fenster, um den Rauch hinauszuschicken. Dann nahm sie einen Abfallsack, stopfte das gelöschte Unglück zusammen mit den Kerzen hinein und brachte es direkt hinaus zu den Abfalltonnen. Nicht, dass Luise noch auf die Idee kam, den halb versengten Kranz wieder aus dem Abfall zu holen. Zuzutrauen wäre ihr das. Karolina fror erbärmlich in ihrem Schlafanzug und den Pantoffeln. Ein Glück, dass sie keinem der Nachbarn über den Weg lief. Sie stellte vermutlich eine komische Figur dar.

Als sie die Wohnungstür hinter sich schloss, lehnte sie sich mit dem Rücken dagegen und atmete angespannt aus. Das war wahrlich knapp gewesen.

So konnte es nicht weitergehen. Sie musste etwas tun, um Luise zu helfen. Wäre sie allein gewesen, hätte das in einer Katastrophe enden können. Es war fahrlässig, Luise einfach sich selbst zu überlassen. Das konnte sie nicht mit ihrem Gewissen vereinbaren. Ein Arztbesuch konnte nicht schaden. Hier war ein Fachmann von Nöten. Daran ging nun kein Weg mehr dran vorbei, alles andere wäre fahrlässig. Sie wünschte, sie könnte mit Frieda darüber sprechen. Da das nicht ging, blieben ihr zwei Alternativen. Entweder sprach sie mit jemand anderem darüber, oder sie traf die Entscheidung ganz allein. Und Karolina gehörte nicht zu den Menschen, die sich ihrer

Verantwortung entzogen. Noch nie war sie so froh gewesen, einen Urlaub abgesagt zu haben, Weihnachten hin oder her.

5

Am nächsten Morgen sah Luise wesentlich besser aus. Sie hatte eine gesunde Gesichtsfarbe und war bereits fertig angezogen und frisiert, als Karolina die Küche betrat.

»Da bist du ja, mein Kind«, begrüßte Luise sie freundlich.

»Wie geht es dir?«, Karolina nahm sie in den Arm und küsste ihre Wange.

»Wunderbar. Warum sollte es mir nicht gut gehen?« Luise sah sie verständnislos an.

»Weil du gestern früher nach Hause gegangen bist.«

»Allmächd! Daran würde ich mich doch erinnern!«, rief Luise aus. »Sag mal, weißt du, wo der Adventskranz abgeblieben ist? Ich könnte schwören, er hat gestern noch hier auf dem Tisch gestanden.«

»Der Adventskranz hat gestern Abend Feuer gefangen. Ich konnte ihn in letzter Minute löschen.«

»Was? Dann musst du vergessen haben, die Kerzen zu löschen. Mit offenem Feuer ist nicht zu spaßen, mein Kind. Zum Glück ist nichts geschehen. Das hätte böse enden können. Lass besser die Hände vom offenen Feuer.«

Karolina wusste im ersten Augenblick nicht, was sie sagen sollte. Meinte Luise das ernst? Konnte sie sich wirklich nicht daran erinnern, dass sie selbst die Kerzen angezündet hatte? Oder machte sie sich nur einen Spaß mit ihr?

Als Karolina Luises Blick sah, wusste sie, dass dies ganz und gar kein Scherz war. Es war Luise bitterer ernst.

»Ich habe die Kerzen nicht angelassen, weil ich sie gar nicht entzündet habe. Wenn du dich erinnerst, warst du es, als du gestern noch einen Kakao getrunken hast. Du wolltest sie auch löschen, bevor du zu Bett gingst«, erklärte Karolina in ruhigem Ton.

»Nein, das kann gar nicht sein. Du musst es vergessen haben.« Luise schüttelte entgeistert den Kopf. »Ich vergesse so etwas Wichtiges nicht. Wo ist der Kranz denn jetzt abgeblieben? Vielleicht hat Frieda auch die Kerzen angelassen«, murmelte sie und schaute im Abfalleimer nach, ob sie dort den Kranz finden könnte.

»Frieda kann es nicht gewesen sein, Luise.«

»Das ist wieder typisch für euch. Eine nimmt die andere in Schutz. So wart ihr schon immer.«

»Luise, Frieda ist nicht mehr da. Ich belüge dich doch nicht. Du musst schon ein wenig Vertrauen zu mir haben.«

Luise sah sie an. »Wo ist Frieda denn, wenn sie nicht hier ist?«

Karolina atmete angestrengt aus. Es war nicht zu glauben. »Gut. Ich denke, es ist an der Zeit, dass ich einen Termin bei deinem Arzt mache.« Ihr Ton zeugte davon, dass Karolina nicht mit sich reden ließ.

»Ich habe gar keinen Arzt«, erklärte Luise trotzig.

»Dann werde ich dir einen besorgen. Es ändert nichts daran, dass wir einen aufsuchen werden, um eine Meinung einzuholen, deinen Blutdruck zu kontrollieren und ein paar Routineuntersuchungen durchzuführen. Die können auch nicht schaden.«

Luise öffnete den Mund, aber Karolina kam ihr zuvor. »Ich werde einen Termin machen und zusätzlich jemanden suchen, der uns am Stand vertritt. Du brauchst keine Angst zu haben, ich kümmere mich um alles.« Damit nahm sie Luise den Wind aus den Segeln. Diese schloss ihren Mund und schien sich eine andere Ausrede zu überlegen, aber so schnell fiel ihr wohl keine ein.

»Ich bin gesund, aber tu, was du nicht lassen kannst«, murmelte Luise nur, goss Kaffee in die Tassen und setzte sich an den Tisch, um zu frühstücken. Karolina nahm ihr gegenüber Platz und bestrich eine Scheibe Brot mit Butter. In stiller Einigkeit, die andere in Ruhe zu lassen, aßen sie ihr Frühstück und machten sich dann auf den Weg.

Gemeinsam eröffneten sie den Stand. Konrad schaute vorbei, genau wie versprochen.

»Da ist ja meine Luise wieder auf den Beinen«, rief er gut gelaunt und zog die Frau in seine Arme.

»Was ihr alle habt! Mir geht es doch gut.« Sie schüttelte den Kopf und blickte böse von einem zum anderen. Als auch noch Jasper an den Stand trat, seufzte sie laut. »Droll di!«, rief sie und deutete auf Jasper.

»Jetzt lass mal den Jungen in Ruhe«, erklärte Konrad sehr bestimmt. »Er hilft, wo er kann. Du solltest ihm dankbar sein, er hat sich gestern gut um dich gekümmert und dich zu mir begleitet.«

»Wir brauchen seine Hilfe nicht.« Luise verschränkte die Arme vor der Brust und schien nicht bereit zu sein, Frieden zu schließen.

»Du weißt, dass er Friedas bester Freund war.« Konrad ließ sich von ihrem Theater nicht beeindrucken. »Also benimm dich anständig, sonst bekommst du Ärger mit mir.«

Zu Karolinas Verwunderung gab Luise nach und räumte die Socken um, obwohl es dort gar nichts aufzuräumen gab, aber sie beruhigte sich zusehends. Konrads Worte bewirkten Wunder. Eventuell sollte er mit Luise über den Arzt sprechen, dann wäre sie vermutlich zugänglicher.

»Jasper, ich habe um die Mittagszeit einen Arzttermin mit Luise. Könntest du für eine Stunde den Stand übernehmen? Dann ist es ja etwas ruhiger.« Karolina sah ihn mit hochgezogenen Augenbrauen an. Sie wollte die Gunst der Stunde nutzen, wenn Luise schon mal friedlich war.

»Mache ich doch gerne«, sagte er bereitwillig.

Karolina bewunderte ihn für die Ruhe, die er an den Tag

legte. Sie wäre mit Sicherheit schon längst aus der Haut gefahren, wenn Luise sie so anging.

»Nicht, dass hinterher etwas fehlt«, rief Luise, und Karolina hielt die Luft an, doch Jasper grinste nur.

Der Markt füllte sich schnell, und den ganzen Vormittag gab es viel zu tun. Zwischendurch zeigte Luise Karolina, wie sie Maschen aufnahm und damit begann, einen Schal zu stricken. Zu ihrer Verwunderung klappte es sogar recht gut für den Anfang. Das Wenden bereitete ihr eingangs Probleme, doch sie gab nicht auf. Schnell hatte sie einige Reihen fertig, die ganz passabel aussahen.

»Du musst bei der Rückreihe den Faden vor die erste Masche legen, dann sieht es schöner aus. Schau, so.« Luise nahm ihr die Nadel ab und zeigte es ihr. »Aber nur bei den Rückreihen, damit das Maschenbild einheitlich wirkt.« Luise gab ihr das Strickzeug zurück, und Karolina setzte die Arbeit fort. Da das Garn recht dick war, kam sie schnell voran, und sie musste zugeben, dass es ihr Spaß bereitete. Das Material glitt ihr angenehm durch die Finger, und mit jeder Reihe, die sie fertigstellte, wuchs ihre Freude. Niemals hätte sie gedacht, dass sie etwas so Schönes mit ihren Händen schaffen konnte. Ein Glücksgefühl breitete sich in ihr aus.

»Das sieht echt toll aus«, lobte Luise. »Du hast Talent fürs Handarbeiten. Ich frage mich, warum du es nicht schon vorher mal probiert hast.«

Karolina atmete schwer aus. »Ich dachte immer, ich hätte keine Zeit für so was, doch ich muss zugeben, dass es sehr entspannend ist. Yoga mit den Fingern«, ging es ihr laut durch den Kopf.

Eine Kundin trat an den Stand, erkundigte sich nach dem Preis für die Strümpfe und kaufte gleich zwei Paar. Luise erklärte ihr, wie man sie wusch, packte die Ware in eine Tüte, nahm das Geld entgegen und blickte die Kundin wartend an.

»Ich bekomme noch zehn Euro Wechselgeld zurück.« Die Stimme der Frau klang recht ungehalten.

Luise schüttelte den Kopf. »Nein, bekommen Sie nicht.«

»Doch natürlich. Ich habe Ihnen einen Fünfzig-Euro-Schein gegeben, muss aber nur vierzig bezahlen.« Sie wurde so laut, dass andere Besucher des Marktes zu ihnen hinübersahen, einige blieben sogar stehen, weil es etwas zu sehen und zu hören gab. Entrüstet blickte die Kundin sich um, ob ihr jemand zur Hilfe kam.

Schnell erhob sich Karolina. Sie hatte mitbekommen, dass Luise den braunen Schein in das Portemonnaie gesteckt hatte. »Einen Augenblick bitte.« Sie holte die Geldbörse hervor und öffnete das Fach für die Scheine. »Schau mal, Luise, hier sind die fünfzig Euro. Wir hatten vorher nur kleine Scheine, damit wir wechseln können. Du hast es mir doch selbst erklärt, dass wir Kleingeld brauchen, um etwas herausgeben zu können, wenn du dich erinnerst.«

»Natürlich erinnere ich mich. Ich bin doch nicht senil. Warum hackt ihr alle auf meinem Gedächtnis herum? Ich werde Frieda holen. Wo ist Frieda eigentlich?«, rief Luise wütend, schob sich an Karolina vorbei und verließ die Hütte.

»Hier bitte, Ihr Wechselgeld. Bitte entschuldigen Sie das Missverständnis.« Karolina reichte der Frau das fehlende Geld.

»Das will ich auch meinen.« Beleidigt schnappte die Kundin ihre Ware und verließ den Stand. »Hier kaufe ich nie wieder.«

Laut seufzte Karolina. Sie fühlte sich hilflos.

»Es gibt Menschen, die haben aber auch überhaupt kein Verständnis.« Eine weitere Kundin stand kopfschüttelnd da.

»Was willst du machen, jeder denkt nur noch an sich.« Eine jüngere Ausgabe der Frau stand direkt daneben. Sie mussten wohl Schwestern sein.

»Wir haben ein Hotel in Rothenburg, das ist auch nicht

immer leicht, aber ich glaube, ich möchte nicht mit dir tauschen. Vor Weihnachten ist es doch bestimmt sehr hektisch«, erzählte die junge Frau im Plauderton.

»In Rothenburg? Oh, da ist es sehr schön. Dort war ich auch schon mal, leider nur für einen Tag«, erklärte Karolina.

»Dann musst du mal länger zu uns kommen. Es lohnt sich. Unser Hotel hat nur sechs Zimmer, aber sie sind alle liebevoll eingerichtet.« Die jüngere Ausgabe nickte zustimmend.

»Habt ihr eine Karte?«, fragte Karolina interessiert nach.

Die Ältere kramte in ihrer Tasche und zog einen Flyer heraus. »Ich bin Amanda, und das ist meine Schwester Coco. Das Hotel heißt Mistelzweig. Coco hat den Flyer entworfen.« Der Stolz in der Stimme über ihre Schwester war deutlich herauszuhören.

»Ach wie süß.« Karolina betrachtete den Flyer und entdeckte das urige Haus. »Ich denke, ich werde mit Sicherheit mal vorbeischauen. Nach dem Fest werde ich wohl Urlaub nötig haben.«

»Mach dir nichts draus, manche Kunden haben wenig Verständnis.« Jasper tauchte vor ihr auf. »Was hast du denn da Schönes?«

»Schau mal, ein Hotel in Rothenburg. Das ist nicht so weit, vielleicht werde ich mir ja mal eine Auszeit gönnen?« Sie sah ihn begeistert an. »Das sind Amanda und Coco, ihnen gehört das Hotel.«

»Noch gehört es unserer Großmutter. Aber wir haben viele Veränderungen vor«, erklärte Coco schnell.

»Na, vielleicht kann ich mich dranhängen. Ich könnte auch mal eine Auszeit gebrauchen«, erklärte Jasper mit einem Lächeln auf den Lippen.

Karolina sah ihn mit großen Augen an. »Wann hast du zuletzt Urlaub gemacht?«

Er dachte einen Moment nach. »Ich glaube … noch gar

nicht, seit ich selbstständig bin. Du kennst doch das Sprichwort: selbst und ständig.«

»Meldet euch, wenn es so weit ist. Dann reservieren wir ein Zimmer für euch beide.«

»Oh, wir gehören nicht zusammen«, erklärte Karolina schnell.

»Noch nicht«, sagte Jasper leise.

Die beiden jungen Frauen begangen zu kichern, und Karolinas Wangen färbten sich rot. »Er macht nur Scherze. Wenn ihr möchtet, packe ich den Kunden einen Flyer in die Tüten, falls ihr noch weitere dabei habt.«

Coco förderte einen ganzen Packen hervor. »Das würdest du wirklich tun? Das wäre toll. Wir sind hier, um ein wenig Werbung für unser Hotel zu machen. Mal schauen, vielleicht bieten wir im nächsten Jahr Fahrten zu den Weihnachtsmärkten an.« Sie reichte die Flyer an Karolina weiter.

»Ich nehme auch gerne einen Packen. Ich betreibe eine Pralinenmanufaktur und verschicke oft Päckchen, dort packe ich immer mal Werbematerial ein. Ich kann gerne ein wenig Werbung für euch machen.«

Die beiden Frauen sahen sich an und bekamen große Augen. »Das wäre wirklich wunderbar. Wir würden uns auch erkenntlich zeigen und euch mit dem Preis für das Hotelzimmer entgegenkommen.«

Jasper winkte ab. »Schon gut. Junge Unternehmer sollten sich gegenseitig unterstützen.« Er nahm Karolina einen Teil der Flyer ab. »Wenn die aufgebraucht sind, melde ich mich bei euch. Auch wegen des Zimmers.«

»Dein Freund ist wirklich eine Wucht«, erklärte Coco und blickte Jasper grinsend an.

Karolina wollte erklären, dass er gar nicht ihr Freund war, doch die Frauen winkten ihr zum Abschied. »Wir müssen weiter. Ein schönes Weihnachtsfest.« Amanda und Coco verschwanden in der Menge.

»Die waren sehr nett und hatten für Luise Verständnis.« Jasper sah den beiden jungen Frauen nach.

Ein wenig verzweifelt schüttelte Karolina den Kopf. »Ich weiß nicht, was ich mit Luise anstellen soll. Ich hoffe, dass sie mich gleich zum Arzt begleitet. Wenn ich sie überhaupt rechtzeitig finde. Keine Ahnung, wo sie jetzt hingelaufen ist. Ein Wurf Welpen zu hüten ist bestimmt einfacher.«

Jasper lachte leise. »Sie ist zu Henri an den Glühweinstand gegangen. Ich habe sie dort mit Konrad gesehen. Er wird schon ein Auge auf sie haben und dafür sorgen, dass sie rechtzeitig zurück ist.«

»Ich bewundere Frieda, wie sie das alles geschafft hat. Ich bin nach zwei Tagen schon am Ende meiner Kräfte«, gab Karolina nicht gerne zu.

»Ach was, du machst das toll. Man wächst mit seinen Aufgaben. Mach dich nicht kleiner, als du bist. Es ist ja noch nicht einmal deine Pflicht. Dieser Akt von Nächstenliebe ist bemerkenswert. Dazu wäre nicht jeder bereit.«

»Doch, Jasper. Das ist meine Pflicht, und es sollte selbstverständlich sein. Luise hat sonst niemanden mehr. Ich muss und will mich um sie kümmern. Sie hat es auch für mich getan, als ich ein Kind war. Die ganzen Sommer habe ich mit Frieda bei ihr verbracht. Sie hat uns Kuchen gebacken, Essen gekocht, mit uns Spiele gespielt. Alles Dinge, die eigentlich meine Eltern mit mir hätten tun müssen, doch denen war ich ziemlich egal und nur im Weg. Luise war immer meine Ersatzoma, und nun will ich ihr etwas zurückgeben. Auch wenn wir nicht blutsverwandt sind, so fühle ich mich mit ihr verbunden. Nur hätte ich nicht gedacht, dass es so schwierig ist. Ich habe keine Ausbildung oder Erfahrung, wie man mit älteren Menschen umgeht. Ich habe Angst zu versagen, oder noch schlimmer, etwas Falsches zu tun.«

Jasper hatte sie die ganze Zeit nicht aus den Augen gelassen. Jetzt nickte er zustimmend. »Ich finde es toll, dass du so denkst. Das ist heute nicht mehr üblich. Viele Menschen sehen nur noch sich selbst. Aber Luise hat eine Menge Freunde, du musst das nicht allein übernehmen. Wenn du Hilfe brauchst, dann sag Bescheid. Wir sind ein ganzes Team von Menschen, die dir zur Seite stehen. Das sind nicht nur Worte, sondern ich meine das ernst, Karo. Ich stehe dir bei.« Er blickte sie an, und das Braun seiner Augen schimmerte sanft, schon fast liebevoll.

Verlegen sah Karolina auf ihre Uhr. »Oh, schon so spät. Ich werde jetzt Luise einsammeln und mit ihr zum Arzt gehen. Mal schauen, ob alles in Ordnung ist. Die letzten Wochen waren nicht einfach für sie. Vielleicht mache ich auch nur die Pferde scheu.« Karolina wollte sich abwenden, da hielt Jasper sie fest.

»Karo, wir beide wissen, dass du richtig liegst. Es stimmt etwas nicht, und du bist so mutig, dem nachzugehen. Du hast meinen höchsten Respekt.«

»Danke«, flüsterte Karolina und nickte ihm zu.

»Gut, ich halte hier die Stellung, bis ihr wieder zurück seid. Mach dir keine Sorgen, wir bekommen das hin.«

»Danke, Jasper.« Karolina zog ihren Mantel über und schnappte sich ihre Handtasche, lief dann in Richtung des Glühweinstands, um Luise einzusammeln.

Luise verstand nicht, was diese Kundin von ihr wollte. Sie war sich sicher gewesen, dass die Frau passend bezahlt hatte. Karo war ihr dann auch noch in den Rücken gefallen. Warum waren denn immer alle gegen sie?

Wütend lief sie in Richtung des Karussells. Wenigstens Konrad brachte Verständnis auf. Und dann noch dieser Arztbesuch, der völlig überflüssig war!

»Luise, was ist los? Du siehst nicht gerade glücklich aus.« Konrad sah sie fragend an, als er sie entdeckte.

»Es gab Ärger mit einer Kundin. Karo kümmert sich jetzt darum«, gab sie zögerlich zu.

»Ach komm, du weißt doch, die Menschen werden immer schwieriger. Ich hab einen Augenblick Zeit. Lass uns bei Henri einen Glühwein trinken gehen.« Er nahm sie in den Arm und drückte sie an sich.

Glühwein war immer eine gute Idee. Gemeinsam schlenderten sie zu dem Stand von Henri und Paul hinüber.

»Hallo, ihr zwei! Was darf ich euch anbieten?«, rief Henri vergnügt und rückte seine auffällige Brille zurecht.

»Machst du uns zwei Glühwein?«, fragte Konrad.

»Ich glaube, ich nehme lieber einen Tee. Ich muss gleich zum Arzt, da ist Glühwein vielleicht keine so gute Idee«, wandte Luise ein.

»Zum Arzt? Was ist denn los?«, wollte Henri wissen.

Luise winkte ab. »Nur eine Routineuntersuchung. Frieda bringt mich hin.«

»Frieda?« Henri runzelte die Stirn.

»Du meinst doch sicher Karo.« Konrad sah sie verwundert an.

Schnell nickte Luise. »Ja, natürlich.« Karo würde sie hinbringen. Doch wo war Frieda? Warum brachte sie sie nicht zum Arzt? Verunsichert blickte Luise sich um. Da war etwas, doch wieder konnte sie den Gedanken nicht richtig greifen. Sie beschloss, lieber nichts mehr zu sagen.

»Luise ist in letzter Zeit ein wenig erschöpft. Es ist gut, wenn ein Arzt sich das mal ansieht.« Konrad nickte zuversichtlich. »Und wenn nichts dabei rauskommt, umso besser.«

Henri reichte ihnen die Becher. »Ich sollte vielleicht auch mal wieder zur Untersuchung. Im Alltag geht das leider immer unter, aber ihr habt recht. Einmal im Jahr kann es nicht schaden, wenn ein Arzt alles durchcheckt.«

Kaum hatte Luise einen Schluck von ihrem Pfefferminztee getrunken, da sah sie Karo auf sie zukommen.

»Da bist du ja. Wir müssen los, Luise, sonst kommen wir noch zu spät.«

»Dann können wir den Termin ja gleich ausfallen lassen.« Luise trank von ihrem Tee. »Soll Henri dir auch einen Tee machen?«

Karolina winkte ab. »Nein, dafür haben wir keine Zeit mehr, Luise. Lass uns fahren. Doktor Weinberg hat extra einen Termin für dich reserviert, den wollen wir doch nicht einfach so verpassen. Das macht keinen guten Eindruck.«

Luise zog eine Grimasse. Sie würde Karolina also nicht umstimmen können. Also trank sie einen letzten Schluck und bedankte sich bei Konrad für den Tee. »Ich bin gleich wieder da«, verabschiedete sie sich von Henri und Konrad. Auch Karolina winkte den beiden Männern zu, und gemeinsam machten sie sich auf zu Luises Haus, wo Karolinas Wagen vor der Garage parkte.

Die Praxis von Doktor Weinberg lag etwas außerhalb der Stadt hinter dem Messekomplex. Sie fuhren mit dem Wagen, den Jasper am Morgen vor Luises Garage abgestellt hatte. Karolina fiel ein, dass sie sich bei ihm noch gar nicht dafür bedankt hatte. Das musste sie unbedingt nachholen, wenn sie ihn später wiedersah.

Luise war auf der Fahrt ungewöhnlich still. Sie hielt sich an ihrer Handtasche fest, blickte gelegentlich aus dem Seitenfenster.

»Wo fahren wir hin?«, fragte sie plötzlich.

»Du hast einen Arzttermin. Erinnerst du dich?«

»Natürlich erinnere ich mich. Ich wollte nur wissen, ob du auch den richtigen Weg kennst.«

»Warum hast du eigentlich keinen Hausarzt? Du musst doch mal krank gewesen sein«, versuchte Karolina etwas aus Luise herauszubekommen.

»Der ist gestorben. Er war schon alt«, brummte Luise. »Hoffentlich ist dieser Arzt nicht so ein Quacksalber. Hat der überhaupt studiert? Man hört ja die unmöglichsten Dinge.

Deshalb habe ich auch keinen neuen Arzt. Wer weiß, ob er überhaupt einer ist?«

Karolina lachte. »Natürlich, und promoviert hat Doktor Weinberg auch. Ich glaube, die Praxis wird dir gefallen.«

Dann blieb Luise stumm. Bis sie erneut fragte: »Wohin fahren wir eigentlich? Weiß Frieda, dass du mit mir zum Arzt gehst?«

Karolina lächelte, beantwortete die Frage aber nicht, sondern nickte nur stumm. Die Antwort hätte Luise ohnehin sofort wieder vergessen.

Die Praxis war hell und freundlich eingerichtet. Karolina war schon mal hier gewesen, um eine Halsentzündung behandeln zu lassen. Am Empfang saß eine Sprechstundenhilfe, die Luises Krankenkassenkarte entgegennahm und ihr einen Fragebogen zum Ausfüllen reichte. Bevor Luise etwas sagen konnte, griff Karolina danach, und gemeinsam füllten sie die Bögen im Wartebereich aus. Der Raum war mit einer Anzahl von gepolsterten Stühlen und einem großen Fernseher ausgestattet, bei dem der Ton abgeschaltet war. Gerade lief eine Nachrichtensendung mit Untertiteln.

»Warum steht denn hier ein Fernseher?«, fragte Luise neugierig und sah sich um. Sie waren die einzigen Patienten. Das lag vermutlich daran, dass Doktor Weinberg eigentlich schon Mittagspause hatte. Doch man war so freundlich gewesen, Luise als Notfall noch aufzunehmen. So kurz vor Weihnachten war es schwer, noch einen Termin zu ergattern. Das hatte Karolina Luise aber lieber verheimlicht. Als Notfall zu gelten, würde ihr mit Sicherheit nicht behagen; vielleicht wäre sie dann gar nicht mitgekommen. Dieses Risiko wollte Karolina auf keinen Fall eingehen.

»Leidest du an Allergien?«, wollte sie wissen, als sie den Fragebogen für Luise durchging.

»Nicht, dass ich wüsste.«

»Hast du Herzprobleme?«

»Woher soll ich das denn wissen?«

»Nimmst du Medikamente? Das müsstest du doch wissen.«

»Nein, ich nehme nichts ein. Höchstens mal ein Aspirin. Will er auch noch die Marke meiner Unterwäsche wissen?« Luise blickte sie böse an.

»Das braucht er nicht, die sieht er ja, wenn du dich gleich ausziehst.« Karolina sagte das ganz gelassen und verbarg ihr Gesicht hinter dem Fragebogen. Sie lächelte. Manchmal musste man Luise mit ihren eigenen Waffen schlagen. Sie hatte gelernt, sich von ihrem Ton nicht in die Flucht schlagen zu lassen.

»Frau Aigner, bitte ins Untersuchungszimmer zwei«, drang es durch die Sprechanlage.

Sofort sprang Luise auf und drehte sich zu Karolina um. »Kommst du nicht mit?«

Überrascht sah Karolina sie an. »Wenn du möchtest, begleite ich dich gerne.«

»Ich bin ja nicht freiwillig hier«, erklärte Luise und ging voran. »Ich weiß ja gar nicht, was ich dem Doktor sagen soll.«

Doktor Weinberg war eine Frau Ende vierzig. Sie saß hinter einem Glasschreibtisch, auf dem sich ein Computerbildschirm und eine Tastatur befanden. Ansonsten war er penibel aufgeräumt.

»Sie sind Doktor Weinberg?«, fragte Luise irritiert und Karolina freute sich, Luise ein wenig überraschen zu können.

»Ja, wen haben Sie denn erwartet?«, fragte die Ärztin freundlich.

»Einen Mann. Zu meiner Zeit gab es nur Männer, die studieren durften.«

»Na, so alt sind Sie aber noch nicht, Frau Aigner.« Doktor Weinberg schaute auf den Fragebogen, den Karolina ihr gereicht hatte. »Was kann ich denn für Sie tun?«

Luise blickte unsicher zu Karolina.

»Wir sind hier, weil es Frau Aigner seit einigen Wochen nicht gut geht. Sie hat einige Schicksalsschläge hinter sich und sollte dringend untersucht werden. Das Gedächtnis schwächelt, und ihr wird schwindelig, sie hat Atemnot. Sie war schon länger nicht bei einem Arzt, und ich habe Angst, dass es etwas Ernstes sein könnte.«

»Sie sind die Enkeltochter?«

»Nein, Frau Aigner hat ihre Enkeltochter vor einer Woche verloren. Sie erlitt einen tödlichen Schlaganfall, und das mit nur zweiunddreißig Jahren. Frau Aigners Tochter ist bereits vor einigen Jahren verstorben. Ich bin die beste Freundin ihrer Enkeltochter und kümmere mich nun um Frau Aigner. Mein Name ist Karolina Nicolay.«

»Frieda ist meine Enkelin«, erklärte Luise. Sie blickte Karolina an. »Wo ist denn Frieda eigentlich?«

»Luise, Frieda ist doch gestorben. Erinnerst du dich?«

Luise schüttelte leicht den Kopf. »Frieda ist bestimmt auf dem Christkindlesmarkt«, murmelte sie geistesabwesend.

»Sie haben mich schon mal untersucht«, wandte sich Karolina wieder an die Ärztin.

Doktor Weinberg nickte zustimmend. »Sie waren letztens wegen der Angina bei mir, Frau Nicolay, ich erinnere mich gut. Sie sind wieder gesund?«

»Ja, danke. Alles bestens abgeklungen. Eigentlich wollte ich nach Mailand, doch jetzt, wo es Frau Aigner nicht gut geht, bin ich lieber in Nürnberg geblieben.«

»Und Sie sind einverstanden, Frau Aigner, dass Frau Nicolay bei der Untersuchung dabei ist?«

»Natürlich. Sie hat mich schließlich hierhergeschleppt. Ich sage ja, dass ich nichts habe.«

»Nun, das werden wir gleich feststellen, Frau Aigner. Wenn Sie kurz mit Frau Teichert gehen. Sie wird Ihnen ein wenig Blut abnehmen, dass wir untersuchen werden.«

»Ich bin nicht schwanger!«, rief Luise aufgebracht.

»Luise, das denken wir auch nicht.« Karolina schüttelte den Kopf.

»Wir messen Ihren Puls und werden ein EKG schreiben. Das dauert nicht lange.« An der Tür tauchte die Sprechstundenhilfe auf.

»Kommen Sie mit mir, Frau Aigner?«, fragte die junge Frau, freundlich im Ton, aber konsequent.

»Wo will sie mit mir hin?« Panik stieg in Luises Blick auf.

»Zu einer Untersuchung. Ich warte hier auf dich«, erklärte Karolina in aller Ruhe.

Luise nickte, erhob sich und drückte Karolina die Tasche in die Hand. Die Sprechstundenhilfe sprach freundlich mit ihr, und Luise ging anstandslos mit.

»Frau Nicolay, ist Ihnen in der letzten Zeit etwas bei Frau Aigner aufgefallen?«, fragte die Ärztin, während sie sich Notizen in einer Mappe machte.

»Ja, deshalb bin ich ja mit ihr hier. Frau Aigner weist in letzter Zeit erhebliche Gedächtnislücken auf. Ich meine, dass man mal etwas vergisst, wenn man älter wird, ist klar, aber es sind richtige Aussetzer, die eben merkwürdig sind. Es ist zu auffällig, um es zu ignorieren. Sie hat sogar vergessen, die Kerzen auf dem Adventskranz zu löschen. Das hätte gefährlich enden können, wenn die ganze Wohnung Feuer gefangen hätte.«

»Wiederholt sie manchmal ihre Fragen, obwohl sie schon beim ersten Mal beantwortet wurden?«

Karolina nickte.

»Hat sie kognitive Einschränkungen? Kann Frau Aigner sich an bestimmte Dinge nicht erinnern? Widerspricht sie oft? Kann sie sich Namen schlechter merken?«

Auch das musste Karolina bestätigen. »Sie kann sich oft nicht daran erinnern, dass ihre Enkelin verstorben ist. So, als wollte sie es nicht wahrhaben.«

»Ich kenne Frau Aigner zwar erst einen kurzen Moment,

doch sie macht auf mich einen dementen Eindruck. Das, was Sie erzählen, weist ebenfalls darauf hin. Aber nun ja, ich will keine voreiligen Schlüsse ziehen. Wir sollten nicht spekulieren.«

»Ich habe mir auch schon so etwas gedacht. Wie kann man das genau feststellen?«

»Wir können einige Test machen und ein MRT. Allerdings sind das keine Kassenleistungen, das sind Untersuchungen, die privat bezahlt werden müssen.«

»Ich werde das übernehmen. Ich muss wissen, was mit Luise los ist. Ihr Wohlergehen liegt mir sehr am Herzen.«

»Frau Doktor! Kommen Sie bitte mal!« Die Stimme der Sprechstundenhilfe klang alarmiert, und es lief Karolina eiskalt den Rücken hinunter.

Zusammen mit Doktor Weinberg betrat sie das angrenzende Untersuchungszimmer. Luise lag auf einer Liege, einige Elektroden waren auf ihrem Oberkörper angebracht. Ihre Bluse war aufgeknöpft, sie trug einen grauen Büstenhalter.

»Werfen Sie bitte mal einen Blick auf das EKG«, bat Frau Teichert die Ärztin.

»Was ist denn los?«, fragte Karolina vorsichtig.

Doktor Weinberg studierte den Ausdruck und nickte. »Gut. Rufen wir einen Krankenwagen. Das EKG sieht nicht gut aus. Möglicherweise hatte Frau Aigner vor nicht allzu langer Zeit einen Herzinfarkt. Ich möchte, dass wir das in der Klinik abchecken lassen.«

»Was? Nein, ich bin vollkommen gesund. Das sagt mein Arzt auch immer. Karolina, ich möchte nach Hause.«

»Ihr Arzt?« Doktor Weinberg blickte sie irritiert an. »Wer ist denn Ihr Arzt?«

»Na, Doktor Schubert«, erklärte Luise voller Überzeugung.

»Doktor Schubert? Das war mein Vorgänger. Der ist vor sechs Jahren verstorben.« Sie nickte Frau Teichert zu. »Den Krankenwagen, bitte.«

»Besteht Lebensgefahr?«, fragte Karolina leise nach.

»Nicht akut. Aber wir wollen keine Zeit verlieren, und ich will meinen Verdacht bestätigt wissen. Im Krankenhaus haben sie wesentlich bessere Geräte, da bekommen wir Gewissheit. Dort können wir sie auch auf Demenz untersuchen lassen.«

Karolina nickte und bereute es, dass sie nicht Jaspers Handynummer hatte. Sie konnte niemandem Bescheid geben, dass dies hier länger dauern würde, als gedacht. Und das Luise heute nicht mehr auf den Markt zurückkehren würde.

Aufgeregt fuhr sie hinter dem Krankenwagen her. Sie hatte die Angst in Luises Augen gesehen und wollte sie jetzt auf keinen Fall allein lassen. Nur mit Mühe und Not hatten sie Luise überreden können, in den Krankenwagen zu steigen.

Bei der Aufnahme war Karolina behilflich, alle Daten von Luise richtig zu erfassen. Es dauerte lange, bis ein Zimmer gefunden war und eine Krankenschwester Zeit für sie hatte. Dann durften sie endlich auf die Station. Karolina war Luise behilflich, sich umzuziehen.

»Ich weiß gar nicht, was die hier von mir wollen. Ich bin doch gesund. Und dann dieses Krankenhausnachthemd. Du musst mir unbedingt ein anständiges Nachthemd besorgen, Karolina. Das hier kann man nicht mal richtig schließen, und wer weiß, wer das vorher getragen hat. Und sag auf dem Markt Bescheid, dass ich morgen wieder da bin.«

Zumindest erklärte Luise nicht mehr ununterbrochen, dass sie sofort nach Hause wollte.

Karolina besprach sich mit der Schwester. Sie sagte Bescheid, dass sie für Luise einige Dinge besorgen und am Abend zurückkehren würde. Luise lag allein auf einem Zweibettzimmer, sollte aber gleich zur Untersuchung abgeholt werden.

»Ich komme später zurück. Dann kann ich vielleicht mit

dem Arzt sprechen. Ist das für dich in Ordnung?«, fragte Karolina und setzte sich zu ihr auf die Bettkante.

»Ja, aber du musst dich um den Stand kümmern.«

»Natürlich tue ich das. Ich kenne mich ja jetzt aus. Und du bleibst erst einmal hier und lässt dich in Ruhe durchchecken. Die Menschen hier wollen dir nichts Böses. Sie wollen dir helfen, also sei bitte freundlich zu ihnen. Sie tun nur ihre Arbeit.«

»Ich bin doch immer freundlich«, erklärte Luise beleidigt. »Ich weiß gar nicht, was du hast. Aber du wirst sehen, dass ich vollkommen gesund bin.«

Karolina nickte. »Dann ist ja alles gut, so sind wir auf der sicheren Seite. Konrad wird dich auch bestimmt besuchen kommen. Versuch erst einmal, ein wenig zu schlafen, okay? Ruh dich aus, und ich besorge dir alles, was du für die nächsten Tage brauchst.«

»Ich gehe ja morgen wieder nach Hause.« Luise reckte ihr Kinn in die Höhe und warf dann einen Blick auf ihre Uhr. »Und schlafen geht jetzt auch nicht. Jetzt kommt meine Nachrichtensendung, die ich immer schaue. Und danach schaue ich immer Bares für Rares, wenn ich nicht auf dem Christkindlesmarkt stehe. Du musst Bescheid geben, dass ich morgen wieder da bin.«

»Ja, Luise, das mache ich. Ich stelle dir den Fernseher an. Schau du in Ruhe deine Sendungen, bald bin ich wieder bei dir. Mach dir keine Sorgen. Bis später, Luise.« Karolina schaltete das Gerät ein und legte die Fernbedienung in Luises Nähe. Als sie die alte Frau an sich drückte, spürte sie, wie zierlich sie war. Als sie sich an der Tür noch einmal umdrehte, hatte Luise bereits die Augen geschlossen und war eingeschlafen. Vielleicht waren die letzten Wochen einfach zu viel gewesen. Sie hatte eine Menge mitgemacht, ihr Körper wirkte ganz ausgezehrt. Sie achtete nicht genug auf sich selbst, das musste Karolina nun für sie übernehmen. Möglicherweise wurde dann wieder alles gut. Sie hoffte es, doch sie fürchtete insgeheim, dass es anders laufen würde. Das Leben richtete sich eben nicht nach den Wünschen einzelner.

Eine eiserne Hand legte sich um ihr Herz. Sie fror noch mehr als sonst in diesen Tagen. Angst stieg in ihr auf. Eine Angst, die Kontrolle zu verlieren. Das, was hier mit Luise geschah, lag außerhalb ihres Einflusses. Sie konnte nur reagieren, nicht mehr agieren, so wie sie es gewohnt war. Wenn Karolina genauer darüber nachdachte, hatte sie ein einfaches und unkompliziertes Leben geführt. Sie war immer nur für sich selbst verantwortlich gewesen. Doch nun gab es Luise, und da sah die Sache schon ganz anders aus. Manchmal war die alte Dame wie ein Kind, dann wieder die ältere Frau. Es wechselte so schnell hin und her, dass ihr ganz schwindelig wurde.

Natürlich hatte Jasper recht. Sie war nicht allein, und es gab Menschen, die ihr helfen konnten. Doch das war Karolina nicht gewohnt, es war neu für sie, die Hilfe anderer anzunehmen. Das war etwas, was sie erst lernen musste, und gar nicht so einfach, wenn man gewohnt war, immer für sich allein zu entscheiden. Sein Leben nur für sich zu leben. Nicht, dass es ihr so gefiel, nur kannte Karolina es nicht anders. So langsam kam ihr der Gedanke, dass das nicht alles im Leben sein konnte. Sie musste in Ruhe darüber nachdenken, ob es nicht noch mehr gab als nur die Arbeit und einen Urlaub im Jahr. Etwas, was ihrem Herzen guttun würde.

Jasper tat ihr gut. So fühlte es sich zumindest an, wenn sie mit ihm zusammen war. Es war lange her, dass sie so gefühlt hatte. Sie hatte es schon fast vergessen, dieses warme Gefühl, das sich ums Herz legte, wenn man jemandem nahekam, den man mochte, sich freute, ihn zu sehen. Sie lachte leise auf. Das war wirklich verrückt. Solche Gedanken waren neu für sie, und es fühlte sich komisch an. Aber auf eine sehr schöne Art von komisch. Doch sie sollte sich nicht in etwas hineinsteigern, was gar nicht vorhanden war. Jasper war ein gut aussehender Mann. Es gab bestimmt genug Frauen, die sich um ihn rissen. Er würde wohl kaum Interesse an einer Frau zeigen, die plötzlich einen Haufen Probleme hatte.

6

Jasper war gerade dabei, die Läden der Holzhütte zu schließen, als Karolina um die Ecke bog. Sie wirkte abgehetzt, atmete hektisch. Es war mittlerweile kurz nach neun.

»Entschuldige, dass es so lange gedauert hat. Aber ich musste Luise ins Krankenhaus bringen.«

Dieser Satz ließ Jasper aufhorchen. »Was ist geschehen? Ist sie ernstlich krank?«, fragte er geschockt.

Müde hob Karolina die Schultern. »Ich weiß es nicht genau.« Tränen füllten ihre Augen, und sie begann zu weinen. Jetzt, wo sie endlich einmal innehalten konnte.

»Hey, komm her.« Jasper schloss sie tröstend in seine Arme. »Was ist denn passiert?«

»Die Ärztin hat festgestellt, dass Luise wohl einen leichten Herzinfarkt hatte. Und dass ihre Vergesslichkeit nicht altersbedingt ist. Jetzt wird sie im Krankenhaus genau durchgecheckt. Ich mache mir echt Sorgen. Etwas stimmt nicht mit ihr. Gestern hätte sie beinah die Wohnung in Brand gesetzt, weil sie vergessen hat, die Kerzen am Adventskranz zu löschen.« Sie hob den Kopf und warf Jasper einen traurigen Blick zu.

»Das hätte böse enden können.« Er sah sie besorgt an und wischte ihr eine Träne von der Wange.

»Ja, zum Glück bin ich noch mal in die Küche gegangen und habe den brennenden Kranz entdeckt. Ich denke, wir können Luise nicht mehr allein lassen, egal was sie hat, es ist zu gefährlich.«

»Wir müssen abwarten, was die Ärzte sagen. Ich habe für dich schon mal den Stand geschlossen. Wir halten hier zusammen. Du bist nicht allein.« Er übergab ihr die Schlüssel und die Tageseinnahmen.

»Vielen Dank, das ist sehr lieb von dir. Ich wüsste gar nicht, was ich im Augenblick ohne eure Hilfe machen würde. Vielleicht wäre es besser, wenn Luise den Stand wegen Krankheit aufgibt, aber das würde ihr vermutlich das Herz brechen. Ich habe schon mal so etwas angedeutet, das kam bei ihr gar nicht gut an.«

Jasper nickte zustimmend. »Ja, ich denke, dass dieser Stand Luise im Augenblick am Leben hält. Wir können ihr das unmöglich auch noch wegnehmen. Sie ist ein Teil von uns. Diese Gemeinschaft gibt ihr Kraft.«

»Ich fahre jetzt wieder ins Krankenhaus, um ihr noch einige Sachen zu bringen. Ich habe eine Tasche zusammengepackt, musste noch das Nachthemd und den Morgenmantel waschen, weil ich keine anderen gefunden hatte. Außerdem habe ich mir ein Paar Winterboots besorgt, damit mir die Zehen nicht abfrieren. Jetzt muss ich aber los, Luise ihre Sachen bringen, sie wartet bestimmt schon ungeduldig auf mich. Es ist viel später geworden, als ich dachte.«

»Soll ich dich begleiten?«, bot Jasper an.

Karolina zögerte. »Wenn du keine weiteren Verpflichtungen hast?«

»Ich habe Zeit, und ich mache mir wirklich Sorgen um Luise.«

»Gut, aber bitte reg sie nicht auf. Du weißt doch, wie sie ist. Ich glaube nicht, dass sie es böse meint, aber wenn sie so aufgebracht ist, ist das nicht gut für ihr Herz.«

»Natürlich, wenn du willst, warte ich erst einmal vor der Tür und du sprichst mit ihr. Ich möchte dich nur im Augenblick nicht allein lassen. Du siehst müde aus.« Er strich ihr zart über die Wange.

»Was ist mit Luise?« Konrad trat mit besorgter Miene zu ihnen.

Verlegen wischte Karolina sich die Tränen von der Wange und schniefte in ihr Taschentuch. »Die Ärztin hat festgestellt, dass sie wohl einen kleinen Herzinfarkt hatte. Sie wurde ins Krankenhaus gebracht«, fasste sie dann das Geschehen schnell zusammen.

»Möchtest du uns dorthin begleiten?«, schlug Jasper vor.

»Ja, natürlich, ich muss doch wissen, wie es meiner Luise geht.« Konrad war weiß wie die Wand geworden.

Jasper zog seinen Autoschlüssel aus der Tasche. »Dann lasst uns fahren, bevor sie uns nicht mehr zu ihr lassen.«

*

»Sie haben ja kaum etwas gegessen, Frau Aigner.« Die Schwester blickte Luise streng an.

»Ich habe keinen Hunger«, gab sie zu.

»Aber eine Schnitte Brot werden Sie doch essen können. Zumindest haben Sie den Tee getrunken, das ist gut. Flüssigkeit ist wichtig. Brauchen Sie noch eine Flasche Wasser?«

Luise schüttelte den Kopf.

Die Schwester nahm die Flasche vom Nachttisch. »Die ist ja leer. Ich bringe Ihnen gleich eine neue.«

Warum fragte sie erst, wenn sie dann doch tat, was sie wollte? Luise verschränkte die Arme vor der Brust und atmete genervt aus. Sie kam sich wie ein kleines Kind vor, über das bestimmt wurde, als könnte sie nicht für sich selbst denken.

»Den Apfel lasse ich Ihnen hier, wenn Sie wirklich nichts mehr essen wollen, dann haben Sie etwas für später.«

»Der hat einen Wurm.«

»Was? Ich kann aber nichts erkennen. Wenn Sie möchten, bringe ich Ihnen einen anderen Apfel.«

Ergeben schüttelte Luise den Kopf. »Nein, lassen Sie nur, ich hab ohnehin keinen Hunger«, murmelte sie und sah auf die Uhr. Es war schon spät. Wann kam denn Karolina endlich? Sie wollte aus diesem Nachthemd heraus. Am liebsten würde sie direkt nach Hause gehen. Aber das würde Karo bestimmt nicht erlauben, und die Ärzte schon gar nicht. Also konnte sie nichts weiter tun, als sich zu fügen. Luise nahm den Apfel zur Hand, putzte ihn an ihrem Nachthemd ab. Dann legte sie ihn doch wieder zur Seite. Sie hatte einfach keinen Hunger, und wer weiß, wer den Apfel alles in der Hand gehabt hatte.

Karolina hatte mit der Schwester abgesprochen, dass sie heute spät vorbeischauen würden, weil sie ja vorher noch den Stand schließen musste. Ausnahmsweise durften sie heute nach einundzwanzig Uhr zu Luise ins Zimmer, aber auch nur, weil sie alleine dort lag. Vorsichtshalber wartete Jasper auf dem Flur des Krankenhauses, und Karolina betrat mit Konrad das Zimmer, in dem Luise lag. Sie saß aufrecht im Bett, hatte einen Apfel auf dem Nachttisch liegen, daneben stand eine Flasche Mineralwasser, und sie blickte auf den Fernseher, dessen Ton sie abgeschaltet hatte.

»Da seid ihr ja endlich. Ich warte schon auf jemanden, der mich hier herausholt. Habt ihr mich mit Absicht so lange warten lassen?«

»Na, jetzt mal langsam, meine Kleine. So schnell schießen die Franzosen nicht. Du bleibst erst einmal hier, damit man herausfindet, was mit dir los ist.« Konrad strich ihr über die Wange.

Zu Karolinas Verwunderung gehorchte Luise, die schon dabei war, das Bett zu verlassen, und lehnte sich wieder zurück.

»Hallo, Luise. Wie geht es dir?«, fragte Karolina und begann die Tasche auszupacken. »Ich habe dir hier zwei Nachthemden und Unterwäsche eingepackt, Handtücher, Zahnbürste und Zahnpasta, deinen Kulturbeutel, dein Strickzeug, und ich habe dir ein Heft mit Sudoku gekauft. Wenn ich etwas vergessen habe, werde ich es dir morgen bringen.«

»Das ist sehr lieb von dir, Karo. Aber ich will nach Hause, weil ich mich um den Stand kümmern muss.« Luise wollte erneut aufstehen.

»Das übernehme ich für dich«, sagte Karolina schnell und hielt sie so auf.

»Aber du hast doch gar keine Ahnung davon.« Luise schüttelte den Kopf, als wäre dieser Gedanke unmöglich.

»Deshalb wird mir Jasper helfen«, wagte Karolina einen ersten Vorstoß.

»Jasper?«, rief Luise aufgebracht.

»Ja, er ist draußen und würde dich auch gerne besuchen. Darf er hereinkommen? Dann kannst du ihm alles Wichtige erklären. Er ist mir eine sehr große Hilfe.«

Luise rang mit sich, das war ihr anzusehen. »Aber erst, wenn ich dieses Krankenhaushemd los bin. Das kann man ja noch nicht einmal richtig zubinden. Was soll er denn von mir denken? Dass ich mir kein Nachthemd leisten kann?«

Karolina sah Konrad an, der nickte. »Okay, dann gehe ich mal nach Jasper schauen.« Er verließ den Raum, während Karolina Luise dabei behilflich war, eines ihrer Nachthemden anzuziehen.

»Schau mal, ich habe dir auch deinen Morgenmantel eingepackt, den du so gerne trägst.«

»Danke, Karolina, du bist so lieb.« Luise ergriff ihre Hand und sah zu ihr auf. »Ich weiß, ich bin in der letzten Zeit ein bisschen verwirrt, und das ist bestimmt nicht einfach für dich. Glaube nicht, dass ich nicht zu schätzen weiß, was du alles für mich tust. Aber ich hab ja jetzt niemanden mehr.« Eine Träne löste sich und lief ihr die Wange hinunter.

»Ach, Luise! Du hast ganz viele Menschen um dich, die dir helfen. Mich an erster Stelle. Als ich deine Hilfe brauchte, warst du für mich da, und jetzt bin ich es für dich. Wir bekommen das hin, zusammen. Und du hast auch viele Freunde, die dir helfen. An erster Stelle Konrad, und auch Jasper.«

Sie wischte ihr die Träne aus dem Gesicht. »Komm, leg dich wieder hin, ich rufe die Männer herein.«

Luise warf Jasper einen skeptischen Blick zu, als er das Zimmer betrat. »Nicht, dass du das Mädchen an der Nase herumführst. Sie hat ein Auge auf dich geworfen. Du wirst dir den Stand nicht unter den Nagel reißen.«

Jasper lachte. »Nein, Luise, ich werde mich doch nicht mit dir anlegen. Das ist dein Stand, und er wird es bleiben. Konrad passt auf, dass ich keinen Unsinn mache, nicht wahr?« Er sah Konrad an, der zustimmend nickte.

»Lass mal den Jungen, der ist ganz in Ordnung«, sagte Konrad auf seine so ruhige Art.

Luise strich die Bettdecke glatt. »Dann bin ich ja beruhigt.« Sie lehnte sich zurück und verschränkte die Arme.

»War der Arzt denn schon da?«, wollte Konrad wissen und setzte sich zu ihr auf die Bettkante.

»Nein, die Schwester sagte, er kommt morgen zur Visite. Dann werden wir über die Untersuchungen sprechen, die sie mit mir anstellen wollen. Ich sage euch, das ist alles unnötig. Die werden eh nichts finden. Heute haben sie mir so viel Blut abgenommen, dass kaum noch welches in meinem Körper ist.« Sie zeigte den Zugang, den man ihr gelegt hatte.

Karolina fing einen Blick von Jasper auf, der Luise liebevoll anblickte. Ihm lag die alte Dame ebenfalls am Herzen, das war ihm anzusehen.

Konrad lachte. »Na, zumindest hast du noch genug Blut, um hier auf die Barrikaden zu gehen.«

»Ja, weil das alles unnötig ist«, legte Luise nach.

»Wir werden sehen. Jetzt ruh dich erst einmal aus. In den nächsten Tagen kommen wir wieder und sehen nach dir. Um den Stand machst du dir keine Sorgen. Und du überlegst dir schon mal, was es zu Heiligabend zum Essen geben soll. Ich werde dann alles dafür einkaufen. Wie du siehst, haben wir alles im Griff.« Konrad nahm ihre Hand und drückte sie.

»Ich könnte das auch übernehmen oder Konrad helfen«, bot Jasper an. »Bis dahin ist ja noch ein wenig Zeit.«

Luise nickte und schloss für einen Moment die Augen.

»Du bist müde. Wir werden gehen. Ich wünsche dir eine gute Nacht, meine liebe Luise.« Konrad erhob sich, und auch Jasper verabschiedete sich.

»Bis morgen. Luise.« Karolina umarmte die Frau, die so klein in dem großen Bett wirkte.

»Ja, bis morgen. Und pass mir auf den Stand auf, nicht, dass Jasper etwas mitgehen lässt.«

Karolina lächelte. »Ich werde auf ihn achten. Mach dir keine Sorgen, schlaf dich richtig aus, und bald kommst du wieder nach Hause.«

Als sie die Tür erreichte, rief Luise nochmals nach ihr. »Sag Frieda Bescheid, dass ich hier bin. Sie sucht bestimmt schon nach mir.«

Irritiert hielt Karolina inne, wollte im ersten Augenblick erklären, was mit Frieda geschehen war, doch dann nickte sie. »Ja, Luise, ich sage ihr Bescheid.« Es hatte keinen Sinn, immer wieder zu erklären, was geschehen war. Vermutlich wollte Luises Verstand das nicht behalten, um sie zu schützen.

»Das ist gut. Und kämm ihr die Haare, damit sie keine Knoten bekommt.«

»Ja, natürlich. Hundert Bürstenstriche. Wie du siehst, weiß ich Bescheid.« Nachdenklich schloss Karolina hinter sich die Tür. Erneut traten ihr Tränen in die Augen.

»Was ist los?«, wollte Jasper wissen.

»Ihr Verstand will nicht verstehen, dass es Frieda nicht mehr gibt«, murmelte Karolina und sah ihn verzweifelt an.

»Vielleicht ist das nur ein Schutzmechanismus. Manchmal spielt uns der Verstand etwas vor, um uns zu schützen. Wir lassen sie erst einmal in dem Glauben. Was ist so schlimm daran? Es ist Luises Welt, und wir sollten sie ein wenig darin belassen. Veränderungen regen sie zu sehr auf. Wir schützen auch Luise und ihr Herz, wenn wir das Gewohnte einfach ein wenig länger aufrechterhalten.«

Auch Konrad nickte. »Meine Luise wird schon wieder. Es ist nicht so einfach, mit all dem fertig zu werden.«

»Wie lange kennt ihr euch eigentlich schon?«, fragte Karolina sanft nach.

»Seit ihrer Hochzeit. Ich habe mich damals in sie verliebt, aber sie war schon vergeben. Du hättest sie sehen müssen, wie schön sie in ihrem Brautkleid aussah.« Er hob den Blick und lächelte. »Das ist alles schon sehr lange her. Aber für mich ist Luise immer noch das schöne junge Mädchen, das sie damals war. Das wird sich nie ändern.«

Karolina nickte. Im Grunde genommen beneidete sie Luise um einen Freund, wie es Konrad war. Würde sie am Ende ihres Lebens auch solch einen Gefährten haben oder ganz alleine dastehen? Wenn sie so weitermachte wie bisher, lief es wohl aufs Alleinsein hinaus. Das waren keine frohen Aussichten. Aber es lag in ihrer Macht, das zu ändern. Sie musste sich mehr um ihr Privatleben kümmern als um den Job, der ihr schon seit einiger Zeit keinen Spaß mehr machte. Sie hatte immer nur dafür gelebt, die Tüchtigste, Beste in ihrem Job zu sein. Doch dann war sie bei der Beförderung übergangen worden, und nun trat sie auf der Stelle. Es musste doch noch mehr im Leben geben! Sie wünschte sich, sie hätte auch einen Konrad, auf den sie sich blind verlassen konnte. Er schien Luise zu lieben, ja geradezu zu verehren. Sie konnte sich glücklich schätzen, dass es Konrad in ihrem Leben gab. Leise seufzte sie.

7

Jasper setzte Konrad am Christkindlesmarkt ab, weil er dort noch etwas zu erledigen hatte.

»Du musst doch Hunger haben? Ich würde dich gerne einladen«, sagte Jasper, als sie allein in seinem Wagen saßen. Er wollte sie noch nicht gehen lassen, sondern noch ein wenig Zeit mit ihr verbringen, auch wenn es spät war.

Karolina sah ihn nachdenklich an. »Stimmt, ich habe heute nur gefrühstückt. Aber nicht du wirst mich einladen, sondern ich dich. Also, worauf hast du Lust? Ich komme fast um, jetzt, wo du es sagst.«

»Wie wäre es mit Italienisch oder Thailändisch?«, warf Jasper ein.

»Mir ist nach einem richtig guten Essen. Wie wäre es mit dem Sebald?«

»Da muss man vorbestellen.« Jasper verzog das Gesicht. Er wollte ihr gerne ihren Wunsch erfüllen, doch das Restaurant hatte einen hervorragenden Ruf, und man bekam nur schwer einen Platz. Meist war es auf Wochen hin ausgebucht.

Karolina warf einen Blick auf ihre Uhr. »Ich muss dort nicht vorbestellen, und um diese Uhrzeit bekommen wir bestimmt einen Tisch. Komm, lass uns fahren. Auf zum Weinmarkt.«

Keine halbe Stunde später saßen sie an einem Tisch mit weißer Damasttischdecke und Stoffservietten.

»Ich glaube, wir sind ein wenig underdressed«, flüsterte Jasper Karo zu, die lachend den Kopf schüttelte.

»Ich glaube, das stört hier niemanden. Mach dir keine Sorgen, unser Geld ist genau so viel wert, als wenn wir Kleid und Anzug trügen.«

Sie hatte natürlich recht, und es passte gar nicht zu Jasper, dass er sich darum kümmerte, was andere von ihm dachten, doch in diesem Moment fühlte er sich nicht wirklich wohl. Sie saßen an einem Tisch für zwei Personen, eine Kerze sorgte für eine schöne Atmosphäre. Die Wände waren in einem warmen Ton gestrichen, und das ganze Ambiente des Restaurants strahlte eine behagliche Gemütlichkeit aus. Jasper entdeckte zu seiner Überraschung sogar einen Flügel mitten im Lokal.

»Hallo, Frau Nicolay! Wie geht es Ihnen? Ich dachte, Sie wären im Urlaub«, begrüßte der Restaurantchef sie persönlich und reichte ihnen die Speisekarten.

»Ja, das dachte ich auch. Aber die Umstände haben sich geändert, und nun werde ich die Weihnachtszeit hier in Nürnberg verbringen.«

»Das wäre ja dann wohl seit sehr langer Zeit das erste Mal.« Er grinste.

Karolina nickte zustimmend.

Jasper war überrascht, dass der Mann so gut über Karo Bescheid wusste.

»Darf ich als Vorspeise die gebratenen Garnelen mit Fenchel empfehlen?«, bot er an, ohne aufdringlich zu wirken.

Karo sah Jasper fragend an, und er nickte zustimmend.

»Dann nehmen wir die zwei Mal, und suchen Sie bitte einen passenden Wein dazu aus. Ich verlasse mich gerne auf Ihren guten Geschmack.«

»Sehr gern. Ich komme wegen der Hauptspeise später wieder.« Der Restaurantchef entfernte sich, und kurz darauf erschien ein junger Kellner, der eine Flasche Wein an den Tisch brachte. »Ein Gruß des Hauses. Wenn ich einschenken darf?«

Karolina nickte. »Mhm, sehr gut«, lobte sie und nickte dem Kellner zu, der daraufhin die Gläser füllte.

Als sie wieder allein waren, fragte Jasper: »Du isst hier öfter?«

»Es ist einer meiner besten Kunden. Wir kommen gut miteinander aus, und das Essen ist hier wundervoll.« Sie hob ihr Glas. »Lass uns darauf trinken, dass wir diesen schrecklichen Tag so schnell wie möglich vergessen. Wir wollen hoffen, dass Luise nicht ernstlich erkrankt ist.«

Sie stießen mit den Gläsern an und tranken einen Schluck. Jasper musste zugeben, dass der Wein erstklassig war.

Er sah Karo dabei zu, wie sie mit der Zunge über ihre Lippen fuhr, und erinnerte sich daran, wie weich sich ihre Haut unter seinem Mund angefühlt hatte, als er ihre Wange kurz berührt hatte. Er wollte das unbedingt noch einmal spüren.

»Hörst du mir zu?«, fragte sie überrascht.

»Bitte entschuldige, was hast du gefragt?« Wie aus einem Traum erwachte er, hatte den Faden verloren, was nur selten vorkam. Doch Karo bezauberte ihn.

»Für welches Hauptgericht du dich entschieden hast?«

»Oh! Ja, natürlich.« Er warf einen Blick in die Karte und nahm die Gänsekeule.

»Ich nehme den Kalbstafelspitz im Meerrettichrahm, den habe ich schon öfter gegessen, und es ist hervorragend. Übrigens, das lief mit Luise ja heute im Krankenhaus ziemlich gut.« Sie sah ihn aufmunternd an und strich sich das Haar aus dem Gesicht.

»Ja, zumindest hat sie mich nicht sofort aus dem Zimmer geworfen.« Jasper drehte das Weinglas mit den Fingerspitzen, dann trank er einen Schluck.

»Du machst dir Gedanken?«, fragte Karo nach, doch gerade, als er darauf antworten wollte, trat der Restaurantchef an den Tisch und nahm die Bestellung auf. »Also, schieß los. Was hast du?«, hakte sie nach, als sie wieder allein waren.

»Ich habe mich gestern Abend im Internet ein wenig umgesehen und befürchte, dass Luise an Demenz erkrankt ist.

Normalerweise erkranken Menschen erst im hohen Alter daran, doch es gibt eben auch Ausnahmen.«

»Und du denkst, dass Luise so eine Ausnahme ist?«

Langsam nickte er. »Ich befürchte es. Wenn es sich bestätigt, wird sie bald nicht mehr allein leben können. Es scheint so etwas wie eine Volkskrankheit zu sein. Es gibt wahnsinnig viele Menschen, die daran erkranken. Viele Menschen müssen gepflegt werden. Ich denke, dass Luise dazugehören wird.«

Karo presste ihre Lippen aufeinander und nickte zustimmend. »Ja, das ist ja jetzt schon gefährlich, wenn ich an den Adventskranz denke.«

»Das wird Luise hart treffen. Das Haus, in dem sie ihr ganzes Leben verbracht hat, bedeutet ihr viel. Ich kann mir nicht vorstellen, dass sie dort ohne großen Widerstand ausziehen wird. Und ich kann sie sogar verstehen. In ihrem Leben hat sich in letzter Zeit so viel verändert, da kann man ja kaum noch einen klaren Gedanken fassen. Wenn sie jetzt auch noch ihr gewohntes Wohnumfeld räumen soll, wird Luise dem vermutlich nicht zustimmen.«

Die Vorspeise wurde serviert und sah köstlich aus. Gemeinsam begannen sie zu essen, und Karo schloss genussvoll die Augen. »Mein Gott, ist das gut«, stöhnte sie auf. Jasper hätte ihr stundenlang dabei zusehen können. Sie genoss jeden Bissen auf eine ganz einzigartige Weise. So hatte er noch nie jemanden essen sehen. Die meisten Menschen schaufelten alles in sich hinein, weil ihnen die Zeit fehlte, etwas in Ruhe auszukosten.

»Ich schaue dir gern beim Essen zu. Du kannst es richtig genießen.« Jasper legte sein Besteck zur Seite und trank erneut einen Schluck. »Und der Wein ist wirklich gut.«

»Ja, und ich habe heute so richtig Lust, mich zu betrinken. Dieser ganze Weihnachtsrummel geht mir auf die Nerven. Wir können ja später ein Taxi nehmen.« Sie sah ihn herausfordernd an und schob sich erneut die Gabel in den Mund.

»Gut, auf deine Verantwortung. Wir müssen beide morgen um zehn Uhr am Stand sein.«

Sie lachte. »Das kriegen wir hin, oder?«

Jasper nickte. »Klar, wenn es mehr nicht ist. Ich kann dich ja wecken.« Als sie ihn erstaunt ansah, ging ihm auf, was er da gesagt hat. »Ich meine natürlich, mit dem Handy. Ich kann dich anrufen, um sicherzugehen, dass du nicht verschläfst.« Ihm wurde plötzlich ganz heiß. Seine Worte hätte man auch anders deuten können, dabei hatte er gar keinen Hintergedanken gehabt.

»Du könntest mir auf jeden Fall mal deine Handynummer geben. Ich wollte dich aus dem Krankenhaus anrufen, aber ich hatte deine Nummer nicht.«

Nachdem sie die Vorspeise verputzt hatten, zückte er sein Handy. »Gib mir deine Nummer, dann rufe ich dich an, und du kannst meine Nummer ebenfalls speichern.«

»Klar, 0152…« Sie nannte ihm ihre Handynummer, und kurz darauf summte ihr Gerät. »Schon gespeichert.«

»Ich glaube, ich bin noch nie so schnell an die Nummer einer schönen Frau gekommen.« Jasper schmunzelte.

»O bitte, keine Flirtversuche.« Karo winkte lachend ab.

»Ich flirte nicht. Dann hätte ich einen Spruch losgelassen, wie: Kann ich deine Handynummer haben? Ich habe meine verloren.«

Laut lachte Karo auf. »Damit kannst du bei Frauen landen?« Sie schüttelte den Kopf, als könnte sie es nicht glauben.

Jasper lachte ebenfalls. »Nein, nicht wirklich. Ich habe schon lange nicht mehr versucht, die Aufmerksamkeit einer Frau auf mich zu ziehen.«

»Wenn du eine Frau kennenlernen willst, dann solltest du dir auf jeden Fall etwas Originelles einfallen lassen, wenn es klappen soll.«

Jasper schüttelte den Kopf. »Nein, kein Bedarf. Ich habe überhaupt keine Zeit für eine Beziehung. Die Welt dreht sich so schnell, da muss man immer auf der Hut sein. Für etwas Festes braucht man Zeit, die ich nicht habe.«

Dem stimmte Karo zu. »Ja, mir geht es ähnlich. Mein Job nimmt mich auch sehr gefangen. Ich liebe meine Arbeit in der Bank, aber es ist eben stressig. Wenn es um das Geld der Menschen geht, verstehen die keinen Spaß. Ich muss oft negative Entscheidungen treffen, das stößt selten auf Gegenliebe. Die Verantwortung ist eben sehr groß. Es ist ja nicht mein Geld, über das ich entscheide, und ich muss jede Handlung rechtfertigen.«

»Verständlich. Die wirtschaftliche Lage wird immer schwieriger. Ich stelle mir deinen Job nicht einfach vor. Viele Firmen gehen pleite und geraten in Schieflage.«

»Geht es deinem Unternehmen gut?« Ihre Frage wirkte ehrlich interessiert und nicht danach, abzuchecken, ob er eine gute Partie war und über viel Geld verfügte.

»Ja, ich schreibe seit drei Jahren schwarze Zahlen. Es sieht gut aus, aber die Möglichkeit, dass sich das Blatt wendet, besteht immer. Doch wem erzähle ich das. Du bist hier die Finanzexpertin, das Mathegenie, zu dem ich immer aufgeschaut habe.«

»Na ja, ich kann vielleicht gut mit Zahlen umgehen, dafür scheitere ich daran, einen Schal zu stricken.« Sie lächelte verlegen.

»Ich kann auch nicht stricken«, gab er mit einem Lächeln auf den Lippen zu.

»Aber Pralinen herstellen.«

»Siehst du, jeder hat etwas, was er besonders gut kann.«

»So, wer bekommt die Gans?«, fragte der Kellner, der zu ihnen an den Tisch trat.

»Ich bin der Tafelspitz«, erklärte Karo und blickte hungrig auf den Teller, den der Mann ebenfalls auf dem Arm trug.

Der Mann stellte das Essen auf dem Tisch ab, goss noch mal Wein nach und nickte den beiden dann zu.

»Du hast wirklich eine gute Entscheidung getroffen, dass wir dieses Restaurant gewählt haben«, lobte Jasper und nahm das Besteck auf. »Ich wollte auch Koch werden, doch dann ist mein Weg ein wenig abgebogen.«

»Manchmal geht das Leben eigenartige Wege«, stimmte Karo zu. »Aber es ist nie zu spät, etwas zu ändern.«

»Das stimmt, aber meistens ist man zu bequem oder eingefahren, um eine Richtungsänderung ins Auge zu fassen.«

Nachdenklich nickte Karo. »Ja, da hast du recht. Ich glaube, das trifft auch auf mich zu.«

Gerne hätte Jasper gefragt, warum das so war, doch dann zog er es vor, das Essen zu genießen. Für schwerwiegende Gespräche hätte sie sicher später noch Zeit.

Beschwingt ließ Karolina sich auf den Sitz im Taxi sinken. Sie hatte eindeutig zu viel getrunken. Aber nicht nur sie allein. Auch Jaspers Augen glänzten verräterisch. Er hatte eine zweite Flasche Wein bestellt, und am Ende hatten sie noch an der Bar Platz genommen. Karo trank dort einen Cocktail, während Jasper sich für ein Bier entschieden hatte.

»Wir müssen zur Kleestraße«, erklärte sie dem Taxifahrer. Er nickte ihr über den Rückspiegel zu, legte den Gang ein und gab Gas.

»Du willst in die Südstadt?«, fragte Jasper überrascht.

»Ja, solange Luise im Krankenhaus ist, werde ich zu Hause schlafen. Ich habe mir dort vor einem Jahr eine Eigentumswohnung gekauft. Sie ist nicht groß, aber dafür gehört sie mir.« Karolina konnte den Stolz in ihrer Stimme nicht ganz verbergen. »Wo wohnst du?«

»In der Altstadt, direkt über der Manufaktur. Das spart mir jeden Tag viel Zeit.«

Jasper saß dicht neben ihr, und sie nahm die Wärme seines Körpers deutlich wahr. Der Tag hatte wesentlich schöner geendet, als er begonnen hatte. Trotz der Sorge um Luise hatten sie einen angenehmen Abend verbracht. Morgen würde sie wieder zum Krankenhaus fahren und neue Informationen erhalten. Bis dahin konnte sie erst einmal durchatmen.

Sie fuhren durch das nächtliche Nürnberg, wo es überall blinkte und glitzerte. Ihr glitt ein Lächeln über die Lippen, als sie einen dickbäuchigen Weihnachtsmann in einem Schaufenster sah, der ihr freundlich zuwinkte. Das musste der Alkohol sein, eindeutig. Früher hatte sie nie Augen für solch einen Kitsch gehabt, und schließlich veränderte man sich nicht von heute auf morgen. Dass sie plötzlich Dinge wie blinkende Lichter in Form von Eiskristallen, aus Pappmaché hergestellte weiß-rote Zuckerstangen oder eben winkende Weihnachtsmänner mit überdimensionalen Bäuchen wahrnahm, konnte freilich auch an Luise liegen. Die kleine, widerspenstige Frau rührte etwas in ihrem Herzen an, was Karolina noch nicht genau erklären konnte. Aber sie rüttelte an ihrer harten Schale, die sich jedes Jahr zu Weihnachten um ihr Herz legte, um es schützen. Vor was, darüber wollte sie lieber nicht so genau nachdenken. Sie hatte Angst davor, dass die Erkenntnis der Gründe zu schmerzhaft sein würde. Lieber wieder die Augen und das Herz davor verschließen, das war der sicherste Weg. Allerdings hatte Karolina schon jetzt die Befürchtung, dass die harte Schale sich nicht mehr richtig verschloss und zu bröckeln begann.

»Das macht zweiundzwanzig Euro fünfzig.«

Sie öffnete die Augen. Die Stimme des Fahrers riss Karolina aus ihren Gedanken, und bevor sie ihre Handtasche öffnen konnte, hatte Jasper bereits zwei Scheine in der Hand und reichte dem Mann fünfundzwanzig Euro. »Stimmt so.«

Zu ihrer Verwunderung stieg er mit ihr aus. Da er den Fahrer nicht angewiesen hatte zu warten, gab dieser Gas und fuhr davon.

»Ich bringe dich noch zur Tür«, erklärte Jasper, und sie hakte sich bei ihm ein, weil der Weg zur Haustür eisig gefroren war.

»Das war ein sehr schöner Abend«, sagte sie, um die Stille zwischen ihnen zu durchbrechen, da sich eine Spannung aufbaute, der sie sich nicht gewachsen fühlte.

»Ja, das stimmt«, bestätigte Jasper, als sie vor der Haustür ankamen. Eine kleine Lampe schien auf sie hinunter, und Karolina zog den Schlüssel aus der Tasche. Jasper nahm ihn ihr ab und schloss auf.

»Danke, sehr freundlich von dir.« Ihre Worte kamen ihr leise über die Lippen, sie fühlte sich verlegen und räusperte sich. »Möchtest du vielleicht noch einen Kaffee bei mir trinken?« Sie hob den Blick und sah in seine schokoladenbraunen Augen.

Jasper sah sie aufmerksam an. »Im Grunde genommen schon. Aber hältst du das für eine gute Idee? Wir haben beide etwas getrunken, und das könnte …« Er brach abrupt ab und machte eine unbestimmte Handbewegung, dann lachte er verlegen.

»Du hast selbstverständlich recht. Es wäre wirklich keine gute Idee.« Auch sie lachte und bereute es, gefragt zu haben. Wie sah das denn jetzt aus?

»Das nächste Mal nehme ich dieses Angebot gerne an, versprochen. Glaube nicht, dass ich es nicht möchte.« Plötzlich war er sehr ernst. Seine tiefe Stimme verursachte wieder dieses gewisse Kribbeln.

Karolina lächelte verlegen. »Gute Nacht, Jasper.«

»Gute Nacht, Karo.« Er beugte sich vor und hielt einen Moment inne. Das war die Chance für sie, sich abzuwenden, doch sie tat es nicht. So berührte er kurz ihre Lippen und küsste sie leicht. Karolina hielt still, dann erwiderte sie diesen sanften Kuss, der sich so furchtbar schön anfühlte. Er löste seine Lippen, ging aber nicht auf Abstand. Er hielt inne, und als Karolina sich auch nicht bewegte, küsste er sie erneut. Dieser Kuss war anders als der vorherige. Er zeugte von Verlangen und brachte Begierde mit sich. Als wollte er Karolina verschlingen, so heftig küsste er sie, bis Karolina sich leicht abwandte.

Als er seinen Kopf hob, sah er ihr tief in die Augen. »Schlaf gut, wir sehen uns morgen.«

Karolina nickte, nicht in der Lage zu sprechen. Ihr fehlte immer noch der Atem, und sie zog heftig die frische Luft ein.

Er wollte sich schon abwenden, da hielt er noch einmal inne. »Ach, ich habe noch etwas für dich. Es wird dir den restlichen Abend versüßen.« Aus der Jackentasche zog er eine kleine Packung Pralinen.

»Das ist aber sehr lieb von dir.«

»Es ist die Premiummischung. Für dich nur das Beste. Denk an mich, wenn du sie isst.« Mit den Händen in den Taschen seiner Jeans wandte er sich ab und ging pfeifend davon.

Karolina seufzte leise. Sie blickte ihm noch einen Augenblick hinterher, bis die Nacht ihn förmlich verschluckte. Sie bekam das Lächeln einfach nicht aus ihrem Gesicht.

Es war richtig gewesen, ihn gehen zu lassen. Aber warum fühlte sich das Richtige manchmal so falsch an? Seufzend öffnete sie die Packung Pralinen und schob sich eine in den Mund. Marc de Champagne mit Eierlikör. Sie schmolz sofort im Mund und schmeckte köstlich. »Kann ich bitte ein ganzes Kilo davon haben?«, murmelte sie und betrat das Wohnhaus, während sie sich die nächste Praline in den Mund schob. Ihre Waage würde morgen bestimmt nicht zum Einsatz kommen. Bevor sie zu Bett ging, war die ganze Packung Pralinen aufgegessen. Sie musste sich unbedingt in Jaspers Pralinenclub anmelden, um an diese Köstlichkeiten zu gelangen. Die machten ja geradezu süchtig! Da sollte mal jemand behaupten, sie wäre keine leidenschaftliche Frau. Ihre Leidenschaft für Pralinen war auf jeden Fall sehr ausgeprägt. Nur war ihr das bisher noch nie aufgefallen. Aber man lernte nie aus.

8

Sie hätte nicht so viel Wein trinken dürfen, das wurde Karolina am nächsten Morgen klar. Die Kopfschmerzen brachten sie fast um. Doch es half nichts, sie musste sich fertig machen, um den Stand zu öffnen. Luise würde es sicherlich erfahren, wenn sie zu spät käme, und dann drohte ihr ganz gewiss eine Standpauke. Doch das Pochen in ihrem Kopf war so schmerzhaft, dass sie zumindest mit dem Gedanken spielte, einfach liegen zu bleiben. Vielleicht waren es auch die Pralinen. Sie hatte in der Nacht noch die ganze Packung aufgegessen. Sie waren einfach zu köstlich, und Karolina hatte nicht widerstehen können.

Mühsam quälte sie sich aus dem Bett. Nachdem sie eine heiße Dusche genommen hatte, die diesmal länger ausfiel als sonst üblich, fühlte sie sich schon wesentlich wohler, und die Kopfschmerzen ließen langsam nach. Um ganz sicherzugehen, löste sie ein Aspirin auf und trank das salzige Wasser in einem Zug. Danach entschied sie sich für eine Tasse Kaffee und biss in eine Scheibe Toast, die sie mit Honig bestrichen hatte. Etwas Energie für den Tag konnte sie sicher gebrauchen.

Ein wenig Make-up konnte auch nicht schaden und verdeckte die verräterischen Spuren des Abends. Dann schlüpfte sie in dicke Socken und die neuen Winterstiefel. Heute würde sie auf jeden Fall für den kalten Tag gewappnet sein.

Als sie auf den Bürgersteig trat, sah sie sich suchend nach ihrem Wagen um, bis ihr einfiel, dass das Auto vor Luises Garage stand. Dort hatte sie ihn abgestellt, bevor sie zum Weihnachtsmarkt gelaufen war. Sie würde also den Bus nehmen müssen. Mit schnellen Schritten lief sie in die Richtung der nächsten Haltestelle.

»Hey, schöne Frau, brauchen Sie vielleicht eine Mitfahrgelegenheit?«

Karoline blieb stehen und blickte zu dem Wagen, der neben ihr auf der Straße angehalten hatte. »Jasper! Was tust du denn hier?« Sie war überrascht, dass er hier auftauchte.

»Ich weiß doch, dass dein Auto in der Altstadt steht.« Er lehnte sich über den Beifahrersitz und öffnete ihr die Tür. »Komm, steig ein, ich nehme dich mit.«

Das musste er Karolina nicht zwei Mal sagen. Schnell nahm sie neben Jasper im Auto Platz. Hier war es angenehm warm und trocken.

»Das ist furchtbar lieb von dir. Guten Morgen, übrigens. Danke, dass du dich um meinen Wagen gekümmert und aus der Tiefgarage geholt hast.«

Er grinste. »Ich weiß, ich bin ein furchtbar lieber Typ. Guten Morgen. Ich habe sogar einen warmen Kaffee für dich.«

Er reichte ihr einen Becher mit einem Coffee to go.

»Das ist fast zu schön, um wahr zu sein, ich glaube, ich schlafe noch und will aus diesem perfekten Traum einfach nicht aufwachen.«

»Ich habe schließlich einige Jahre als guter Freund aufzuholen. Außerdem musste ich meinen Wagen vom Restaurant abholen, den hatten wir doch gestern dort stehen lassen«, erklärte er ernst und gab Gas.

Karolina grinste, als sie sich an den gestrigen Abend erinnerte. Er war der schönste seit Jahren, an den sie sich erinnern konnte. »Danke für die Pralinen. Sie haben wunderbar geschmeckt. Ich habe alle auf einmal aufgegessen. Was ist da drin? Gib zu, eine geheime Mischung, die erst Ruhe gibt, wenn man die ganze Packung aufgefuttert hat. Ich habe heute Morgen einen großen Bogen um meine Waage gemacht.«

Jasper lachte laut auf. »Das war doch gar nicht notwendig.

Ein bisschen Schokolade kann wohl kaum deine wunderschöne Figur ruinieren. Aber du hast recht, ich verwende eine geheime Zauberformel, die Hunger auf mehr macht«, gab er verschwörerisch zu.

»Das dachte ich mir. So kann man natürlich auch den Umsatz ankurbeln und den Gewinn steigern. Dieses Geheimnis sollte ich vielleicht für viel Geld an den Mann bringen.«

»Nur nicht, dann verfliegt der geheime Zauber, denn er muss geheim bleiben. Das wollen wir doch nicht riskieren.« Er sah sie konspirativ an und hob fragend eine Augenbraue.

»Hallo, ich bin Marie! Marie Lambertus, ich habe den Stand neben dir und verkaufe dort Kerzen, Öle und selbstgegossene Seifen. Ich habe das von Luise gehört und hoffe, es geht ihr gut.« Die zierliche Frau streckte Karolina die Hand entgegen. Sie war an ihren Stand getreten und sah sie neugierig an.

»Hallo, Marie, schön dich kennenzulernen. Ich bin Karolina Nicolay. Eine gute Freundin von Luise und ja, ich denke, dass es ihr langsam wieder besser geht. Sie liegt noch im Krankenhaus, daher vertrete ich sie.«

»Konrad hat mir davon erzählt. Wir feiern doch normalerweise alle zusammen Weihnachten bei ihr, und jetzt wissen wir nicht, ob wir das Luise zumuten können. Sie kocht Heiligabend immer für uns alle und richtet das Fest aus. Doch wo jetzt auch Frieda von uns gegangen ist …« Den Rest des Satzes ließ sie offen und atmete schwer aus. »Ich freue mich wirklich, dich kennenzulernen. Frieda hat sogar von dir erzählt. Nur warst du bisher nie zu Weihnachten in der Stadt. Dabei ist das doch die schönste Zeit des Jahres, findest du nicht auch?«

Marie strahlte so viel Freude aus, dass Karolina es nicht übers Herz brachte, sie zu enttäuschen. »Ja, du hast recht. Es ist eine wunderbare Zeit, nur habe ich das bisher noch nicht so genießen können«, sagte sie daher diplomatisch.

»Das werden wir ab sofort ändern. Hast du nicht Lust, mal einen Kaffee mit mir zu trinken? Ich würde gerne wissen, wie es Luise geht. Vielleicht können wir auch zusammen einen Plan schmieden, was den Heiligabend betrifft. Es ist ja noch ein wenig Zeit, und wir können umdisponieren. Du bist doch auch dabei, oder? Lass mich bloß nicht im Stich.« Marie lächelte freundlich.

Sie standen vor den Verkaufsständen, wo Karolina gerade die Läden geöffnet hatte. Es hatte bereits wieder zu schneien begonnen, und laut sang Mariah Carey, was sie sich zu Weihnachten wünschte.

»Ja, gerne. Wie wäre es heute, nachdem ich bei Luise im Krankenhaus vorbeigeschaut habe? Ich werde am Nachmittag hinfahren, dann vertritt mich Japser am Stand.«

»Hallo, Marie!« Ein Mann schritt an ihnen vorbei und nickte freundlich. Er blickte Marie einen Moment länger als notwendig an.

»Hallo, Oskar«, grüßte Marie und vor Verlegenheit färbten sich ihre Wangen ganz rot. Es war ihr anzusehen, dass dieser Mann etwas Besonderes für sie war. »Das war Oskar. Er verkauft Laubsägearbeiten einen Gang weiter.«

»Aha …« Mehr sagte Karolina nicht dazu, vielleicht ergab sich ja bei einem Kaffee die Gelegenheit, mehr darüber in Erfahrung zu bringen. »Wenn du mir deine Handynummer gibst, dann schreibe ich dir, wann ich später bei dir sein kann.«

»Natürlich.« Marie nannte ihr die Nummer, die sie schnell in ihr Handy eingab. Dann verschickte sie eine WhatsApp-Nachricht mit einem Smiley. »Jetzt hast du auch meine Nummer. Ich melde mich später bei dir.«

»Ich habe für Luise ein kleines Geschenk, wenn du ihr das mit ins Krankenhaus nimmst. Es ist eine selbst gemachte Seife. Mit Lavendelduft, die mag Luise besonders gern. Es sind kleine Goldsplitter drin.« Marie reichte ihr eine kleine braune Geschenktüte.

»Natürlich nehme ich die mit, gerne. Das wird Luise sehr freuen. Vielen Dank, Marie.«

»Bestell Luise gute Besserung. Ich habe Kundschaft, wir sehen uns später.« Zwei Mädchen traten an Maries Stand, sie ging hinüber, um nach den Wünschen der kleinen Kundinnen zu fragen, und winkte Karolina zum Abschied freundlich zu.

*

»Frau Aigner, ich bin Schwester Astrid, und hole Sie zur Untersuchung ab. Können Sie laufen, oder soll ich einen Rollstuhl besorgen?«

Eine junge Frau hatte das Zimmer betreten.

»Natürlich kann ich laufen«, erklärte Luise entrüstet. »Ich bin ja nicht krank.« Schon war sie auf den Beinen und zog ihren gestreiften Morgenmantel über. »Wo muss ich denn hin?«

»Ich begleite Sie eine Etage tiefer zum MRT.«

»MRT? Was soll das denn sein? Das schaffe ich auch allein, ich finde schon den Weg.« Luise sah die Schwester bestimmt an, doch diese schüttelte den Kopf.

»Wir begleiten die Patienten immer. Das gehört zu meinen Aufgaben.«

Sie wurde die junge Schwester also nicht los. Wieder hatte sie sich zu fügen, was Luise ganz und gar nicht gefiel. Sie seufzte laut und konnte nichts dagegen tun, dass sie eskortiert wurde, als wäre sie im Gefängnis. Mit dem Fahrstuhl ging es eine Etage tiefer.

Sie musste einen Augenblick warten, dann wurde sie in einen Raum gerufen. Man erklärte ihr alles genau, und Luise nickte brav, doch sie verstand nur die Hälfte von dem, was da gesprochen wurde. Als sie auf der Liege lag, die langsam in eine Röhre geschoben wurde, wurde ihr bange. Jetzt nur nicht in Panik ausbrechen. Es surrte so laut, dass man Kopfschmerzen davon bekam.

»Geht es Ihnen gut, Frau Aigner?«, kam eine männliche Stimme über einen Lautsprecher.

»Ja«, sagte sie und nickte.

»Bitte ganz ruhig liegen bleiben. Nicht bewegen. Es dauert nicht lange, und es passiert Ihnen auch nichts«, erklärte ihr die Stimme.

Ha! Woher wollte er das so genau wissen? Wenn Magnetkräfte im Spiel waren, konnte immer etwas geschehen. Oder etwa nicht? Man hatte etwas von Radiowellen erzählt. Das war doch auch gefährlich! Am meisten missfiel ihr, dass sie ihren Ehering hatte abnehmen müssen. Das hatte sie schon lange nicht mehr getan und wollte es auch nicht, doch sie hatte keine andere Wahl. Man hatte ihr erklärt, die Untersuchung könne sonst nicht stattfinden. Sie schloss einfach die Augen. Sollten sie doch machen, was sie wollten. Am Ende würden sie eh zugeben müssen, dass sie gesund war.

Nach dem Mittagessen trat ein Mann mit weißem Kittel ins Zimmer. »Guten Tag, Frau Aigner. Ich bin Doktor Cremer, ihr behandelnder Arzt. Wie fühlen Sie sich?«

»Sehr gut, Herr Doktor. Ich denke, ich kann heute wieder nach Hause«, erklärte Luise beschwingt.

»Wollen wir erst einmal darüber sprechen, was wir gefunden haben?«

Gefunden? Was wollte er denn gefunden haben? »Na, ich hoffe doch, zumindest ein Gehirn«, sagte Luise schnell, ohne darüber nachzudenken.

Der Doktor lachte leise auf. »O ja, keine Sorge, Frau Aigner, natürlich haben wir eines gefunden, alles andere wäre ein Phänomen. Allerdings habe ich auch weniger gute Nachrichten für Sie.«

»Dann sollten Sie die lieber für sich behalten.« Luise verschränkte die Arme und sah einfach Richtung Fenster.

Als Doktor Cremer sich zu ihr auf das Bett setzte, quietschte es. »So einfach können wir es uns leider nicht machen. Ich bin als Arzt verpflichtet, Sie über Ihren Zustand zu informieren.«

»Ich weiß es doch schon längst«, murmelte sie und sah dem Arzt mutig in die Augen. »Demenz, nicht wahr?«

Cremer nickte. »Ja, leider. Eine aggressive Form von Alzheimer haben wir festgestellt.«

Es war nicht so, als hätte Luise nicht mit dieser Antwort gerechnet, wenn sie ganz ehrlich zu sich selbst war. Aber sie *wollte* nicht ehrlich sein. Sie wollte weiterhin die Augen vor all dem verschließen, was ihre kleine Welt ins Wanken brachte. Diese Nachricht wirbelte alles durcheinander, und das bereitete ihr Angst. »Wie lange habe ich noch?«

»Frau Aigner, eine Demenz ist keine Krebserkrankung. Es ist eher ein schleichendes Leiden, das täglich ungefähr neunhundert Menschen betrifft, und das allein in Deutschland. Sie können sich vorstellen, was für eine Dimension diese Krankheit hat. Natürlich verkürzt diese Krankheit auch das Leben, aber in welcher Weise, das lässt sich nur sehr schwer voraussagen. Wir haben keine verlässlichen Werte. Es gibt Menschen, die haben zwanzig Jahre damit gelebt.«

»Gott bewahre! Zweiundneunzig ohne Erinnerungen, das bleibt mir hoffentlich erspart«, murmelte Luise ernst.

»Frau Aigner, es gibt Wege und Maßnahmen, um Ihnen zu helfen. Medikamente, die …«

»Ich will keine Medikamente«, sagte sie schnell und schüttelte energisch den Kopf.

»Blutdrucksenkende Mittel zum Beispiel. Ihr hoher Blutdruck macht mir nämlich Sorgen. Die Medikamente würde ich Ihnen auch verschreiben, wenn Sie nicht an Demenz erkrankt wären. Außerdem sollten Sie mit Ihrer Ärztin über einen Glutamat-Antagonisten reden. Ich werde Ihnen ein Schreiben für Doktor Weinberg mitgeben, und nach den Feiertagen sollten Sie Ihre Ärztin aufsuchen, um die weitere Behandlung zu besprechen. Haben Sie Verwandte, die sich um Sie kümmern? Sie auf Ihrem Weg begleiten?«

»Ja, Frieda.«

»Gut, und wer ist Frieda? Ihre Tochter?«

Luise schüttelte den Kopf. »Nein, natürlich nicht. Sie ist meine Enkeltochter. Sie ist …« Luise dachte kurz nach, dann blickte sie den Arzt an und er verschwamm vor ihren Augen. »Frieda war meine Enkeltochter, doch sie ist tot. Letzte Woche ist sie gestorben.« Ihre Worte waren kaum zu hören, Tränen tropften auf ihre Hände. »Bitte entschuldigen Sie.«

Doktor Cremer reichte ihr die Packung Taschentücher, die auf ihrem Nachttisch lagen. »Sie müssen sich doch nicht entschuldigen. Mein Beileid zu Ihrem Verlust.«

»Danke«, schniefte sie und putzte sich die Nase.

»Gibt es sonst jemanden aus Ihrer Familie. Vielleicht Ihr Mann?«

»Er ist schon seit Jahren tot, genau wie meine Tochter. Aber ich habe Karolina. Sie ist die Freundin von Frieda. Karo kümmert sich um mich, auch wenn sie nicht mit mir verwandt ist.«

»Das ist sehr lobenswert. Allerdings brauchen wir von Ihnen eine Einwilligung, wenn Sie möchten, dass Karolina Kenntnis von Ihrem Gesundheitszustand erhält. Möchten Sie das denn?«

»Na, selbstverständlich.«

»Gut, dann werden wir die Papiere vorbereiten, Sie müssen dann nur noch unterschreiben. Ich wünsche Ihnen alles Gute, Frau Aigner.«

Luise griff zu dem Sudokuheft und begann, eines der Rätsel zu lösen. Pah, was die Menschen um sie herum alles so zu wissen glaubten. Selbstverständlich war sie nicht mehr die

Jüngste. Mit achtundsechzig war doch klar, dass das Gehirn nicht mehr ganz so fit war, als wäre sie siebzehn. Das würde dieser feine Herr Doktor auch noch feststellen. Sollte er doch erst einmal in ihr Alter kommen. Sie war immer noch fit im Kopf.

Geschwind löste sie eines der Rätsel und lehnte sich in die Kissen zurück. Geht doch. Solange sie noch in der Lage war, diese Rätsel zu lösen, war ihr Verstand immer noch vorhanden. Eins - zwei - drei - vier - fünf - sechs - sieben - acht - neun. Jede Zahl immer nur einmal in einem Kästchen und in einer Reihe. Das war manchmal gar nicht so einfach. Doch es klappte noch hervorragend. Sie liebte diese Rätsel. Als junge Frau hätte sie gerne Mathematik studiert. Doch sie hatte jung geheiratet und war schwanger geworden. Da blieb man zu Hause. Aber sie hatte ihren Kopf immer fit gehalten. Aber das glaubte ihr ja niemand.

Am späten Nachmittag besuchte Karolina Luise im Krankenhaus. Zu ihrer Verwunderung saß Konrad an ihrem Bett.

»Da bist du ja mein Kind. Ich dachte schon, du kommst heute nicht.« Luise sah sie erwartungsvoll an.

»Ich musste auf Jasper warten, der mich ablöst, es ist heute eine Menge los. Du hast bisher ein gutes Geschäft gemacht«, erklärte Karolina ihr und zog sich einen Stuhl heran.

»Das ist schön zu hören, mein Kind.«

»Hast du schon mit dem Arzt gesprochen?« Karolina zog ihre Daunenjacke aus, hing sie über die Lehne des Stuhls, und setzte sich.

»Sie haben heute eine Menge Untersuchungen mit mir gemacht. Der Arzt sagte, bevor er mit dir sprechen kann, muss ich das hier unterschreiben.« Luise reichte ihr einige Papiere, die sie schnell durchsah.

»Das ist eine Patientenverfügung und eine Bestätigung, dass du einverstanden bist, dass man mir Auskünfte über deinen Gesundheitszustand gibt, weil ich ja keine nahe Angehörige bin.«

»Und was ist mit Frieda?«, wollte Luise wissen.

»Aber Luise, du weißt doch, dass Frieda nicht mehr unter uns ist.« Konrad nahm ihre Hand in seine und strich vorsichtig darüber.

»Frieda ist nicht mehr … ja, natürlich, du hast recht«, murmelte Luise und sah zum Fenster hinüber. »Ich hab das nicht vergessen. Es war mir nur kurz entfallen.« Sie sagte es leise, als spräche sie mit sich selbst.

»Du solltest dieses Papier unterschreiben. Karolina kümmert sich gut um dich, ihr kannst du vertrauen«, erklärte Konrad im ruhigen Ton.

»Ja, das weiß ich doch. Hast du einen Kugelschreiber?«

Konrad zog aus der Innenseite seiner Jacke einen Stift und reichte ihn an Luise weiter, die ihre Unterschrift unter die Papiere setzte. »Du sollst damit zu dem Arzt gehen«, murmelte sie.

»Ja, das mache ich später, jetzt will ich erst einmal wissen, wie es dir geht. Hast du gut geschlafen? Konntest du dich ein wenig ausruhen?«

»Das Essen schmeckt mir nicht. Ich will wieder nach Hause. Ich hab ja nichts. Warum dürfen die mich hierbehalten?« Luise verschränkte die Arme vor der Brust.

»Sie werden dich sicher bald entlassen. Ich werde dafür sorgen, dass du so schnell wie möglich wieder nach Hause kommst, okay?« Karolina lächelte Luise freundlich an. »Ich soll dir viele Grüße von Marie Lambertus bestellen, und sie hat mir das hier für dich mitgegeben.«

Neugierig öffnet Luise die kleine braune Tüte. »Oh, Lavendelseife. Das ist sehr lieb von ihr.« Sie holte eine kleine Schachtel mit Sichtfenster heraus und öffnete den Deckel. »Riech mal, wie die duftet.« Sie hielt Karolina die Seife unter die Nase.

»Mhm, du hast recht. Sie duftet wirklich gut und sieht so hübsch aus mit den kleinen goldenen Sprenkeln.«

»Geht es Marie gut?«, wollte Luise wissen.

»Natürlich. Warum sollte es ihr nicht gut gehen?«

»Weil sie in Oskar verliebt ist.« Luise zog die Augenbrauen in die Höhe.

»In Oskar mit den Laubsägearbeiten?«, fragte Karolina verblüfft nach.

»Ja, klar. Nur ist sie viel zu schüchtern, und er leider auch. Aus denen wird nie was werden, weil keiner den ersten Schritt wagt. Sie sind schon seit Jahren ineinander verliebt.« Luise winkte ab. »Früher hat man sich verliebt und geheiratet. Heute tun sich die jungen Leute viel schwerer damit.«

Karolina lachte. »Okay, dann werde ich jetzt mal mit dem Arzt sprechen, und vielleicht kann ich dich ja heute schon mitnehmen.«

»Das wollen wir doch hoffen. Bleibst du noch hier?« Luise sah Konrad fragend an.

»Natürlich, Luise. Ich warte, bis Karolina fertig ist. Wie könnte ich mein Mädchen allein lassen?« Er nickte ihr zu und sah Karolina zwinkernd an.

»Dann suche ich mal den Arzt. Ich hoffe, dass er Zeit für mich hat.«

Luise brummte zufrieden und legte den Kopf zurück in die Kissen. Sie sah erschöpft aus, aber das sagte Karolina lieber nicht laut. Es war besser, sie nicht aufzuregen.

Die Stationsschwester nahm ihr die Papiere ab und führte sie in ein Büro, in dem sie auf den Arzt warten sollte. Der Raum war ein typisches Arztzimmer, weiß, steril, und es roch nach Desinfektionsmittel. Es dauerte einige Zeit, bis sich endlich die Tür öffnete und ein Mann mittleren Alters den Raum betrat.

»Bitte entschuldigen Sie, ich war schon auf dem Weg zu Ihnen, da wurde ich zu einem Notfall gerufen. Ich bin Doktor

Cremer, Oberarzt dieser Station, und habe Frau Aigner untersucht. Sie hat keine lebenden Verwandten mehr?«

»Nein, ihre Enkelin verstarb vor einigen Wochen, und ihre Tochter ist bereits länger tot. Mein Name ist Karolina Nicolay, und ich kümmere mich jetzt um Frau Aigner. Ich bin … ich war die beste Freundin ihrer Enkelin, und Frau Aigner ist so etwas wie eine Ersatzgroßmutter für mich. Sie hat die notwendigen Papiere unterzeichnet, wir können uns also über ihren Zustand austauschen.«

Der Arzt nickte, blätterte in der Akte, die er mitgebracht hatte, und überflog schnell die Seiten. »Ja, die Schwester hat mich bereits darüber informiert«, murmelte er dabei, ohne aufzublicken.

Karolina sah sich in dem Raum kurz um. Es gab eine Liege, die der Länge nach mit Papier bedeckt war, ein Ultraschallgerät stand daneben, außerdem gab es einen Schrank, der mit sterilen Handschuhen, Kanülen, Pflastern und weiteren Dingen ausgestattet war. Für einen Arzt war das vermutlich ein ganz normaler Anblick, doch Karolina verursachte das eine Gänsehaut. Ärztin würde wohl niemals auf ihrer Berufswunschliste ganz oben erscheinen.

»Frau Aigner ist eine sehr eigenwillige Frau«, erklärte Doktor Cremer und blickte von den Unterlagen auf. Karolina wandte ihre Aufmerksamkeit wieder dem Arzt zu.

»Da kann ich Ihnen nicht widersprechen.« Sie lachte bei ihren Worten leise.

»Nun, das kann bei einer Alzheimer-Erkrankung zu Komplikationen führen, ist aber nicht unüblich.«

»Alzheimer?« Natürlich war Karolina nicht dumm, sie hatte schon öfter in diese Richtung gedacht, doch es jetzt bestätigt aus dem Mund eines Arztes zu hören, war ein Schock. Dann hatte Jasper doch recht gehabt. Und wenn sie ganz ehrlich zu sich selbst war, dann hatte sie damit gerechnet.

»Ja, Frau Aigner leidet an einer Form von Demenz. Einer

aggressiven Art, die schnell voranschreitet. Vermutlich haben Sie sich so etwas schon gedacht. Das MRT war eindeutig, es besteht kein Zweifel. Das Thema ist ja nicht neu, wenn auch ein Schlag für jede Familie. Gibt es jemanden, der sich um Frau Aigner kümmern kann? Der sie unterstützen wird?«

»Sie hat einige Freunde, jedoch keine Verwandten mehr, die das übernehmen könnten. Ich bin noch da. Aber ich bin berufstätig und arbeite als Risikoanalystin in einer Bank, ich habe lange Arbeitszeiten. Ich muss erst einmal in Ruhe darüber nachdenken.«

»Das kann ich gut verstehen. Das ist keine Entscheidung, die man übereilt treffen darf. Sie sollten bei Ihren Überlegungen ein Altenheim mit in Betracht ziehen. Denn ich fürchte, Sie werden das auf Dauer nicht alleine bewältigen können, wenn Sie Ihren Beruf nicht aufgeben wollen. Auch wenn Ihnen der Gedanke an ein Pflegeheim jetzt erst einmal abwegig erscheint, sollten Sie keine Zeit verlieren. Das Wesen von Frau Aigner wird sich in den nächsten Monaten stark verändern. Ihre Gedächtnislücken werden größer werden, bis sie zum Schluss nicht einmal mehr Sie erkennen wird. Man muss lernen, mit diesen Veränderungen umzugehen und damit zu leben. Dafür ist nicht jeder geboren. Der Zeitraum ist nicht vorhersagbar, es kann sehr schnell gehen oder auch viele Jahre betragen.«

Langsam nickte Karolina. Sie hatte schon von einigen Fällen gehört, das Thema war ja in aller Munde. Trotzdem war es ein Schock, den sie erst einmal verdauen musste, dass sie auf einmal direkt davon betroffen war. Ihr Kopf war wie leergefegt, sie wusste nicht, was sie sagen oder fragen sollte.

»Weiß Frau Aigner um ihren Zustand?«

Doktor Cremer nickte. »Natürlich. Ich habe mit ihr darüber gesprochen und ihr alles genau erklärt. Sie war bei klarem Verstand. Allerdings kann es sein, dass ihr Gedächtnis es verdrängt und sie sich an das Gespräch nicht erinnert oder erinnern will.«

Das war vermutlich auch der Grund, warum Luise so schnell die Papiere unterzeichnet hatte. Mit einfachen Worten erklärte Doktor Cremer Karo, was auf sie zukommen würde. »Im frühen Stadium geht das Kurzzeitgedächtnis langsam verloren, man ist zunehmend reizbar. Bei einigen Patienten treten Orientierungsschwierigkeiten auf. Doch aus diesem Stadium ist Frau Aigner bereits heraus. Ihr Langzeitgedächtnis ist bereits betroffen. Sie haben sicher auch schon Wesensveränderungen bei ihr festgestellt und dass ihr das Verrichten von alltäglichen Dingen schwerfällt.«

»Ja, das habe ich«, erklärte Karolina leise. »Wie hoch ist ihre Lebenserwartung?« Karo war immer für Fakten zu haben. Sie wollte Klarheit, die Dinge so sehen, wie sie lagen. Sich etwas schönzureden brachte nichts, weder im Privatleben noch im Beruf.

»Nun, diese einzelnen Prozesse gehen gleitend ineinander über. Der Rahmen lässt sich schwer eingrenzen, aber ich kann Ihnen einen Zeitraum von circa sieben bis zwanzig Jahre nennen. Hinzu kommt, dass Frau Aigner unter Bluthochdruck leidet. Den kann man zwar mit Medikamenten wieder in den Griff bekommen, aber sie sollte Anstrengung und Stress vermeiden. Ich habe hier einen Bericht für ihre Hausärztin. Ich kenne Frau Doktor Weinberg gut, dort sind sie in den besten Händen. Frau Aigner sollte ein Präparat zur Blutdrucksenkung nehmen. Jemand muss das überwachen, damit sie es regelmäßig einnimmt, aber nicht überdosiert. Das könnte gefährlich werden.«

Karolina nickte. Es fühlte sich an wie ein böser Traum.

»Und der Herzinfarkt?«

»Der hat sich zum Glück nicht bestätigt. Der hohe Blutdruck sollte aber auf jeden Fall im Auge behalten werden.« Doktor Cremer schloss die Akte. »Sie können Frau Aigner morgen Mittag abholen. Wir wollen morgen früh noch ein weiteres EKG schreiben, und wenn das in Ordnung ist, steht einer Entlassung nichts im Wege. Besprechen Sie in Ruhe mit Frau Aigner, wie die nächsten Monate aussehen sollen. Es ist nicht so akut, dass wir uns Sorgen machen müssen, aber Sie werden über kurz oder lang Hilfe bei der Betreuung brauchen, wenn Sie Ihren Job nicht aufgeben wollen oder können. Ich weiß, solch eine Entscheidung ist nicht einfach zu treffen. Aber vielleicht haben Sie jemanden, mit dem Sie sprechen können. Es gibt Selbsthilfegruppen und eine Menge Informationen im Internet. Sie können sich auch jederzeit an uns wenden. Sie sind nicht allein, Frau Nicolay.« Der Arzt schenkte ihr ein aufrichtiges Lächeln, das ihr aber wenig half. Er hatte vermutlich täglich schlechte Nachrichten zu überbringen und ging daher so cool damit um.

»Vielen Dank, Doktor Cremer, aber ehrlich gesagt fühle ich mich gerade ziemlich allein.« Karolina erhob sich und reichte ihm die Hand. »Wie auch immer, Sie haben mir sehr geholfen. Ich werde in Ruhe darüber nachdenken, wie es mit Frau Aigner weitergeht. Ich will nur das Beste für sie.« Karolina konnte nicht so beherrscht bleiben. Bis vor wenigen Tagen hatte sie ganz andere Probleme gehabt, die ihr nun wie Kinderkram erschienen. Was war schon ein abgesagter Urlaub im Gegensatz zu einer Erkrankung, die nie wieder heilen würde? Sie kam sich so dumm und oberflächlich vor.

»Das ist sehr bemerkenswert. Frau Aigner hat Glück, dass Sie sich kümmern. Viele andere haben das nicht.« Er verabschiedete sie und brachte sie zur Tür.

Vor Luises Zimmer blieb Karolina einen Moment stehen und versuchte sich zu sammeln. Sie durfte jetzt nicht die Nerven verlieren. Aus Erfahrung wusste sie, dass es für alles eine Lösung gab. Auch dafür, wie man am besten mit Luise umgehen, wie man ihr helfen konnte. Jasper hatte recht, sie war nicht allein, und man würde ihr beistehen. Dafür war Karolina im Augenblick sehr dankbar. Sie hoffte nur, dass diese Worte auch galten, wenn es hart auf hart kam. Doch sie hatte nicht den Eindruck, dass Jasper etwas versprach, was er nicht halten konnte. Er machte einen zuverlässigen Eindruck, und dann gab es auch noch Konrad. Nein, sie zog nicht alleine in eine Schlacht, bei der sie nur verlieren konnte.

In der Vergangenheit hatte Karolina sich immer nur auf sich selbst verlassen können. Es fiel ihr schwer, auf andere zu setzen. Zu oft war sie enttäuscht worden, besonders von ihren Eltern. Doch Luise war eingesprungen, und nun war Karolina an der Reihe. Sie fühlte sich nicht nur verpflichtet: Es war ihr Herz, dass ihr riet, das Richtige zu tun. Zu viele Menschen wurden allein gelassen. Und sie wollte nicht zu denen gehören, die eine Kranke einfach so sich selbst überließen.

Sie musste handeln und in Ruhe das Für und Wider abwägen. Immerhin stand ihre Zukunft auf dem Spiel, die sie bei all dem Leid nicht aus den Augen verlieren durfte. Doch wie auch immer sie sich entschied, Karolina wusste, dass für sie jederzeit die Menschlichkeit an erster Stelle stand. Sie war sicher, dass sie eine Lösung finden würde. Es war ihr Beruf, Probleme zu lösen, Ideen zu entwickeln und Hilfe zu organisieren. Ob es nun um Unternehmen ging oder um Menschen, das machte letztlich keinen Unterschied. Hinter den Firmen standen am Ende der Kette auch immer Menschen, deren Job erhalten bleiben musste, damit sie ihren Lebensunterhalt verdienen konnten.

Für Luise gab es keine Heilung, das war nicht von der Hand zu weisen. Hier wurde das Unvermeidliche nur hinausgeschoben, doch stand nicht allen ein Ende bevor? Es kam doch nur darauf an, wie menschlich man darauf zusteuerte. Sie nahm sich vor, dass Luises Lebensabend schön werden sollte, egal, ob sie sich daran erinnern würde oder nicht.

Die Tür öffnete sich, und Luise sah Karolina ins Zimmer kommen. Ihr Mienenspiel sprach Bände. Sie versuchte sich an einem Lächeln, das ihr nicht gelang. Es war klar, was der Arzt Karo erzählt hatte.

»Und, wie lange habe ich noch?«, fragte Luise. Sie wollte einen Witz machen, doch das misslang. Vermutlich war Karo heute nicht mehr zu Scherzen aufgelegt.

»Du wirst uns noch sehr lange erhalten bleiben, meine liebe Luise«, erklärte sie.

»Das hört sich ja an, als wäre das ein Verbrechen.«

»Luise! Du weißt, dass ich das nicht so meine«, erwiderte Karo entrüstet.

Auch Konrad versuchte sie zu beruhigen. »Jetzt mal nicht so schnell.«

»Ich meine ja nur. Der Doktor macht alle Pferde scheu.« Luise konnte nicht glauben, dass alle auf diesen Mann hörten. »Er hat dir also von dieser Demenz erzählt?«

Langsam nickte Karo.

»Ich will jetzt nicht darüber sprechen«, sagte Luise schnell und fuhr das Kopfende zurück. »Ich bin müde von den ganzen Untersuchungen. Ihr solltet jetzt lieber gehen.« Sie schloss die Augen.

»Luise, du weißt, dass wir darüber sprechen *müssen*«, versuchte es Karo noch mal, doch Luise würde nicht nachgeben. Nicht heute. Ein anderes Mal, das war ihr lieber. Irgendwann, nur nicht jetzt und hier.

Tief seufzend gab Karolina nach. »Gut, Luise. Dann schlaf jetzt erst einmal. Wir werden demnächst darüber sprechen, wenn es dir besser geht.«

9

Zusammen mit Marie saß Karolina an einem kleinen Tisch im Meyer Lansky und trank einen Weihnachtsflip. Das war ein warmer Cocktail mit Eierlikör, Sahne und heißem Kaffee. Eine erneute Eigenkreation von Henri. Der Laden war voll, die Stimmung gut. Im Hintergrund liefen wie üblich Weihnachtssongs, die von einigen Gästen lautstark an der Karaokemaschine mitgesungen wurden, was für eine heitere Atmosphäre sorgte.

»Wie geht es Luise denn? Kann sie das Krankenhaus bald wieder verlassen?« Marie strich ihr brünettes Haar über die Schultern. Ihr Gesicht war mit Sommersprossen übersät, selbst jetzt im Winter, was ihr ein jugendliches Aussehen schenkte. Sie war kaum geschminkt, nur ein wenig Wimperntusche und Lipgloss, und sah hübsch dabei aus, besonders, wenn sie lächelte. Ihr Gesicht war herzförmig, mit hohen Wangenknochen, und ihre Lippen voll und wohlgeformt.

»Ja, ich hole sie morgen ab. Es geht ihr wieder besser.« Karolina wollte nicht zu viel preisgeben, denn sie wusste nicht, ob es Luise recht war, wenn Außenstehende von ihrem Zustand erfuhren. Auch wenn es sich bei Marie vermutlich um eine gute Bekannte handelte, musste sie mit Luises Krankheit ja nicht hausieren gehen. Ob jemand davon erfuhr, sollte sie selbst entscheiden.

»Oh, das ist wunderbar, ich freue mich für Luise. Sie hat in letzter Zeit so viel durchgemacht. Aber auf Luise kann man sich immer verlassen. Sie ist eine gute Ratgeberin in allen Lebenslagen.« Marie atmete langsam aus, zog an dem Strohhalm.

»In welcher Hinsicht?«, fragte Karolina neugierig nach. Sie vermutete, dass es um den Laubsäger Oskar ging.

»Nun ja …« Verlegen nahm Marie einen weiteren Schluck und nickte dann. »Oskar hat mich zu einem Date eingeladen, und ich war unschlüssig, ob ich zusagen soll. Jetzt habe ich es getan, weiß aber nicht, was ich anziehen soll. Ich bin in solchen Sachen eine absolute Niete. Schon allein, dass ich Oskar keinen Korb gab, dazu musste Luise mich erst überreden. Ich bin einfach zu schüchtern. Ich meine, wir waren schon öfter zusammen aus, mit den anderen Ausstellern, doch nur wir beide, das ist eine Premiere.« Sie wurde knallrot.

»Du sprichst von Oskar, der die Laubsägearbeiten verkauft? Den wir heute auf dem Markt gesehen haben?«

»Ja, genau dieser Oskar. Er sieht so gut aus.«

»Dann sprichst du von dem Mann, der gerade durch die Tür kommt«, sagte Karolina und grinste breit. Sie sah auf ihre Uhr, es war bereits kurz nach einundzwanzig Uhr und der Markt hatte geschlossen.

Marie warf einen kurzen Blick zur Tür und sah dann wieder Karolina an. »O Gott!« Ihr panischer Blick irrte umher. Vermutlich suchte sie ein Mauseloch, in dem sie sich verstecken konnte.

Karolina griff nach ihrer Hand. »Ganz ruhig, kein Grund zur Panik. Was hältst du von der Idee, wenn ich dich bei einer Shoppingtour begleite und ein wenig berate, anstelle von Luise?«, bot sie an.

»Das würdest du tun?«, flüsterte Marie.

»Aber klar.« Karo nickte und sah, wie Oskar mit Jasper im Schlepptau sich zu ihrem Tisch durchschlug. Der Laden war mittlerweile richtig voll.

»Das wäre wunderbar. Ich weiß nicht, ob ich das überhaupt annehmen kann, wo du so viel zu tun hast.«

Karolina winkte ab. »Ach was. Es wäre mir eine Freude.«

»Wen haben wir denn hier? Schön, euch zu treffen. Dürfen

wir uns zu euch setzen?«, fragte Jasper, beugte sich zu Karolina hinüber und drückte ihr jeweils einen Kuss auf die Wangen. Woher hatte er wohl gewusst, wo sie zu finden war? Sie hatte Marie die Wahl überlassen, aber das Meyer Lansky war vermutlich so etwas wie das Stammlokal der Aussteller, daher konnte es auch ein Zufall sein, dass sie hier auf Jasper traf.

»Die Plätze sind noch frei«, erklärte Karolina an Jasper gewandt und musterte Oskar neugierig. Er war etwas älter als Jasper, groß, gut gebaut, mit blondem Haar, das er kurz geschnitten trug. Die Männer setzten sich zu ihnen auf die Hochstühle, die zu den hohen Tischen gehörten.

»Das ist Oskar. Er verkauft Laubsägearbeiten auf dem Christkindlmarkt«, stellte Jasper ihn Karolina vor.

»Hallo, Oskar! Schön, dich kennenzulernen. Ich bin Luises Vertretung, Karolina Nicolay, kurz Karo.«

»Hallo Karo, Oskar Todorovsky«, stellte er sich mit tiefer Stimme vor. Er sprach mit starkem Akzent, was darauf schließen ließ, dass er nicht in Deutschland geboren war.

»Oskar stammt aus der Ukraine, lebt aber schon seit zwanzig Jahren hier in Nürnberg«, erklärte Jasper und bestellte mit einem Handzeichen zwei Bier bei der Kellnerin.

»Hallo, Marie«, begrüßte Oskar sie und legte kurz den Arm um ihre Schultern, ließ sie dann aber wieder sofort los. Marie schien gleich zu hyperventilieren und griff schnell zu ihrem Glas, trank einen Schluck und verschluckte sich prompt.

»Was trinkt ihr da?«, wollte Jasper wissen.

»Wir haben uns auf eine von Henris Kreationen eingelassen. Er nennt es Weihnachtsflip, und ich kann sagen, der hat es in sich.« Karolina lachte und schob Jasper das Glas entgegen, damit er einen Schluck probieren konnte.

Er verzog das Gesicht. »Was um Himmels willen ist da drin?«

Karolina lachte auf. »Eierlikör. Das neue In-Getränk,

nachdem es seit den Achtzigerjahren in der Versenkung verschwunden war.«

»Da kann es meiner Meinung nach auch bleiben«, urteilte Jasper.

»Magst du auch probieren?«, fragte Marie zaghaft an Oskar gewandt, der nach ihrem Glas griff. Auch er trank einen kleinen Schluck und verzog das Gesicht.

»Ich bleibe lieber beim Bier«, war sein Urteil, aber er lächelte Marie dabei an.

Wie aufs Stichwort stellte die Bedienung zwei Bier auf dem Tisch ab und warf Jasper einen aufreizenden Blick zu. »Hallo, Jasper! Schön, dich wiederzusehen«, raunte sie ihm zu, allerdings laut genug, damit die drei anderen am Tisch es hörten.

»Hallo, Maja«, erwiderte Jasper. Er lächelte gutmütig und legte einen Arm auf die Lehne von Karolinas Stuhl. »Möchtest du noch einen weiteren Weihnachtsflip? Oder etwas anderes?«, fragte er Karo.

»Ich glaube, ich nehme lieber einen Weißwein.« Karolina zwinkerte ihm zu.

»Du hast es gehört, meine Freundin möchte gerne einen Weißwein. Einen von den guten«, bestellte er voller Überzeugung.

»Für deine Freundin?« Maja warf Karolina einen überraschten Blick zu.

»Ja, so ist es. Meine Freundin«, bestätigte Jasper und lächelte geheimnisvoll.

»Gut, also einen Wein. Sonst noch was?« Majas Ton war innerhalb von Sekunden abgekühlt. Obwohl das wohl das falsche Wort war? »Zu Eis gefroren« traf es eher.

»Danke, wir sind versorgt«, erklärte Oskar und wandte sich dann Karolina zu. »Hast du heute Luise besucht?«

Nachdem Maja den Tisch verlassen hatte, nickte Karolina. »O ja. Es geht ihr besser, und sie kann morgen nach Hause.

Könntest du mich noch mal am Stand vertreten, während ich Luise abhole?« Sie sah Jasper fragend an.

»Ich könnte das auch übernehmen«, erklärte Marie schnell. »Ich meine, unsere Stände liegen ja nebeneinander. Es macht mir nichts aus, mich um beide Stände zu kümmern, das habe ich schon öfter gemacht. In der Mittagszeit ist nicht so viel los.«

»Ja, und ich könnte dir helfen, Luise abzuholen. Sie und ihre Reisetasche sind nicht so einfach zu händeln«, ergänzte Jasper.

»Nun, die Reisetasche schon«, murmelte Oskar und grinste.

»Lass meine Luise in Ruhe, die ist in Ordnung.« Marie hatte ihre Stimme erhoben, dass alle am Tisch sie verwundert anblickten.

»War ja nur ein Scherz, wenn auch kein sehr guter«, erklärte Oskar und hob ergeben seine Hände. »Ich mag sie doch auch, meine kleine Kratzbürste.« Nun lachten alle vier. Oskar schien auch seine Erfahrungen mit Luise gemacht zu haben. Er war ein sympathischer Mann, der eine große Gelassenheit ausstrahlte. Karolina fand, dass er gut zu Marie passen würde, nur mussten die beiden wohl noch lernen, ihre Schüchternheit gelegentlich abzulegen.

»Dann holen wir morgen gemeinsam Luise ab?«, fragte Jasper nach.

»Wenn du die Zeit erübrigen kannst, gerne.«

»Natürlich. Ich bin dabei.« Er griff nach ihrer Hand und drückte sie.

Der Wein wurde gebracht, diesmal nicht von Maja, sondern sie hatte einen der anderen Kellner geschickt, was Jasper erleichtert zur Kenntnis nahm.

»Deine Freundin scheint beleidigt zu sein, dass ich nun auch deine Freundin bin.« Karolina sah ihn belustigt an.

»Sie ist ganz bestimmt nicht meine Freundin«, knurrte Jasper und gab dadurch zu verstehen, dass er bei diesem Thema keinen Spaß verstand.

»Nein«, schüttelte Oskar den Kopf. »Diese Frau hat nicht genug Klasse, damit sie Jaspers Aufmerksamkeit erregt. Jasper fasst nur ganz besondere Frauen ins Auge.« Er stieß mit dem Glas an das von Jasper, und die beiden Männer hoben ihre Biere. »Trinken wir auf Luise«, rief Oskar mit seiner tiefen Stimme, und alle stießen mit ihm an.

»Hallo! Welche Freude, euch hier zu sehen!« Ein Mann, der einen ganzen Kopf kleiner war als Jasper und Oskar, trat an ihren Tisch. Sein Schädel war glattrasiert, und auf seiner Nase saß eine modische rote Brille. Zu einem weißen Hemd trug er eine karierte Fliege. Er blickte freundlich in die Runde.

»Hi, Paul! Schön, dich zu sehen.« Jasper schloss ihn kurz in die Arme. »Marie und Oskar kennst du ja. Das hier ist Karolina. Sie war Friedas beste Freundin, die immer zu Weihnachten aus Nürnberg flüchtet, sich aber in diesem Jahr entschieden hat, dass das Fest der Liebe vielleicht doch eine gute Idee ist.«

»Hallo, Karolina. Ich bin Paul, Henris Mann. Wer mag denn keine Weihnachten?«, fragte er und zog seine hellen Augenbrauen in die Höhe. Er lachte amüsiert.

»Schon gut, ich gewöhne mich gerade daran, also erwartet nicht zu viel von mir«, gab sie nach.

»Na, dann ist ja noch nicht alle Hoffnung verloren, dass ich meinen Weihnachtsgrinch bekehren kann.« Jasper warf ihr einen vielsagenden Blick zu.

»Was ihr immer habt. Gebt mir ein wenig Zeit. Ich muss mich erst einmal daran gewöhnen. Eigentlich wäre ich jetzt in Mailand und würde meinen Körper in einem Spa verwöhnen lassen«, erklärte Karolina von oben herab.

»In Mailand wird doch auch Weihnachten gefeiert. Die Italiener sind verrückt danach. Na, wenn du da mal nicht vom Regen in die Traufe kommst.« Paul grinste breit.

»Eine Massage könnte ich dir auch verpassen, daran soll es nicht scheitern«, verkündete Jasper gut gelaunt.

»Du wirst dem Zauber von Weihnachten auch noch verfallen, da bin ich mir sicher. Der Einfluss von Mistelzweigen und Schneegestöber, gepaart mit Tannenduft und Geschenkchaos, dem kann doch niemand widerstehen.« Maries Augen leuchteten bei jedem Wort mehr auf.

»Da steht aber jemand total auf Weihnachten.« Oskar legte nun wieder einen Arm um ihre Schultern und zog sie kurz an sich. Maries Wangen begangen zu glühen, doch diesmal versteckte sie sich nicht, sondern nickte ihm zu.

»Ja, da könntest du recht haben. Weiße Weihnacht, da kann doch niemand widerstehen«, erklärte sie gut gelaunt.

Wie aufs Stichwort ertönte aus der Karaokemaschine *White Christmas,* und die Gruppe, die ihre Weihnachtsfeier ins Meyer Lansky verlegt hatte, begann lauthals zu singen, worauf Karolina nur die Augen verdrehte und alle am Tisch laut auflachten.

»Das hat gerade noch gefehlt«, stöhnte sie auf. Doch als alle am Tisch zu singen begangen, kam sie nicht drumherum und stimmte lächelnd mit ein.

Jasper legte den Arm um ihre Schulter und zog sie an sich. »Das machst du doch ganz wunderbar«, lobte er und gab ihr einen kleinen Kuss auf die Lippen.

10

Am späten Abend leerte sich die Bar, und Jasper saß zusammen mit Paul und Karolina an der Theke. Marie war müde geworden, Oskar hatte sich angeboten, sie nach Hause zu fahren.

»Hat jemand Lust auf eine Runde Karaoke?«, fragte Jasper in die Runde.

»Sorry, Mann, aber ich muss noch Henri bei der Abrechnung helfen. Dieser Mann kann die besten Drinks kreieren, doch wenn es um den Papierkram geht, ist er hoffnungslos aufgeschmissen.«

»Darum habe ich mich ja auch in meinen Steuerberater verliebt«, rief Henri von der anderen Seite der Bar herüber.

»Dann bleibst also nur noch du übrig.« Jasper deutete auf Karo.

»Ich? Bist du wahnsinnig? Hast du mich schon mal singen gehört?« Sie zog auf eine zauberhafte Weise die Augenbrauen in die Höhe.

»Nein, aber das werde ich gleich.« Jasper stieg von dem Barhocker, auf dem er gesessen hatte, nahm ihre Hand und zog Karo mit sich.

»Japser! Was machst du denn!«, protestierte sie, setzte sich aber nicht zur Wehr, sondern folgte ihm in den hinteren Bereich der Bar. Dort gab es eine kleine Bühne mit der Karaokeanlage. Links daneben stand in einem Erker ein Billardtisch. Kurz dachte er darüber nach, ob er sie nicht lieber auf eine Partie einladen sollte.

»Du kannst mich gerne auf eine Runde Pool einladen«, rief

Karo, als sie den Tisch entdeckte. »Das wäre gesünder für deine Ohren.«

»Vielleicht ein anderes Mal, heute nicht«, entschied Jasper und steckte das Mikrofon in den dafür vorgesehenen Ständer. »Komm, such dir ein Lied aus.«

»Das hat keinen Zweck, weil jedes Lied sich bei mir scheußlich anhört. Ich habe auch keine Ahnung, was wir überhaupt singen könnten.«

»Okay, dann suche ich was aus.« Jasper wählte am Computer und grinste Karo breit an.

Als die ersten Takte von Mariah Careys *All I Want For Christmas* ertönten, stöhnte Karo laut auf. »Das ist nicht dein Ernst!«, rief sie gegen die Musik an, aber Jasper hob nur die Schultern. »Und dann auch noch mit Justin Bieber!«, ergänzte sie kopfschüttelnd.

»Ich musste doch ein Duett wählen«, erklärte er und machte sich bereit.

Die ersten Takte erklangen, und plötzlich veränderte sich etwas. Karo bewegte im schnellen Rhythmus ihre Hüften, und als ihr Part begann, sang sie mit lauter und klarer Stimme: »I don't want a lot …«

Entgeistert sah Jasper sie an. Hatte sie nicht gerade noch erklärt, sie könne nicht singen?

»Hey! Deine Freundin kann ja super singen!«, rief Henri zu ihnen herüber.

Jasper nickte dümmlich. Ja, das wurde ihm nun auch bewusst. Fast verpasste er seinen Einsatz als Justin Bieber, doch dann konzentrierte er sich, und am Ende sangen auch Henri und Paul den letzten Refrain mit. Die beiden klatschten begeistert Beifall, als das Lied endete.

»Ich dachte, du kannst nicht singen?« Jasper hatte sich noch immer nicht von dem Schock erholt.

»Nun, das ist eine Frage der Perspektive. Im Gegensatz zu

Mariah kann ich wirklich nicht gut singen«, erklärte sie und lächelte verlegen.

»Im Vergleich zu Justin Bieber aber schon«, murmelte Jasper und folgte ihr zur Bar, wo er die Getränke bezahlte.

»Ich übernehme die Hälfte«, erklärte Karo und zog ihr Portemonnaie aus der Handtasche.

»Kommt gar nicht in Frage«, lehnte Jasper ab. Schon hatte er Henri seine Kreditkarte über dem Tresen gereicht, und dieser zog sie durch das Gerät.

»Zu spät«, erklärte Henri und gab die Karte zurück.

»Vielen Dank, Jasper. Ich möchte aber nicht, dass du immer alles bezahlst«, sagte sie leise und sah ihm tief in die Augen.

Bei diesem Anblick wurde Jasper ganz warm. Wenn sie ihn jedes Mal so ansah, würde er in Zukunft immer die Rechnung übernehmen.

»Es ist schon spät, darf ich dich nach Hause fahren? Ich möchte nicht, dass du um diese Uhrzeit alleine durch die Straßen läufst.«

Karo schien schon ablehnen zu wollen, doch dann nickte sie. »Gerne, du hast recht, es ist wirklich schon spät, und ich habe eindeutig zu viel getrunken, wenn ich mich dazu habe überreden lassen, Karaoke zu singen. Gute Nacht ihr zwei!«, rief sie Henri und Paul zu und verließ mit Jasper das Lokal. »Wenn du mich zu meiner Wohnung fahren könntest … Ich schlafe bei mir, wer weiß, wann ich wieder dazu komme.«

Jasper hatte seinen Wagen vor der Tür geparkt, und Karolina stieg schnell ein. Es hatte wieder zu schneien begonnen, und es war bitterkalt. Mit nur einem dicken Pullover bekleidet rieb sich Jasper die Hände. »Ich schalte sofort die Sitzheizung an, dann wird dir schnell warm.«

»Ist dir nicht kalt? Warum trägst du keinen Mantel?«, fragte Karolina neugierig.

»Ich trage selten Mäntel oder Jacken. Sie engen mich so

ein«, gab er zu, rieb weiter seine Hände und pustete hinein, weil das Lenkrad so eisig war.

»Warte mal.« Sie griff danach und fuhr mit ihren sachte darüber. Karolina trug warme Handschuhe und umschloss mit ihren Fingern seine. »Besser?«, fragte sie, und erst jetzt wurde ihr bewusst, wie nah sie sich hier im Auto waren. Dieser geschützte Raum gab ihnen eine Menge Privatsphäre. Im Hintergrund lief leise Weihnachtsmusik, die angesprungen war, als Jasper die Zündung des Wagens gestartet hatte.

»Du stehst wirklich auf Weihnachten«, murmelte Karolina und blickte in Richtung des Radios.

»Dich werde ich auch noch zu einem Weihnachtsfan machen«, sagte er voller Überzeugung.

»Das wirst du nicht schaffen.« Ihre Worte klangen sehr bestimmt.

»Wetten? Für eine Herausforderung bin ich immer zu haben.«

»Was für eine Wette?«, fragte sie neugierig.

»Ich wette, dass ich dich bis Silvester zum Weihnachtsfan gemacht habe und dass du nächstes Jahr nicht planen wirst, aus der Stadt zu flüchten. Der Gewinner lädt den Verlierer zu einem Essen ein, das er selbst kocht. Na, wie wäre das?«

Das konnte Karolina nicht auf sich sitzen lassen. »Abgemacht. Aber ich warne dich, wenn du gewinnst, wird es kein Fest für dich, denn ich kann nicht kochen.«

»Das ist mir egal«, murmelte Japser und beugte sich langsam vor. Kurz bevor sich ihre Lippen berührten, hielt er inne.

Karolina räusperte sich und ließ seine Hände los. »Darfst du eigentlich noch Auto fahren?«, brachte sie das Thema in eine andere Richtung und lehnte sich zurück.

»Das Bier war alkoholfrei«, erklärte er. »Ich trinke nur sehr selten Alkohol.«

Das war Karolina gar nicht aufgefallen, aber sie hatte auch

nicht speziell darauf geachtet. »Gibt es einen bestimmten Grund?«

»Ich hatte als junger Mann einige unschöne Abstürze, und inzwischen verliere ich nicht mehr gerne die Kontrolle. Nicht, dass ich abhängig war, es gibt andere Dinge, an denen ich mich berausche.«

Als Karolina ihm einen entsetzten Blick zuwarf, begann er laut zu lachen. »Keine Ahnung, was du jetzt von mir denken magst, aber ich spreche von Schokolade, einem guten Essen, der Gesellschaft einer schönen Frau. Das kann süchtiger machen als jede Droge.« Die letzten Worte sprach er ganz leise aus und fuhr endlich los.

»Für jemanden, der täglich mit Schokolade zu tun hat, bist du erstaunlich schlank. Ich nehme schon zu, wenn ich nur eine Praline ansehe.«

»Das ist harte Arbeit«, gab Jasper zu. »Ich habe einen eigenen Fitnessraum in meiner Wohnung. Du musst mich mal besuchen kommen.«

»Ist das eine Einladung?«

Er sah kurz zu ihr hinüber und nickte. »Du bist jederzeit willkommen.«

Eine Weile fuhren sie schweigend. Jasper konzentrierte sich auf die Straße, denn es herrschte zwar nicht viel Verkehr, doch es war glatt und nass. Karolina genoss es, mitten in der Nacht mit Jasper an ihrer Seite durch die Straßen zu rollen. Der Schnee erhellte den Himmel und schuf eine romantische Atmosphäre. Viel zu schnell kamen sie vor ihrer Wohnung an. Jasper hielt nicht einfach vor dem Eingang, sondern fand einen Parkplatz und stellte den Motor ab.

»Heute würde ich zu einem Kaffee nicht Nein sagen.« Er sah sie verschmitzt an.

»Okay, dann lass uns gehen, bevor uns wieder kalt wird.«

Karolina bewohnte das Penthouse in einem vierstöckigen Wohngebäude. Da die Häuser in der Umgebung alle niedriger gebaut waren, hatte man von der Terrasse einen wunderbaren Blick bis zur Burg hinauf.

»Wow! Das nenne ich mal ein Panorama«, staunte Jasper nicht schlecht, als sie die Wohnung im Dunkeln betraten. Karolina hatte nicht sofort das Licht eingeschaltet, weil sie wusste, wie der Ausblick durch die große Scheibe im Wohnzimmer auf Besucher wirkte.

»Das hat den Ausschlag gegeben, diese Wohnung zu kaufen«, gab sie zu und trat zu Jasper ans Fenster. »Im Sommer ist es wundervoll, auf der Terrasse zu sitzen und dort ein Glas Wein zu trinken. Der Makler hat sie mir am Abend gezeigt und hatte mich damit sofort an der Angel. Ich liebe diesen Ausblick und die Dachterrasse. Oft sitze ich hier stundenlang und genieße die Stille.«

»Ich werte das als Einladung für den Sommer«, erklärte er im ernsten Ton und sah sie von der Seite an. »Aber etwas fehlt in dieser Wohnung.«

Fragend sah sich Karolina um. »Nein, ich wüsste nicht was.«

»Ein Weihnachtsbaum. Wie kann man Weihnachten ohne Baum verbringen?« Er schüttelte den Kopf.

»Du weißt doch …«, versuchte sie sich zu erklären, doch Jasper unterbrach sie.

»Ja, ich weiß«, sagte er leise, legte eine Hand in ihren Nacken und zog sie an seine Brust. Im Zimmer war es nicht gänzlich dunkel, weil der Schnee auf der Terrasse eine gewisse Helligkeit bereitete. Dann ließ er sie behutsam wieder los. »Willst du mir erzählen, was wirklich mit Luise los ist?« Er sprach leise, ohne drängend zu wirken.

Unsicher sah Karolina zu ihm auf und schaltete das Licht im Raum an. »Warum fragst du? Hat Konrad mit dir gesprochen?«

Er schüttelte den Kopf. »Nein, ich sehe dir an, dass etwas

nicht in Ordnung ist. Da gibt es so eine Traurigkeit in deinem Blick, die vorher nicht da war.«

Sie atmete angespannt aus. »Ich weiß nicht, ob es Luise recht ist, wenn ich davon erzähle, bevor sie ihr Okay gegeben hat.«

»Ich möchte dir gerne helfen, aber das kann ich nur, wenn ich weiß, was los ist.« Da hatte Jasper natürlich recht. »Ich werde auch ganz bestimmt nichts verraten, wir wissen ja, dass Luise manchmal vergisst, dass sie mich eigentlich mag.« Er lächelte.

»Du hast recht. Ich kann deine Hilfe wirklich gebrauchen. Ich hatte heute das Gespräch mit dem behandelnden Arzt. Luise ist ernstlich krank. Der Arzt hat bestätigt, dass sie an einer Form von Demenz erkrankt ist. Jasper, Luise hat Alzheimer, und zwar schon ziemlich weit fortgeschritten. Du lagst also mit deiner Vermutung richtig.« Sie sah zu ihm auf und war froh, dass sie endlich mit jemandem darüber sprechen konnte. Plötzlich liefen ihr die Tränen über die Wangen, sie konnte sie nicht stoppen.

»Hey, nicht weinen. Lass uns reden, wir bekommen das hin«, versuchte er sie zu trösten.

»Nein, Jasper, das bekommen wir leider nicht hin. Das ist keine Krankheit, die irgendwann wieder weggeht. Luise hat nicht mehr viele Jahre, und in dieser Zeit wird sie nach und nach alles vergessen, was ihr Leben ausmacht. Ihr Wesen wird sich weiter verändern, bis sie nicht mehr unsere Luise ist.« Nun flossen erst richtig die Tränen.

Sanft strich Jasper über ihren Rücken, zog sie fester in seine Arme. »Ich weiß, dass so eine Diagnose schrecklich ist, aber haben wir nicht mit so etwas in der Art gerechnet? Du hast recht. Luise hat sich schon verändert, das ist uns allen aufgefallen. Wir müssen nun das Beste aus der Situation machen. Du bist nicht allein, und wir alle, die Luise lieben, werden dir zu Seite stehen, und das nicht nur, weil Weihnachten ist.«

Karolina zog ein Taschentuch aus ihrer Hosentasche und wischte ihre Tränen fort. Sie putzte sich die Nase. »Bitte entschuldige, das ist gar nicht meine Art, so in Tränen auszubrechen. Ich sehe vermutlich scheußlich aus mit meinen verweinten Augen.« Sie lächelte entschuldigend. Es war ihr peinlich, dass sie sich so gehen ließ.

»Nein, du siehst wunderschön aus«, gab Jasper zu und strich ihr eine der blonden Locken aus dem Gesicht.

Jasper so nah zu sein, tat Karolina unendlich gut. Sie mochte seinen männlichen Duft, die Stärke seiner Arme und den ruhigen Ton seiner Stimme. Sie nahm einen leichten Zimtgeruch wahr, den sie so sehr mochte. Das Süß, gepaart mit einer männlichen Note, war für sie unwiderstehlich. Es war so einfach, sich fallen zu lassen. Als würde man in ein warmes Bad versinken. Plötzlich schien ihr Luises Situation nicht mehr ganz so aussichtslos wie noch vor wenigen Minuten. Vielleicht würde am Ende doch alles gut werden. Nun, nicht direkt gut, aber bei Weitem nicht so schlimm, wie sie es sich im Augenblick ausmalte. »Ich habe dir doch einen Kaffee versprochen«, fiel ihr ein.

»Aber ich möchte keinen Kaffee, ich möchte lieber das hier.« Jasper beugte sich hinunter, ohne sie loszulassen, und küsste sie. Sanft und sehr behutsam. Überrascht erwiderte Karolina den Druck seiner Lippen, küsste ihn zurück. Sie schlang ihre Arme um seinen Nacken, und als er seine Hände auf ihre Hüften legte, drückte sie sich enger an ihn. Sie brauchte jetzt diesen Kontakt, er wärmte ihre Seele und auch das Herz. Plötzlich war ihr gar nicht mehr kalt. Ihr Körper schien schlagartig vor Hitze zu vergehen. Die Haut kribbelte auf eine angenehme Weise, als würden sich kleine Ameisen ihrer bemächtigen. Ihr Blut rauschte im Tempo eines Überschallflugzeugs durch die Bahnen. Die Probleme der ganzen Welt schienen von ihr abzufallen, und Karolina stöhnte leise auf.

»Ist alles gut?«, fragte Jasper, ohne seinen Mund von ihrem zu nehmen.

»Mehr als gut«, wisperte sie und lächelte zu ihm auf. Daraufhin verstärkte er den Druck seiner Lippen.

Ohne dass Karolina ihren Händen den Befehl dazu gab, schob sie seinen Pullover nach oben, half ihm, ihn auszuziehen. Dazu mussten sie ihren Kuss unterbrechen, aber nur für eine Sekunde. Sie knöpfte sein Hemd auf, das er darunter trug, zog es aus seiner Hose.

Überrascht hob Jasper den Kopf und blickte sie fragend an. »Bist du dir sicher?« Seine Stimme war rau vor Verlangen.

»Ganz sicher. Ich bin keine zwanzig mehr, Jasper. Ich weiß, was ich tue, und ich weiß, was ich will. Und das bist im Augenblick du«, sagte sie mit fester Stimme.

»Dann will ich deine Entschlossenheit auf keinen Fall schwächen«, murmelte er und hob sie auf seine Arme. »Sag mir, wo dein Schlafzimmer ist.«

Karolina winkte in die Richtung, und Jasper folgte ihren Anweisungen mit schnellen Schritten, als gälte es, keine Zeit zu verlieren. Dabei hatten sie doch die ganze Nacht.

Im Schlafzimmer stellte Jasper sie auf die Beine und sah zu Karolina hinunter. »Und du bist dir sicher? Ich frage nur, weil mir das hier wie ein Traum vorkommt.«

Ein Lächeln flutete ihr Gesicht. »Dann will ich dich lieber nicht wecken. Träumen ist doch etwas Schönes.«

»Da hast du vollkommen recht.« Er half ihr ebenfalls, sich von ihren Sachen zu befreien. Sie waren wie ein eingespieltes Team. Ihre Hände arbeiteten synchron und waren sich doch nicht im Weg, als würden sie sich schon ewig kennen. Als wären sie verwandte Seelen.

Karolina schaltete die kleine Nachttischlampe an, die ein wenig Licht schenkte. Sie trug noch ihren Slip und blickte zu

Jasper hinüber. Sie hatte recht behalten. Seine Kleidung verbarg einen sehr muskulösen Körper, der äußerst ansehnlich war. Karolina schluckte hart.

»Die Schokolade möchte ich auch essen, wenn man danach so aussieht«, murmelte sie und ging langsam auf ihn zu.

»Wie ich schon sagte, alles harte Arbeit«, erklärte Jasper und zog sie an sich. Seine Haut war warm, und Karolina hielt sich an seinen starken Armen fest.

»Ich bin froh, dass wir uns wieder begegnet sind, Karo. Du hast keine Ahnung, wie sehr.« Dann beugte er sich erneut zu ihr hinunter und gab ihr einen Kuss, der sie alles vergessen ließ.

Alles fühlte sich so natürlich an. Sie war keine Frau, die sich einfach so einem Mann hingeben konnte, doch in Jaspers Armen fühlte sie sich geborgen, und es kam ihr so vor, als wäre sie wieder achtzehn Jahre alt. Frisch verliebt in einen Jungen. Nur dass dieser Junge nun sie begehrte und nicht ihre beste Freundin. Dass dieser Junge sie in den Armen hielt und hingebungsvoll küsste. Dass er mit einem Kuss ihre ganze Welt aus den Angeln hob und ihr ramponiertes Herz erwärmte, das viel zu lange schon unter einer Eisschicht begraben lag.

11

Als Jasper erwachte, ging sein Blick hinüber zum Fenster. Es war noch dunkel, und er griff zum Nachttisch, auf dem er seine Armbanduhr abgelegt hatte. Die Farben auf dem Zifferblatt zeigten an, dass es fast sieben Uhr am Morgen war. Er sollte nach Hause fahren, duschen und sich umziehen, wenn er vernünftig war. Doch er war offenbar nicht vernünftig. Denn wenn er es wäre, hätte er die Nacht nicht mit Karo verbracht.

»Wie spät ist es?« Eine Hand legte sich auf seine nackte Brust.

»Gleich sieben.«

»Das ist noch viel zu früh«, murmelte sie verschlafen und rückte näher. Er hob den Arm, damit sie sich zu ihm legen konnte.

»Guten Morgen.« Er küsste sie kurz.

»Guten Morgen. Hast du gut geschlafen?«, wollte sie wissen.

»Himmlisch«, gab er zu, und das war noch nicht einmal gelogen. Das Boxspringbett war breit und ungewöhnlich bequem. Es bot selbst einem großen Mann von über einem Meter neunzig, wie er es war, Platz, komfortabel zu liegen.

»Ich habe auch wunderbar geschlafen«, gab Karo zu. »So gut wie schon lange nicht mehr.«

Jasper spürte ihren Körper an seinem, und sofort stieg ein Verlangen in ihm auf. Ein Lächeln huschte über sein Gesicht, als er an die vergangene Nacht dachte. Karo hatte keinerlei Scheu gezeigt, war eine mutige Frau, auch wenn es darum ging, sich einem Mann hinzugeben.

»Bereust du es, die Nacht hier verbracht zu haben?«, fragte

sie und fuhr mit den Fingern durch die feinen Härchen auf seiner Brust.

»Nein, natürlich nicht. Wie kommst du nur darauf?« Er beugte sich vor, um ihr ins Gesicht zu schauen. Im Zimmer war es nicht wirklich dunkel, weil vor dem Haus eine Straßenlaterne stand, die noch immer brannte.

»Du bist so still«, sagte sie leise und lächelte zu ihm auf. »Vielleicht hat es dir nicht gefallen und ist anders verlaufen, als du es dir vorgestellt hast.«

Jasper lachte leise. »Wenn man bedenkt, dass ich mehr als fünfzehn Jahre auf diese Nacht gewartet habe, wäre es dumm, wenn ich darüber enttäuscht wäre«, sagte er verlegen. Er spürte, wie Karo für einen Augenblick den Atem anhielt.

»Was willst du damit sagen?«, fragte sie, nachdem sie die Luft ausgestoßen hatte.

Er wusste nicht, wie er es erklären sollte, damit es nicht falsch rüberkam.

»Fünfzehn Jahre? Aber du warst doch in Frieda verliebt.«

»Ich war mit Frieda zusammen, weil ich in dich verliebt war.« So, nun war es heraus. Sein Geheimnis, das er so viele Jahre mit sich herumgetragen hatte. Nur Frieda hatte die Wahrheit gekannt.

Karo löste sich aus seinem Arm, griff über ihn hinweg, und schaltete das Licht auf dem Nachttisch an. Irritiert sah sie ihn an. »Was sagst du da?«, fragte sie, angelte nach einem Shirt, das auf dem Boden lag, und zog es über. Dass es seines war, war ihr scheinbar egal. »Das war der Grund, warum du dich so schnell wieder von ihr getrennt hast? Damals, als wir alle noch zur Schule gingen?«

Nachdenklich nickte Jasper. »Ja, so war es. Hat Frieda dir nie davon erzählt? Ich war mir sicher, dass sie es dir verraten hat. Ihr wart doch die besten Freundinnen.«

»Ja, das habe ich auch immer geglaubt, doch so wie es jetzt aussieht, hatte sie wohl einige Geheimnisse vor mir. Sie hat mir nie etwas davon gesagt, sondern erzählt, du hättest eine andere und dich deshalb von ihr getrennt. Dass es dabei um mich ging, hat sie nie erwähnt. Hat sie deshalb geschwiegen?«

»Ja und nein. Ich hatte keine andere, aber ich war eben in eine andere verliebt. Ich wollte Frieda nicht an der Nase herumführen. Für mich sind klare Verhältnisse wichtig. Sie hat mir kurz danach verziehen, und wir sind all die Jahre in Verbindung geblieben und waren gute Freunde. Ich verstehe jetzt, dass ich einen Fehler begangen habe. Ich hätte auch mit dir sprechen müssen, doch dafür war ich wohl zu feige.«

Karo hatte sich zu ihm auf die Bettkante gesetzt und sah ihn von der Seite an. »Warum hast du mir nie etwas gesagt?«

Mit dem Rücken lehnte sich Jasper an das Kopfende. »Ich dachte, du wolltest nichts von mir wissen. Immerhin bin ich davon ausgegangen, dass Frieda dir die Wahrheit gesagt hatte, warum wir uns getrennt haben. Du hast dich mir gegenüber nicht gerade freundlich verhalten. Dann bist du nach dem Abitur direkt nach München gegangen. Frieda hat mir immer von dir erzählt. Aber ich dachte nicht, dass du mich überhaupt magst.« Seine Stimme klang traurig, er hasste sich dafür, dass er so kärglich rüberkam.

Ein kleines, freudloses Lachen kam aus ihrer Kehle. »Ich habe immer geglaubt, dass du Frieda das Herz gebrochen hast und sie sich deshalb von dir getrennt hat. Ich wollte mich solidarisch zeigen. Niemals hätte ich vermutet, dass es meinetwegen geschah. Frieda hat sich nichts anmerken lassen, und wenn ich ehrlich bin, habe ich auch nicht weiter danach gefragt, weil ich ihr nicht wehtun wollte.« Karo schüttelte den Kopf, als könnte sie es nicht glauben.

»Was wäre geschehen, wenn du damals die Wahrheit erfahren hättest?« Jasper sah sie an und war auf die Antwort gespannt.

Langsam griff Karo nach seiner Hand. »Wenn ich es gewusst hätte … ich denke, nein, ich weiß, dass ich mich anders verhalten hätte. Aber ich fühlte mich Frieda immer verbunden. Niemals wäre ich auf die Idee gekommen, dass du etwas an mir findest, weil du mich nie beachtet hast.«

Lachend verschränkte Jasper seine Finger mit ihren. »Ich war ein pubertierender Junge, der sehr unsicher und schüchtern war. Allerdings sollte das niemand erfahren, also habe ich immer den coolen Typen gegeben. Doch in Wirklichkeit habe ich ständig nach dir Ausschau gehalten, jeden Wimpernschlag von dir registriert und gehofft, dir so oft wie möglich über den Weg zu laufen. Deshalb war ich auch mit Frieda zusammen. Bei ihr waren von meiner Seite keine Gefühle im Spiel, zumindest keine ernsthaften. Ich weiß, das alles hört sich feige an, aber es ist die Wahrheit. Frieda war eine gute Freundin, meine beste Freundin, und es tut mir in der Seele weh, dass sie nicht mehr da ist. Doch ich bereue nicht, dass ich diese wunderbare Nacht mit dir verbracht habe. Ich hoffe, es werden noch weitere folgen.«

In aller Ruhe hatte Karo Jasper zugehört. »Ich bin echt überrascht«, gab sie zu.

»Ja, das kann ich mir vorstellen. Ich hätte viel eher etwas sagen müssen.« Jasper wollte ihre Hand loslassen, doch sie gab ihn nicht frei.

»Ja, vielleicht, aber würde das etwas ändern? Ich denke nicht. Und es bringt auch nichts, dieses Was-wäre-Wenn, das hat mich noch nie interessiert. Eher beschäftigt mich die Frage, was wird jetzt geschehen?« Sie sah ihn mit großen Augen an.

Jasper schluckte hart. Dieses Geständnis war mehr gewesen, als er sonst zu geben bereit war. Für mehr hatte er im Moment nicht den Mut. Noch nicht. Es fiel ihm schwer, seine Gefühle so offen darzulegen. Er warf erneut einen Blick auf die Uhr. »So spät schon. Ich muss jetzt los, duschen und mich umziehen, wenn ich nicht zu spät auf den Markt kommen will.«

Wenn Karo darüber enttäuscht war, so zeigte sie es nicht. »Du kannst auch hier duschen«, bot sie an.

»Danke, aber ich brauche dringend frische Kleidung.« Er warf die Bettdecke zur Seite und zog seine Boxershorts an.

Karo hatte sich erhoben und trat zur Zimmertür. »Ich denke nicht, dass eines meiner Kleider dir passen wird«, versuchte sie sich an einem Scherz.

Ein feines Grinsen glitt über seine Züge. »Danke, aber ich bin versorgt«, erklärte Jasper und zog den Reißverschluss seiner Jeans zu.

»Dann ist es ja gut. Wir sehen uns heute Mittag, um Luise abzuholen?«, fragte Karo, und jetzt hörte er doch die Unsicherheit in ihrer Stimme.

»Natürlich. Wir sehen uns ja auch gleich auf dem Markt. Bis später.« Er warf ihr einen Luftkuss zu und war auch schon verschwunden. Im selben Augenblick, als er die Wohnungstür hinter sich ins Schloss zog, hasste er sich für diesen Abgang. Was würde Karo nun von ihm denken? Dass er ein gefühlloser Mistkerl war und er es nur drauf abgesehen hatte, sie ins Bett zu kriegen? Vermutlich. Aber die Gefühle brachen so abrupt über ihn herein, dass er nicht in der Lage war, klar zu denken. Die Emotionen, die sich all die Jahre für diese Frau aufgebaut hatten, schlugen wie eine hohe Welle über ihm zusammen, dass er nur noch die Flucht nach vorn antreten konnte, um nicht darin zu versinken. Er brauchte Abstand, um wieder atmen und klar denken zu können. Distanz, die es ihm ermöglichte, seine eigenen Gefühle zu ordnen.

Er hatte sich vor fünfzehn Jahren falsch verhalten. Hatte Frieda ausgenutzt, und nun tat es ihm undenkbar leid. Tränen füllten seine Augen, als er sich hinter das Steuer setzte. Er blieb einen Moment dort sitzen, bis er sich wieder beruhigt hatte. Diese Nacht mit Karo war die schönste seit vielen Jahren gewesen. Er hatte sonst nur lose Beziehungen, ließ sich auf nichts Festes ein, weil immer nur Karo in seinem Kopf herumschwirrte, auch wenn er sie schon lange nicht mehr gesehen hatte. Ihr auf einmal so nah zu sein, ging über seine Kräfte hinaus. Angst stieg in ihm auf, sie könnte nicht genauso fühlen, wie er es tat. Was, wenn er einem Traum hinterherlief, der sich nie erfüllen würde?

*

»Oma! Du musst aufstehen, wir gehen jetzt nach Hause.« Luise spürte, wie jemand an ihrer Schulter rüttelte. »Komm, lass uns hier verschwinden. Wir müssen doch morgen auf den Christkindlesmarkt. Nicht, dass sie uns noch den Stand wegnehmen.«

»Ich komme sofort, Frieda«, murmelte Luise und öffnete die Augen. »Ich brauche nur noch einen Augenblick, um wach zu werden.« Sie wischte sich über die Augen, um sich zu konzentrieren. Wo war sie? Das hier war nicht ihr Schlafzimmer. Luise kannte den Raum nicht. Aber sie hatte Friedas Stimme gehört, ganz deutlich.

Langsam setzte sie sich auf. Ihre Füße berührten nicht einmal den Boden, so hoch war das Bett. Vorsichtig ließ sie sich von der Bettkante gleiten, zog ihre Pantoffeln an, schlüpfte in die Ärmel ihres Bademantels und band den Gürtel fest zu.

»Frieda? Wo bist du?« Es war dunkel im Zimmer, nur an der Tür gab es ein Nachtlicht, das ihr den Weg wies.

Vorsichtig öffnete sie die Tür und spähte hinaus. Der Gang war leer und sah aus wie der Korridor eines Krankenhauses. Da fiel es ihr wieder ein. Man hatte sie hier untersucht. Jetzt durfte sie gehen, denn mit ihr war alles in Ordnung.

»Frieda, warte auf mich«, sagte sie leise und lief den Flur entlang. Vor dem Aufzug blieb sie stehen. Die Türen hatten sich gerade geschlossen. War Frieda jetzt ohne sie gegangen und hatte sie einfach hier gelassen? »Frieda! Du musst doch auf mich warten!«

Mit Kraft betätigte sie den Rufknopf des Fahrstuhls. Sie musste ihr folgen. »Verdammte Tür! Geh auf!« Immer wieder drückte sie auf den Knopf. »Hallo! Aufmachen!«, rief sie laut.

»Frau Aigner! Wo wollen Sie denn hin?«

Erschrocken drehte Luise sich um und entdeckte eine ältere Frau, die sie überrascht anblickte.

»Wer sind Sie?«

»Ich bin doch Schwester Gerda, die Nachtschwester. Wir haben uns heute Abend schon gesehen.«

Luise schüttelte den Kopf. »Nein, ich kenne Sie nicht. Ich muss zu meiner Enkelin. Frieda war da, um mich abzuholen.«

»Frau Aigner, Sie können jetzt nicht gehen. Es ist mitten in der Nacht. Sie werden morgen abgeholt, von Frau Nicolay. Kommen Sie zurück ins Bett.«

Erneut schüttelte Luise den Kopf. »Sie müssen sich irren. Frieda war gerade noch hier, ich habe mit ihr gesprochen.«

»Das müssen Sie geträumt haben. Kommen Sie, ich bringe Sie zurück in Ihr Zimmer.« Die Schwester wollte nach ihrem Arm greifen, doch sie wehrte ihn ab.

»Nein, ich will nicht!«, rief Luise laut.

»Was ist denn hier los?« Ein Mann kam um die Ecke. Es war Doktor Cremer.

Ihn erkannte Luise.

»Frau Aigner hat geträumt, dass ihre Enkelin sie abholen wollte«, petzte die Krankenschwester.

»Frau Aigner, Ihre Enkelin kann nicht hier gewesen sein. Das wissen Sie doch. Kommen Sie, ich bringe Sie zurück auf Ihr Zimmer, und morgen werden Sie uns verlassen, wenn alle Untersuchungen abgeschlossen sind.« Der Arzt nahm entschieden, aber dennoch behutsam, ihren Arm und führte sie den Gang entlang zurück zu ihrem Zimmer.

»Ich will aber nicht hierbleiben. Kann ich nicht jetzt schon gehen?«, rief sie aufgebracht.

»Frau Aigner, Sie müssen sich beruhigen. Schwester Gerda, ziehen Sie bitte ein leichtes Sedativum auf. Frau Aigner soll sich nicht aufregen.« Und an Luise gewandt meinte er: »Dann werden Sie besser schlafen, vertrauen Sie mir.«

Wie ein kleines Kind ließ Luise sich ins Bett bringen. Über ihren Zugang gab Doktor Cremer ihr das Beruhigungsmittel. Er fühlte ihren Puls und wartete einen Moment, bis das Mittel wirkte. Dann verließ er mit der Schwester das Zimmer.

Sie war sich so sicher gewesen, dass Frieda da war. Die Stimme war doch unverwechselbar. So klar und hell, als wäre sie ein Engel. Plötzlich wurde Luise ganz müde. Es fiel ihr schwer, die Augen offen zu halten. Langsam begann Luise zu zählen: Eins, zwei, drei, vier, fünf, sechs … sieben … acht … und was kam dann? Sie musste sich konzentrieren, da fehlte noch eine Zahl, eine … verflixt, warum war ihr das jetzt schon wieder entfallen? Sie würde bestimmt gleich darauf kommen. Es dauerte nur einen Moment.

12

Die neuen Eindrücke stürzten so heftig auf Karolina ein, dass sie erst einmal in Ruhe nachdenken musste. Niemals hätte sie vermutet, dass der coole Jasper etwas für sie empfunden hatte. Für das Mädchen, die sich immer hinter den Zahlen versteckte, die lieber Mathe lernte als in einen Club zu gehen oder sich mit einem Jungen zu treffen. Sie schüttelte den Kopf. Das war vollkommen verrückt. Warum nur hatte Frieda ihr damals nichts gesagt? Mit einem Schlag wurde es ihr klar, und Karolina wusste warum. Frieda war sehr in Jasper verliebt gewesen. Er war ihre erste große Liebe gewesen. Dass dieser Junge ausgerechnet für ihre beste Freundin Gefühle hegte, war ein harter Schlag gewesen. Dunkel erinnerte Karo sich daran, dass Frieda für einige Zeit sich ihr gegenüber komisch verhalten hatte, doch Karolina hatte ihr Vorhaben, in München zu studieren, dafür verantwortlich gemacht. Irgendwann hatte sich ihr Verhältnis wieder normalisiert. Jetzt im Nachhinein wusste sie, wie alles zusammenhing. Frieda war eifersüchtig gewesen. Etwas anderes konnte nicht dahinterstecken. Dieses dumme Gefühl, das schon so manches Unheil über die Welt gebracht hatte. Dies alles lag schon so lange zurück, dass es nun nicht mehr wichtig war. Dennoch hätte sie gerne mit Frieda darüber gesprochen. Manchmal machte das Schicksal einem einen Strich durch die Rechnung.

Karolina beschäftigte hingegen, was diese Nacht zwischen Jasper und ihr zu bedeuten hatte. War es nur etwas, was er noch nachzuholen hatte, um es danach abzuhaken? Sein überstürzter Aufbruch ließ das fast vermuten. Wie er jetzt zu ihr stand, ob er auch heute noch so für sie empfand. Wollte er nur etwas zu Ende bringen, was tief in ihm nagte? War sie eine Trophäe, die er nun endlich errungen hatte? Womöglich hatte ihm die Nacht nicht gefallen, er wollte ihr das aber nicht sagen und war deshalb so schnell verschwunden. Was, wenn seine Erwartungen viel zu groß gewesen waren? War es nicht so, dass Hoffnungen oft immer größer wurden, sodass man ihnen niemals gerecht werden konnte?

Sie seufzte laut. Was immer es war, sie wusste es nicht. Es brachte nichts, sich in Vermutungen zu verlieren. Sie sollte lieber darüber nachdenken, was Jasper *ihr* bedeutete. Was diese Nacht ihr signalisierte. Wollte sie eine Fortsetzung oder sollte es nur ein One-Night-Stand bleiben?

Das Gefühl, dass ihr Kopf gleich platzen würde, war nicht länger auszuhalten. Sie musste sich auf etwas anderes konzentrieren, sich ablenken. Schnell sprang sie unter die Dusche und kleidete sich sorgfältig an. Sie wollte heute hübsch aussehen. Nicht nur, weil sie Luise aus dem Krankenhaus abholte, sondern auch Jasper sollte nicht denken, dass sein unerwarteter Abgang ihr etwas ausmachte. Sie versteckte sich hinter ihrem guten Aussehen, um sich nicht anmerken zulassen, dass sein überstürzter Aufbruch für sie wie eine kalte Dusche gewirkt hatte. Immerhin hatte sie sich ihm quasi an den Hals geworfen. Nun gut, sie würde sich gelassen geben, auch wenn sie noch so verletzt war.

Endlich lief Karolina einmal mit offenen Augen über den Markt, wo nach und nach die Buden öffneten. Es gab so viel zu sehen, wofür sie sonst nie einen Blick gehabt hatte. Die Handwerkskunst hatte es ihr besonders angetan. Die Räuchermännchen aus dem Erzgebirge fand sie entzückend. Vielleicht würde sie eine der Figuren kaufen. Das wäre dann der erste Beweis dafür, dass sie sich Weihnachten ergeben hatte. Also ließ sie es, fürs Erste jedenfalls. Doch der Schornsteinfeger mit der Pfeife im Mund ging ihr nicht aus dem Kopf.

Sie winkte Henri zu, der gerade die Läden des Glühweinstands aufklappte. Er rief ihr ein freundliches Hallo zu. Ein himmlischer Duft nach Lebkuchen, Zimt und auch nach Reibekuchen lag bereits in der Luft. Ein Lächeln glitt über ihre Züge. Langsam begangen ihr diese Düfte zu gefallen. Sie summte sogar das Weihnachtslied mit, das über die Lautsprecher zu hören war. Ihr Magen knurrte. Erst jetzt fiel ihr auf, dass sie noch gar nicht gefrühstückt hatte. Abrupt machte sie kehrt und bestellte bei Henri erst mal einen Becher Kaffee.

»Kommt sofort, schöne Dame«, rief Henri gut gelaunt. »Bist du gestern gut nach Hause gekommen?«

»Ja, Jasper hat mich mit dem Auto gebracht. Ich hole heute Luise aus dem Krankenhaus ab«, sagte sie schnell, um seinen bohrenden Fragen zu entgehen.

»Hast du dich deshalb so in Schale geworfen?« Er zwinkerte ihr zu.

»Natürlich, nur für die gutaussehenden Ärzte dort. Vielleicht geht mir einer in die Falle.« Sie lachte.

»Ich habe frische Muffins hier. Möchtest du einen? Vielleicht mit Schokoglasur?«

Da konnte Karolina natürlich nicht widerstehen, und sie aß einen direkt am Stand. »Mhm, die schmecken köstlich.«

»Oder hast du dich für Jasper so fein gemacht?« Er grinste wissend.

Sie bezahlte den Kaffee und das Gebäck und winkte Henri zu, bevor er noch weitere Fragen stellen konnte, die sie nur ungern beantworten wollte, besonders wenn es um Jasper oder ihr Liebesleben ging.

»Guten Morgen, Karolina!« Maries Gesicht tauchte vor ihr auf, kurz nachdem sie den Stand geöffnet hatte.

»Guten Morgen, Marie.«

»Wart ihr gestern noch lange im Meyer Lansky?«, wollte Marie wissen.

Karolina winkte ab. »Du hast echt was verpasst. Ich habe am Ende Karaoke gesungen, dabei hasse ich das eigentlich wie die Pest. Denkst du an unseren Termin heute Abend? Ich weiß genau, wo wir ein passendes Kleid für dich finden.«

Marie schien sich nicht sicher zu sein. »Ich weiß nicht, ob ich wirklich zu dieser Verabredung gehen soll.«

»Ach Marie, du darfst doch jetzt keinen Rückzieher machen! Ich glaube schon, dass Oskar dich gerne besser kennenlernen möchte.«

Sofort wurden Maries Wangen rot.

»Kneifen gilt nicht. Ich hole dich hier um sechs am Stand ab, abgemacht?« Sie ließ Marie nur einen kleinen Ausweg. Wenn sie nicht kommen wollte, musste sie das jetzt und hier sagen.

»Abgemacht«, gab Marie klein bei.

»Wunderbar. Ich hatte schon Angst, du würdest den Termin absagen. Hast du jemanden für den Stand, damit dieser bis einundzwanzig Uhr besetzt bleibt?«

»Ja, meine Aushilfe übernimmt heute die Abendschicht. Und du?«

Zwar hatte Karolina Jasper noch nicht gefragt, aber sie hatte keine Bedenken, dass er ihr helfen würde. Es ging ja schließlich um Marie. »Ja, das geht schon klar. Ich freue mich. Eine Shoppingtour ist genau das, was ich im Augenblick gebrauchen kann.«

Kunden traten an den Stand, und Karolina machte sich daran, die selbst gestrickten Socken an den Mann zu bringen. Heute war ein guter Tag. Viele Kunden besuchten die Stände und blieben nicht nur stehen, sondern kauften auch etwas. Der Strom der Busse, die mit den Touristen in die Stadt kamen, riss nicht ab. Karolina kam kaum dazu, weiter an ihrem Schal zu stricken. Kaum hatte sie die Stricknadeln zur Hand genommen, kamen neue Kunden. Einige schauten nur, aber Strümpfe, Schals und auch Wolle fanden ihre Käufer. Nur einer fehlte in diesem Bild.

Jasper.

Er ließ sich den ganzen Vormittag nicht an seinem Stand gegenüber sehen. Vermutlich musste Karolina Luise doch alleine abholen. Fast hatte sie damit gerechnet. So wie er aus ihrer Wohnung geflüchtet war, musste sie für ihn wohl eine große Enttäuschung gewesen sein. Er hatte sich als junger Mann in eine Frau verliebt, die jetzt seine Erwartungen nicht erfüllte. Ja, das musste ein so harter Schlag sein, dass man nicht mal zur Arbeit erschien, dachte sie ironisch. Die Aushilfe, die Jasper eingestellt hatte, und der ihn vertrat, winkte ihr freundlich zu, als sie zum Stand hinüberblickte. Verlegen wandte sie sich ab.

Dumme Kuh, schimpfte sie sich selbst und schaute wieder zu dem Stand hinüber, winkte freundlich zurück. Der junge Mann konnte doch nichts dafür, dass sein Chef sich so merkwürdig benahm. Sie sollte ihren Groll nicht an ihm auslassen.

Ein Klopfen an der Tür hinter ihr ließ Karolina zusammenzucken. Dann verschlug es ihr die Sprache.

Dort stand Jasper. Er trug einen Anzug, darunter einen schwarzen Rollkragenpullover. Sein Haar hatte er ordentlich gekämmt und zu einem Dutt gebändigt. Über dem anthrazitfarbenen Anzug trug er offen einen eleganten Mantel mit einem Schal. Sein Gesicht war frisch rasiert, und er roch ungeheuer gut. Selbst aus einiger Entfernung.

Karolina sah ihn überrascht an. Sie hatte mit vielem gerechnet, doch dieser Jasper war ihr neu. Als wäre er aus einem Männermagazin entsprungen.

»Hallo, Karo! Bist du fertig, um Luise abzuholen?«, fragte er im ruhigen Ton.

Seine tiefe Stimme kribbelte auf ihrem Körper. Sie räusperte sich. »Ja, natürlich.« Schnell griff sie zu ihrer Handtasche.

»Du siehst wundervoll aus«, sagte er leise und stand ganz nah hinter ihr.

»Danke, das Kompliment kann ich nur zurückgeben. Du

hast dir heute wirklich viel Mühe gegeben.« Sie drehte sich zu ihm um und stand ihm in der engen Hütte direkt gegenüber. »Du siehst wirklich … beeindruckend … gut aus. Aus dem Jungen von damals ist ein erwachsener Mann geworden.«

Er grinste und sah auf sie hinunter. Ein Arm schlang sich um ihre Hüfte, zog sie an sich. »Ich finde, wir sehen aus, als gehörten wir zusammen.« Dann beugte er sich vor und gab ihr einen kleinen Kuss auf die Lippen. »Du stehst mir heute in nichts nach. Als hätten wir uns abgesprochen.«

»Ja, vielleicht hatten wir beide die gleiche Idee. Komm, lass uns gehen.« Schnell sagten sie noch Marie Bescheid, dass sie nun Luise abholten.

Marie starrte sie beide an, als wären sie Menschen aus einer anderen Welt. »Wow! Seht ihr toll aus. Bestellt Luise meine besten Wünsche«, rief sie ihnen noch hinterher und winkte gut gelaunt.

Jasper konnte seinen Blick nicht von Karo nehmen. Sie trug heute ein enges Winterkleid in einem Tannengrün, das gut zu ihrem blonden Haar passte. Dazu hatte sie sich für hohe Wildlederstiefel entschieden, die ihre schlanken Beine betonten. Er half ihr auf den Beifahrersitz und übernahm ohne lange zu fragen den Part des Fahrers. Zwischen ihnen herrschte eine Spannung, die man fast mit Händen greifen konnte. Als sie das Gewirr der Innenstadt hinter sich gelassen hatten, steuerte er einen Parkplatz am Straßenrand an, stellte den Motor ab und drehte sich zu ihr.

»Was ist los, Karo? Diese Stille ist ja nicht zum Aushalten.«

»Sag du es mir.« Sie sah ihn mit ihren grauen Augen abwartend an. »Du bist heute Morgen quasi aus meiner Wohnung geflüchtet, als hättest du Angst vor mir. Ich weiß einfach nicht, was ich von der ganzen Sache halten soll.«

»Welcher Sache?«

Wütend schnaufte sie. »Von dir und mir. Auch wenn du

vermutlich eine andere Meinung von mir hast, aber ich schlafe nicht ständig mit fremden Männern. Wenn, dann steckt für mich schon etwas mehr dahinter als ein einfacher One-Night-Stand.« Ihre Worte waren schneidend, und sie blickte stur geradeaus.

»Glaubst du das etwa von mir? Dass ich jedes Wochenende mit einer anderen ins Bett steige?«

»Ich weiß es nicht. Wenn ich mir die Reaktion dieser Maja so ansehe … Scheinbar kenne ich dich doch nicht so gut, wie ich dachte.« Sie presste die Lippen aufeinander, verschränkte die Arme vor der Brust.

»Das glaube ich jetzt nicht«, murmelte er und drehte ihr Gesicht am Kinn zu sich, um ihr in die Augen zu sehen. »Du bist eifersüchtig! Auf Maja?« Ein Lächeln glitt über seine Lippen. »Dass ich das noch erleben darf.« Er schüttelte den Kopf, und bevor Karo protestieren konnte, drückte er ihr einen deftigen Kuss auf den Mund. Sie ließ es über sich ergehen, wehrte ihn nicht ab. Als Jasper seinen Kopf hob, sah er ihr suchend ins Gesicht. »Nur fürs Protokoll: Ich steige nicht mit jeder Frau ins Bett, nur weil ich Lust darauf habe. Ich suche mir meine Frauen immer ganz genau aus. Maja hat nie zu denen gehört, die mich interessiert haben, und zwischen uns ist auch nie etwas gelaufen. Sie wünschte sich vielleicht etwas anderes, doch ihr Wunsch wird sich nie erfüllen. Mein Interesse gilt einer ganz anderen Frau. Ich musste heute Morgen gehen, sonst wären wir beide gar nicht aus dem Haus gekommen. Ich hätte dich den ganzen Tag geliebt, und du hättest nach mehr geschrien, das kannst du mir glauben. Und falls es noch offene Fragen gibt … Es hat sich nichts in der Zwischenzeit verändert. Es ist wie zu unserer Schulzeit. Wenn ich mit dir zusammen bin, schlägt mein Herz schneller. Manchmal kann ich nicht atmen, weil ich so aufgeregt bin. Ich möchte dir so viel sagen, doch mir fehlen die Worte. Und das alles, weil ich immer noch in dich verliebt bin. Heute noch genauso sehr wie vor fünfzehn Jahren. Sind damit deine Fragen alle geklärt?« Er atmete hektisch, weil er so schnell gesprochen hatte, ohne Luft zu holen.

Irritiert nickte Karo.

Er hasste es, dass er sich hier bis auf die Haut ausgezogen hatte. Doch Karo schien nicht daran zu glauben, dass er ein treuer Mann war. Womöglich hatte sie negative Erfahrungen gemacht. »Glaubst du mir?«, fragte er nach.

»Ja, natürlich. Nur muss ich zugeben, dass mir so etwas noch kein Mann gesagt hat und dass ich deine Worte erst einmal sortieren muss.«

»Dann ist es ja gut. Bevor ich mich jetzt noch länger hier zum Affen mache, können wir ja weiterfahren.« Er startete den Motor des Wagens.

»Warte!« Karo legte ihm die Hand auf den Arm. »Danke, dass du mir das alles gesagt hast. Es fällt mir nicht leicht, jemandem zu vertrauen, das muss ich erst wieder lernen. Aber ich freue mich darüber, dass du es mir gesagt hast. Sehr.« Sie schob sich eine Haarsträhne aus dem Gesicht.

»Gut«, nickte er, beugte sich vor und gab ihr erneut einen Kuss, der allerdings von dem Klingelton seines Handys unterbrochen wurde. Er tippte auf die Freisprechanlage seines Lenkrads.

»Hi, Kumpel! Ich bin's.«

»Luca! Hi! Wie geht es dir? Liegt genug Schnee in den Bergen?«, rief er gut gelaunt.

»Leider zu viel«, knurrte Luca.

»Wie kann denn zu viel Schnee liegen?«, fragte er nach.

»Ich habe mir das Wadenbein gebrochen und liege im Krankenhaus«, ließ Luca die Bombe platzen.

»Was? Du bist ein Ass im Skifahren. Wie kannst du dir das Bein brechen?«

»Ein anderer Fahrer ist in mich hineingecrasht, einer, der nicht wusste, was er tat. Keine Ahnung, was der Kerl auf einer schwarzen Piste zu suchen hatte. Er hat eine Platzwunde und ich ein gebrochenes Bein. Ich werde wohl den Jahreswechsel im Krankenhaus verbringen, weil der Bruch komplizierter ist als gedacht.«

»Verdammt! Ich kann leider hier nicht weg, um dich zu besuchen.« Jasper sah Karo zerknirscht an.

»Das weiß ich doch. Kein Problem. Ich habe meine Schwester angerufen, sie kommt mich besuchen und kann bleiben, bis ich entlassen werde.«

»Na, das sind ja tolle Neuigkeiten.«

»Ich wollte mich auch nur melden, damit du Bescheid weißt, dass mir sonst nichts geschehen ist. Wir sehen uns dann also erst im neuen Jahr wieder.«

»Okay, Kumpel. Mach es gut und gute Besserung. Erhol dich und behalte deine Finger bei dir.«

»Mach ich doch immer«, erklärte Luca und lachte auf. »Frohe Weihnachten, Jasper.«

»Frohe Weihnachten, Luca. Ich melde mich wieder.« Er beendete das Gespräch und schüttelte den Kopf. »Der Kerl hat im Augenblick aber auch wirklich kein Glück.« Dann gab er Gas, und sie fuhren weiter in Richtung Krankenhaus.

*

Ungeduldig sah Luise aus dem Fenster, das auf den Parkplatz des Krankenhauses hinaus zeigte. Endlich durfte sie nach Hause. Sie hoffte, dass Karo früh käme, damit sie so schnell wie möglich hier wegkonnte. Dieser merkwürdige Geruch des Krankenhauses, der jetzt in all ihren Poren hing, davon allein wurde man schon krank.

Wo blieb sie denn nur? Das EKG am Morgen war unauffällig gewesen. Das hatte Luise ihnen gleich gesagt, aber die Ärzte hörten ja nicht auf sie. Es hätte eine Menge Geld und Zeit gespart werden können.

Wie sie es hasste, zu warten! Warum konnten die Menschen nicht pünktlich sein?

Als die Tür aufging, atmete sie erleichtert aus. Doch es war nur die Schwester mit dem Tablett fürs Mittagessen. »So, Frau Aigner, hier kommt das Essen.«

»Ich gehe gleich nach Hause«, sagte Luise voller Genugtuung.

»Aber sie sind noch hier, also steht Ihnen das Essen noch zu. Langen Sie zu, bevor es kalt wird. Heute gibt es Sauerbraten mit Knödeln und Rotkohl.«

»Ich hoffe, es schmeckt«, murmelte Luise und hob den Deckel der Tagessuppe ab. »Spargelcremesuppe.« Sie rümpfte die Nase.

»Also, die anderen Patienten haben sich noch nie über das Essen beklagt.« Die Schwester sah sie streng an.

»Tja, das ist der Unterschied, ich bin nicht wie andere.«

»Ja, das haben wir auch schon bemerkt«, erklärte die Schwester und machte auf dem Absatz kehrt. »Ihre Verwandten sind nicht zu beneiden«, hörte sie die Schwester murmeln und schloss die Tür.

»Das habe ich gehört. Meine Ohren haben kein Alzheimer«, rief Luise der geschlossenen Tür zu. Das war ja die Höhe! Was meinte die Schwester denn bloß? Sie war doch immer freundlich und umgänglich. Sonst würde Karo sich wohl nicht um sie kümmern. Also wirklich. Was nur alle hatten? Luise sah verdutzt zur geschlossenen Tür. Dann hob sie den Deckel der kleinen Suppenschüssel ab und probiert. In einem hatte diese unfreundliche Schwester recht. Das Essen schmeckte gar nicht so schlecht. Allerdings würde das Luise für sich behalten und keinesfalls zugeben.

13

Luise saß bereits fertig angezogen auf der Bettkante und wartete, als Karolina hereinkam. »Da bist du ja endlich«, rief sie leicht eingeschnappt, atmete jedoch erleichtert aus.

»Hallo, Luise. Ich musste mich doch um den Stand kümmern. Geht es dir gut? Darfst du das Krankenhaus verlassen?« Karolina küsste sie auf beide Wangen.

»Ja, natürlich, kann ich gehen. Mir geht es immer gut.« Luises Blick ging hinüber zu Jasper, der ebenfalls den Raum betrat.

»Du kommst nicht allein?« Luise schien nicht begeistert zu sein.

»Nein, ich habe mir Hilfe mitgebracht. Wir müssen deine Sachen ja auch mitnehmen.« Karolina öffnete die Schränke und Schubladen, ob sie auch nichts vergessen hatte, einzupacken.

»Na gut, du kannst meine Reisetasche tragen«, wies Luise Jasper an.

»Sehr gerne, Luise. Schön, dass es dir wieder besser geht.«

»Selbstverständlich. Meinen Platz auf dem Markt bekommst du so schnell nicht.«

Jasper lachte, anstatt beleidigt zu sein. »Wie könnte ich dir den Platz streitig machen, meine Liebe? Sonst gibt es ja niemanden, der mich böse anfunkelt. Das würde mir wirklich fehlen. Hab keine Angst, dein Standplatz gehört dir, und das wird auch so bleiben.«

»Jetzt lass mal Jasper in Ruhe, er hat mir in den letzten Tagen eine Menge geholfen. Ohne ihn wäre ich aufgeschmissen gewesen«, erklärte Karolina in ruhigem Ton.

Luise wollte etwas sagen, doch dann schloss sie ihren Mund wieder und sah von einem zum anderen. »Warum seid ihr so festlich angezogen? Ihr wollt doch wohl nicht etwa heiraten?«, platzte es plötzlich aus ihr heraus.

Irritiert hielt Karolina in ihrer Bewegung inne und blickte verstohlen zu Jasper, der ebenso starr vor Schreck dastand. »Wie kommst du denn auf die Idee?«, murmelte Karolina und suchte weiter in den Schränken.

»Ich sehe doch, wie Jasper dich beobachtet, als hätte er einen Schatz zu hüten. So sieht nur ein verliebter Mann aus.« Luise erhob sich von dem Bett und reichte Jasper ihren Mantel. »Tu was Nützliches und hilf mir in den Mantel, mein Junge«, befahl sie.

»Stets zu Diensten, Madame«, erwiderte Jasper und nahm ihr den Mantel ab. Dabei streifte sein Blick kurz Karolina, die schnell wegsah, weil sich ihre Wangen verdächtig rot färbten.

Obwohl Luise fertig war, musste sie noch auf die Entlassungspapiere warten. Sie war voller Ungeduld, als könnte sie es kaum erwarten, endlich nach Hause zu kommen. Es dauerte eine Weile, und als Karolina sich aufmachte, um nach den Papieren zu fragen, kam endlich eine Schwester und brachte den Umschlag.

»Dieser Brief ist für ihre Hausärztin«, erklärte sie.

»Vielen Dank.« Karolina nahm die Papiere an sich und verstaute sie in der Handtasche. In den nächsten Tagen würde sie einen Termin bei Doktor Weinberg machen.

»Wir mussten Frau Aigner heute Nacht ein Beruhigungsmittel verabreichen. Sie wollte mitten in der Nacht das Haus verlassen.«

Karolina sah verdutzt zu Luise. »Aber warum das denn?«

»Petze«, murmelte Luise, kramte in ihrer Tasche und tat so, als ginge sie das alles gar nichts an.

»Sie hat geglaubt, dass ihre Enkelin sie abholen wollte.«

»Frieda war hier«, sagte Luise bestimmt.

»Aber Luise, du weißt doch, dass es nicht Frieda gewesen sein kann.« Karolina atmete angespannt ein.

»Na komm, das ist ja jetzt auch egal«, erklärte Jasper und nahm die Reisetasche und Luises Arm. »Wollen wir dich mal nach Hause bringen, dann geht es dir wieder besser. Wenn man nicht in seinem eigenen Bett aufwacht, kann das schon verwirrend sein.«

Wie sehr Karolina ihn um seine Gelassenheit beneidete! Sie wünschte, sie könnte ebenfalls so entspannt reagieren. Aber dem war nicht so. Sie machte sie Sorgen, dass Luise einfach in der Nacht aus ihrer Wohnung verschwinden würde. Sie sollte in Zukunft die Wohnungstür in der Nacht fest verschließen. Erneut drückte die Verantwortung auf ihre Schultern, so schwer, dass es sie fast zu Boden drückte.

Als sie alle im Auto saßen, atmete Karolina erleichtert aus. Sie hatte hinten im Fond des Wagens Platz genommen und Luise den Beifahrersitz überlassen, dort hatte sie mehr Beinfreiheit.

Aufmerksam beobachtete Luise Jasper, wie er den Wagen fuhr.

»Pass auf, hier ist rechts vor links«, sagte sie, als sich eine Kreuzung näherte.

»Ich weiß, Luise. Ich bin hier aufgewachsen.« Selbst dieser Einwand rang ihm ein Lächeln ab.

»Es kann ja sein, dass du es vergessen hast«, erwiderte sie und starrte dann wieder gebannt auf die Straße, wobei sie sich an die Henkel ihrer Handtasche klammerte. »Es wird gleich rot.«

Jasper bremste an der Ampel. »Möchtest du lieber fahren, Luise?«, fragte er freundlich.

»Nein, warum? Du machst das schon ganz gut. Auch wenn ich ja ein wenig mehr aufs Gas treten würde. Du fährst wie ein alter Mann.«

Karolina musste schmunzeln, als sie Jaspers Blick auffing.

»Für einen Anfänger fährst du aber gar nicht schlecht«, ergänzte Luise und machte ein zufriedenes Gesicht.

»Ja, das denke ich auch. Wenn man bedenkt, dass ich seit fünfzehn Jahren fahre«, murmelte Jasper und gab Gas, als die Ampel auf Grün umsprang.

»Ich habe meinen Führerschein abgegeben, den brauche ich nicht mehr. Konrad sagte, es wäre das Beste, weil ich die Garagenwand gestreift habe und der Lack ein wenig Schaden genommen hat. Warum hört man keine Geräusche?«, wollte Luise wissen.

»Weil es ein Elektroauto ist«, erklärte Jasper.

»Momendämal! Das Auto hat keinen Motor?«

»Doch Luise, aber keinen Verbrenner, sondern einen elektrischen. Die kommen jetzt immer mehr in Mode, der Umwelt zuliebe.«

Luise nickte und sah sich alles genau an. »Ein Glück, dass ich kein Auto mehr fahre. Sie fliegen zum Mond, aber bauen keine anständigen Autos mehr«, murmelte sie und klammerte sich wieder an ihrer Handtasche fest. »Wenn mir das einer in meiner Jugend erzählt hätte! Ein Elektroauto. Früher ist man Porsche oder Ferrari gefahren.« Sie schüttelte den Kopf.

»Tja, heute fährt man Tesla, aber damit kann ich dich wohl nicht beeindrucken.« Jasper sah sie kurz an.

»Mich brauchst du ja auch nicht zu beeindrucken. Versuch dein Glück lieber bei Karolina.« Sie deutete auf die Rückbank, dann klammerte sie sich wieder an die Handtasche.

»Du hast die Garagenwand gestreift?«, hakte Karolina nach. Das hatte ihr noch niemand erzählt.

»Nur ein bisschen«, murmelte Luise, und aus ihren Worten war zu hören, dass sie darüber nicht gerne sprechen wollte.

»Konrad hat erzählt, dass die ganze Seite kaputt war«, meinte Jasper.

»Das kann man sehen, wie man will. Das Auto war ohnehin schon alt und musste auf den Schrott.« Luise blickte aus dem Seitenfenster und sagte nichts mehr zu dem Thema.

»Soll ich dir etwas zu essen kochen?«, fragte Karolina, als sie in Luises Wohnung ankamen.

»Nein, ich habe im Krankenhaus gegessen. Die sollen ruhig was für ihr Geld tun«, rief Luise aus dem Schlafzimmer. »Ich bin so froh, wieder zu Hause zu sein. Du hast keine Ahnung, wie frech diese Krankenschwestern zu mir waren. Eine schlimmer als die andere. Und wenn man sich beschwert hat, wurde es nicht besser.«

»Wie man in den Wald hineinruft, so schallt es heraus«, murmelte Jasper und stellte die Reisetasche im Flur ab.

Karolina grinste. »Wollen wir dann einen Tee trinken?«, rief sie laut.

»Nein, ich bin müde und werde mich hinlegen. Du kannst ruhig zurück zum Markt und dich um den Stand kümmern.«

»Bist du sicher?«, fragte Karolina nach. Ihr war nicht wohl dabei, Luise allein zu lassen.

Luise kam in den dunklen Flur. Sie trug bereits ein frisches Nachthemd, darüber ihren geliebten rot-weiß gestreiften Morgenmantel. »Sonst würde ich es nicht sagen. Konrad will heute Abend vorbeikommen. Du kannst dir also frei nehmen. Hol mich morgen früh ab, dann gehen wir gemeinsam zum Stand. Ich muss doch nachsehen, ob alles in Ordnung ist.«

»Gut, Luise. Aber du weißt, dass wir beide uns bald unterhalten müssen.« Karolina wollte Luise nicht stressen, nachdem sie gerade erst aus dem Krankenhaus gekommen war, aber sie konnte das auch nicht gänzlich unter den Tisch fallen lassen.

Zu ihrer Überraschung nickte Luise. »Ja, das müssen wir wohl. Aber bitte nicht heute. Ich will für Konrad später etwas Leckeres kochen. Morgen ist auch noch ein Tag.«

»Gut, Luise, dann morgen. Mach dir mit Konrad einen

schönen Abend. Wir sehen uns morgen früh.« Karolina winkte ihr zu.

»Guten Abend, Luise«, verabschiedete sich auch Jasper.

»Bring mir das Mädchen sicher nach Hause!«, rief Luise ihm im strengen Ton nach. »Und lass die Finger von ihr!«, fügte sie mit einem verschmitzten Lächeln hinzu.

Luise legte sich ins Bett. Sie war müde. Hier in ihrem Bett war es wesentlich gemütlicher als in diesem Krankenhaus. Das Bettzeug roch frisch, Frau Wagenbrecht hatte es wohl neu bezogen. Sie schloss die Augen, doch Schlaf wollte sich einfach nicht einstellen. Sie wälzte sich hin und her. Es hatte keinen Zweck, sie war über den Mittagsschlaf, den sie im Krankenhaus gehalten hatte, längst hinaus. Also stand sie wieder auf, zog sich an. Im Wohnzimmer schaltete sie den Fernseher ein, stellte den Ton aber stumm. Wenn die Bilder sich bewegten, kam sie sich nicht so einsam vor. Es beruhigte sie. Nachdem sie einige Sudoku-Rätsel gelöst hatte, legte sie den Kugelschreiber zur Seite. Die Rätsel sollten ihr dabei helfen, dass ihr Kopf fit blieb. Es war abzusehen, dass sie wohl bald nicht mehr in der Lage sein würde, sie zu lösen, doch solange es noch funktionierte, gab ihr das die Gewissheit, dass sie ihren Verstand noch nicht gänzlich verloren hatte.

In der Küche setzte sie einen Kessel auf, um sich einen Tee zu kochen, da fiel ihr der Flyer der Pizzeria in die Hand, bei der Karo letztens bestellt hatte. Er war in der Tüte mit dem Essen geliefert worden. Neugierig schlug sie ihn auf. Mal schauen, was es dort alles zu essen gab. Neben den Salaten gab es verschiedene Vorspeisenteller, die nun bekannte Pizza in allen möglichen Variationen, Nudelgerichte und auch Nachspeisen. Ihr lief förmlich das Wasser im Mund zusammen. Ein Blick auf die Rückseite sagte ihr, dass der Laden bereits geöffnet hatte.

Kurzentschlossen holte sie das Telefon aus der Ladestation und rief dort an.

»Pizzeria Grande Italia. Rashid am Telefon. Was kann ich für Sie tun?«

»Guten Abend. Hier spricht Aigner. Luise Aigner. Ich möchte etwas bestellen.«

»Sehr gern. Was hätten Sie den gerne?« Der Mann sprach eindeutig mit einem indischen Akzent. Hatte sie sich verwählt?

»Bitte liefern sie zwei Mal eine Pizza, die zugeklappt ist«, orderte Luise.

»Zwei Mal Calzone. Noch etwas, Madame?«

»Und einen gemischten Vorspeisenteller. Dazu bitte auch diese Brötchen mit der Butter.«

»Wäre das alles?«, fragte Rashid am anderen Ende der Leitung.

»Ja, oder nein, einen großen gemischten Salat, mit gekochtem Schinken und Eiern«, fiel ihr noch ein. Der hatte letztens so gut geschmeckt.

»Welche Soße?«

Hm? »Die weiße«, erklärte Luise.

»Joghurt. Okay, wohin soll es geliefert werden?«

»Zur Albrecht-Dürer-Straße. Sie waren vor einigen Tagen schon mal hier.«

»Ja, ich erinnere mich. Es dauert ungefähr eine halbe Stunde.«

»Das macht nichts, junger Mann, aber ich warte an der Tür auf Sie.«

»Alles klar, Madame.«

Zufrieden beendete Luise das Gespräch. Sie rechnete den Betrag zusammen, legte noch zwei Euro Trinkgeld hinzu, und dann wartete sie an der Tür, bis es endlich klingelte. Fünf Minuten zu spät. Zum Glück stand im Flur ein Stuhl, auf den sie sich setzen konnte.

Ein junger Mann, der eher indisch als italienisch aussah,

übergab ihr die Bestellung. »Das macht dreiunddreißig Euro, Madame.«

Luise lächelte den jungen Mann freundlich an und übergab ihm fünfunddreißig. »Stimmt so, junger Mann«, erklärte sie und nahm die Lieferung entgegen.

»Ich bin Rashid. Vielen Dank, und einen schönen Abend.«

»Danke, Ihnen auch, Rashid.«

Luise brachte das Essen in die Küche und holte Teller aus dem Schrank, als sie den Schlüssel in der Tür hörte.

»Was machst du denn da?«, fragte Konrad überrascht, als er den Raum betrat.

»Ich habe etwas beim Pizzaservice bestellt,« erklärte sie voller Stolz. »Ich hoffe, du magst Pizza.«

Konrad sah sie vollkommen verdutzt an. »Ich schon, aber ich dachte immer, du magst so etwas nicht. Hast du nicht erzählt, ein Lieferdienst kommt dir nicht ins Hause?«

Vergnügt fischte sich Luise mit der Gabel einen kleinen Champignon vom Vorspeisenteller, schob ihn in den Mund und kaute schnell. »Ich hab keine Ahnung, wovon du sprichst. Das muss ich wohl vergessen haben. Komm, setz dich, die Calzone wird sonst kalt.«

*

Jasper parkte seinen Wagen auf dem reservierten Platz am Markt und half Karolina heraus. »Hast du Lust, mit mir ein wenig über den Markt zu schlendern? Wenn wir beide schon mal freihaben?«

Sie warf einen Blick auf ihre Armbanduhr und schüttelte dann bedauernd den Kopf. »Es tut mir leid, ich bin gleich mit Marie verabredet. Wir wollen ein Kleid für sie kaufen. Ich bin also schon vergeben.«

»Und ich dachte, du hättest dich für mich so hübsch gemacht.« Jasper fuhr sich mit der Hand über das Kinn, wo sich schon wieder Bartstoppel gebildet hatten. »Okay … wie wäre es, wenn du nach der Shoppingtour bei mir vorbeischaust? Ich koche für uns.«

»Der Markt schließt um einundzwanzig Uhr, und dann willst du dich noch hinstellen und kochen?«

»Julian schließt für mich den Stand. Und ich mache etwas, was schnell geht. Sagen wir, um acht Uhr bei mir?« Er hoffte so inständig, dass sie nicht ablehnte, dass sein Herz aufgeregt in seiner Brust pochte.

»Ich habe da noch eine Bitte an dich. Könntest du auf Luises Stand aufpassen?« Sie biss sich auf die Unterlippe. »Ich weiß, ich hätte früher fragen müssen, doch ich hab das total vergessen. Und Marie braucht dringend ein Kleid, weil Oskar sie eingeladen hat.« Sie blickte ihn verzweifelt an. »Du machst das also eher für Marie, als für mich.« Verschmitzt klimperte sie mit ihren langen Wimpern.

»Klar mache ich das. Für Marie und vor allem für dich. Dafür sehen wir uns um acht Uhr bei mir«, schlug er vor.

»Du willst ein Tauschgeschäft? Okay, ich werde pünktlich sein und bin dir sehr dankbar. Ich weiß gar nicht, wie Luise das mit dem Stand alleine schaffen will.«

Jasper strich ihr eine verirrte Strähne aus dem Gesicht. »Das machen wir schon. Ich freue mich auf dich. Meine Adresse schicke ich dir aufs Handy.«

Gemeinsam bahnten sie sich den Weg durch die Menge; der Markt war gut besucht. Sie hielten kurz am nostalgischen Karussell an und informierten Konrad, dass Luise jetzt wieder zu Hause war.

»Habt ihr schon mit ihr gesprochen?«, wollte Konrad wissen.

Karo schüttelte den Kopf. »Nein, das habe ich auf morgen verschoben. Lassen wir ihr ein wenig Zeit. Sie soll erst wieder zu Hause ankommen und über alles in Ruhe nachdenken.

Wir sollten sie nicht überfordern. Übereilt etwas zu entscheiden, würde ihr nur Angst machen.«

Dem konnte Konrad nur zustimmen. »Ja, das ist eine gute Idee. Luise ist keine Frau, die gut mit Veränderungen zurechtkommt. Ich werde später mal vorfühlen, welche Gedanken sie sich macht. Meistens hört sie sich meinen Rat an und befolgt auch, was ich ihr vorschlage. Das wird schon werden.«

Jasper beobachtete, wie Karo lächelnd zu dem Karussell blickte. Die nostalgischen Holzpferde zogen Kutschen hinter sich her, in denen man Platz nehmen konnte. Es waren kleine halb geschlossene Kabinen, die ein wenig Privatsphäre boten. »Lust auf eine Fahrt in einer Kutsche?«, fragte er sie leise.

Karo schmunzelte. »Vielleicht ein anderes Mal. Jetzt muss ich leider los.« Sie blickte besorgt in den Himmel. »Es sieht schon wieder nach Schnee aus.«

»Nimm dir später ein Taxi zu mir. Dann musst du nicht fahren, wenn es glatt wird.«

Karo nickte zustimmend. »Vergiss nicht, mir deine Adresse zu schicken.«

Er zog ein Gesicht, das sagte: Als wenn ich das vergessen könnte!

*

»Ich weiß nicht. Findest du nicht, dass Orange eine sehr gewagte Farbe für mich ist? Ich meine, mein Haar schimmert rot«, gab Marie zu bedenken und drehte sich vor dem Spiegel hin und her.

»Ach, Quatsch. Die Farbe passt hervorragend zu deinen Augen. Sie bringt das Grün regelrecht zum Strahlen«, erklärte Karolina voller Begeisterung. Das Wollkleid hatte eine tief angelegte Taille und einen schwingenden Rock. Das Orange war etwas dunkler und der Stoff mit kleinen eingewebten Blumen bestückt. »Dazu passen braune Stiefel. Hast du welche?«

Marie biss sich auf die Unterlippe und schüttelte den Kopf.

»Okay, dann besuchen wir gleich noch die Schuhabteilung.« Das Kaufhaus war ein Spezialgeschäft für Damenoberbekleidung, und man bekam hier alles, angefangen von der Unterwäsche bis hin zu Mänteln, Schuhen und Hüten.

Karolina war mit Marie nach Fürth gefahren. Dort kaufte sie selbst oft ihre Kleidung und hatte bisher immer etwas gefunden.

»Ich hätte niemals gedacht, dass wir hier Erfolg haben«, gab Marie zu.

»Es ist so etwas wie ein Geheimtipp. Eine Freundin von mir hat früher hier gearbeitet. In München, wo ich längere Zeit gewohnt habe, gibt es natürlich auch eine Menge toller Boutiquen, die sind aber um Einiges teurer.«

Marie warf einen Blick auf das Preisschild. »Es ist günstiger, als ich dachte«, gab sie zögerlich zu.

»Es steht dir wirklich wunderbar. Oskar werden die Augen rausfallen. Nein, warte. Das ist kein schönes Bild, das wünschen wir uns lieber nicht«, sagte Karolina schnell und lachte auf. »Komm, die Schuhabteilung finden wir eine Etage tiefer.«

Ein Paar schicke Lederstiefel waren schnell gefunden, und an der Kasse erfuhren sie, dass es heute dreißig Prozent auf den gesamten Einkauf gab. So sparte Marie ein schönes Sümmchen.

Als sie an der Dessousabteilung vorbeikamen, hielt Marie kurz inne, dann ging sie weiter.

»Möchtest du dir hier auch noch etwas aussuchen?«, fragte Karolina nach.

»Nein, was soll's. Ich hab eh keine Ahnung, was ich nehmen soll«, winkte Marie ab und wollte weitergehen.

»Warte doch mal. Es ist bald Weihnachten, willst du Oskar nicht beschenken?«, witzelte Karolina und hielt ein dunkelrotes Ensemble in die Höhe. Es bestand aus einem BH und einem String aus halbdurchsichtiger Spitze. Der BH wurde am Rücken durch diagonale Bänder gehalten.

»O Gott, nein, das ist nichts für mich. Viel zu sexy.«

»Also, ich finde es sehr schön. Und ein wenig sexy kann doch nicht schaden. Wenn du ein Set kaufst, dann nehme ich auch eins mit. Wer weiß, vielleicht kann ich ja auch mal jemanden überraschen.« Karolina sah sie abwartend an.

»Du glaubst, das würde mir stehen?

»Auf jeden Fall. Weiß du was? Ich schenke es dir. Es ist mein Weihnachtsgeschenk für dich, das du schon vor Weihnachten öffnen darfst.«

Marie schüttelte den Kopf. »Nein, das kannst du nicht machen. Das ist viel zu teuer.«

»Bitte, ich möchte es dir gerne schenken. Mach mir die Freude und zieh es bei deiner Verabredung an.«

Marie brauchte noch einige Minuten, dann gab sie nach und Karolina kaufte gleich zwei der Kombinationen.

»Dafür lade ich dich zum Essen ein«, schlug Marie vor.

Bedauernd schüttelte Karolina den Kopf. »Ich bin heute Abend schon zum Essen verabredet. Aber wie wäre es mit einer Tasse warmen Kakao?«

Dazu brauchte sie Marie nicht zu überreden.

»Mit wem bist du denn verabredet?«, wollte Marie wissen, als sie in einem Café einen freien Platz gefunden hatten.

»Jasper hat mich zu sich eingeladen«, gab Karolina zögernd zu.

»Seid ihr jetzt ein Paar?«

Tja, auf diese Frage hätte Karolina auch gerne eine Antwort. »Nein«, sagte sie daher einsilbig.

Als Marie aber keine weiteren Fragen stellte, fügte sie noch schnell hinzu. »Wir kennen uns ja schon viele Jahre, hatten uns nur aus den Augen verloren.«

»Aber er ist ein schöner Mann, findest du nicht auch?«

Karolina lächelte. »O ja, er ist wirklich eine Zwölf auf einer Skala von eins bis zehn.«

»Ich mag sein Haar. Jede Frau wäre glücklich, so tolle Locken zu haben«, schwärmte Marie.

»Du kannst dir nicht vorstellen, was früher in der Schule los war. Alle Mädels waren hinter ihm her, schon damals war er der Traum jedes Mädchens.« Karolina kam aus dem Schwärmen gar nicht heraus.

»Du bist in ihn verliebt, nicht wahr?« Marie sah sie aufmerksam an und trank einen Schluck von ihrer heißen Schokolade mit einer extra Portion Sahne.

Noch nie war Karolina gut darin gewesen, ihre Gefühle für sich zu behalten. Man sah ihr an, was sie fühlte und wie sie dachte. »Ist das so offensichtlich?«, fragte sie und stöhnte auf, als hätte sie Schmerzen.

»Nun ja, es ist ja auch nicht schwer zu erkennen, was Jasper für dich empfindet. Er lässt dich ja kaum aus den Augen. Wenn er dich in diesen roten Dessous sieht, wird er ohnmächtig.«

Warum war ihr das noch nie aufgefallen? Karolina wusste nicht, was sie davon halten sollte. »Ich glaube, du kennst Jasper besser als ich. Ich habe ihn lange nicht gesehen. Früher war er ein Junge, jetzt ist er ein richtiger Mann. Er ist mir vertraut, aber auch wieder nicht. Ich finde das alles sehr verwirrend und erkenne mich selbst nicht wieder. Diese Gefühle sind mir so fremd; na ja, ich mache den Weihnachtsrummel dafür verantwortlich.«

Marie seufzte und stützte ihr Kinn auf einen Handballen. »Wem sagst du das? Ich weiß auch nicht, was ich von Oskar halten soll. Er ist immer so freundlich und hilfsbereit. Aber das ist er ständig, nicht nur mir gegenüber. Wie soll ich da erkennen, ob er es ernst meint? Ich bin ja nun mal keine Schönheit, nach der sich jeder Mann umdreht. Warum sollte also gerade Oskar meinen, dass ich die Frau seines Lebens bin?« Sie verdrehte die Augen.

»Ich finde, du unterschätzt dich, Marie. Du bist eine bezaubernde Frau. Du bist freundlich, charmant und auf eine frische und natürliche Art schön. Du brauchst keinen ganzen Farbkasten im Gesicht, um auf dich aufmerksam zu machen. Ich glaube, Oskar steht auf diesen natürlichen Typ. Er hätte dich nicht eingeladen, wenn du ihm egal wärst. Hat er denn noch nie etwas gesagt?«

Nachdenklich schüttelte Marie den Kopf. »Nein, aber er war mir schon öfter mit dem Stand behilflich, wenn es mal Ärger gab. Hat mir von seinen Problemen erzählt, einen neuen Job zu finden, weil der Betrieb schließen musste, bei dem er gearbeitet hatte. Deshalb habe ich ja ein so schlechtes Gewissen, dass er mich zu einem Abendessen eingeladen hat.«

»Und wenn du ihn einlädst?«

»Dazu ist Oskar viel zu stolz. Außerdem hat er mich zuerst gefragt, da kann ich den Spieß nicht einfach umdrehen. Ich will ihn ja nicht vor den Kopf stoßen.«

Das sah Karolina ein. Jasper würde das auch nicht zulassen, aber er hatte immerhin Arbeit. »Ich denke, wenn Oskar es sich nicht leisten könnte, hätte er dich nicht eingeladen.«

»Da hast du sicher recht. Ich werde meine Bedenken über Bord werfen und mich auf übermorgen Abend freuen.« Zuversichtlich nahm Marie einen Schluck.

»Du musst mir unbedingt schreiben, wie es gewesen ist. Ich finde das echt aufregend.«

Marie lächelte und wischte sich den Sahneschaumbart mit der Zunge von der Oberlippe. »Okay, das werde ich tun. Ich bin dir sehr dankbar, dass du mir geholfen hast, dieses wundervolle Kleid zu finden, und dass du mir Mut machst. Ich hatte noch nie eine richtige Freundin. Danke dafür. Und danke für die Dessous. So etwas Schönes habe ich noch nie besessen.«

Karolina griff über den Tisch nach Maries Hand und drückte sie. »Das habe ich gerne getan. Und ja, ich kann auch eine gute Freundin gebrauchen.«

Marie lächelte sie dankbar an. »Dann sind wir jetzt Freundinnen?«

»Wir sind sogar beste Freundinnen«, erklärte Karolina und zwinkerte ihr zu.

»Du bist so wunderbar, Karolina«, sagte Marie und sah zum ersten Mal richtig glücklich aus.

»Außer, du vergisst, mir zu berichten, wie der Abend verlaufen ist. Dann werde ich mir das nochmal überlegen.«

Marie schüttelte lachend den Kopf. »Das werde ich ganz bestimmt nicht vergessen.«

»Findest du nicht, dass wir uns ein Stück Torte verdient haben?« Karolina sah sich nach der Bedienung um und bestellte zwei Stücke Frankfurter Kranz, die auch prompt serviert wurden.

»Glaubst du, dass wir dieses Jahr Weihnachten bei Luise feiern werden?«, fragte Marie währenddessen.

Zuversichtlich nickte Karolina, während sie sich einen Bissen von dem Kuchen in den Mund schob und genüsslich kaute. »Ja, das denke ich. Das wird Luise sich nicht nehmen lassen. Es gab schon zu viele Veränderungen in ihrem Leben, wir sollten alles daransetzen, dass wenigstens diese Tradition bleibt. Alles andere würde ihr das Herz brechen.«

»Wir können Luise unterstützen, sie muss ja nicht alles allein organisieren. Ich glaube auch, dass es für Luise wichtig ist, an alten Traditionen festzuhalten. Sie ist an Alzheimer erkrankt, nicht wahr? Ich möchte dich nicht aushorchen, deshalb brauchst du auf meine Frage auch nicht zu antworten, aber meine Mutter ist vor einigen Jahren ebenfalls daran erkrankt. Ich kenne die Anzeichen.«

»Wie geht es deiner Mutter jetzt?«, fragte Karolina sanft.

»Sie ist vor einem Jahr gestorben. Mein Vater hat das nicht

verkraftet und ging ebenfalls einige Monate später. So habe ich in kurzer Zeit beide Elternteile verloren. Meine Eltern waren beide schon weit über vierzig, als ich geboren wurde. Sie hatten nicht mehr mit Kindern gerechnet. Ich hatte eine tolle Kindheit und bin dankbar für alles, was mir widerfahren ist, doch seine Eltern so leiden zu sehen, das ist nicht schön. Manchmal kann der Tod auch eine Erlösung sein.«

Nachdenklich nickte Karolina. »Du hast natürlich recht. Aber sich mit dem Tod zu beschäftigen, und dann noch diese Weihnachtszeit … Für mich ist das alles neu, ich muss mich erst daran gewöhnen.«

»Kann man sich überhaupt an den Tod gewöhnen?«, fragte Marie nachdenklich und schüttelte gleich darauf den Kopf. »Nein, er ist ein ungebetener Gast, den man lieber nicht in sein Leben lässt, doch manchmal schleicht er sich einfach hinein, durch die Hintertür, die man vergessen hat zu schließen.« Sie zuckte mit den Schultern und versuchte sich an einem Lächeln, das tröstend daherkam.

»Das hast du sehr schön gesagt«, murmelte Karolina nachdenklich. »Wir halten den Tod immer für etwas, was man unter den Tisch kehren muss, dabei gehört er zum Leben. Mit der Geburt beginnt der Tod, nur ist uns das nie wirklich bewusst.«

Auf dem Weg zum Auto kamen sie an einer Herrenboutique vorbei, in dessen Schaufenster Marie eine karierte Fliege entdeckte.

»Das ist genau das richtige Geschenk für Paul. Die müssen wir mitnehmen«, rief sie begeistert.

»Du schenkst Paul etwas zu Weihnachten?«

»Ja, wir schenken uns alle etwas. Also, wir wichteln. Jeder zieht einen Namen und besorgt dann für die betreffende Person ein Geschenk.«

»Ach, schade, ich habe niemanden, den ich beschenken kann«, rief Karolina verdrossen.

»Frieda hat auch einen Namen gezogen. Du könntest für sie einspringen«, überlegte Marie laut.

Karolina nickte. »Ja, vielleicht wissen Luise oder Jasper, wen Frieda gezogen hat. Das werde ich in Erfahrung bringen. Und jetzt lass uns diese reizende Fliege kaufen. Paul wird sich darüber sehr freuen. Es ist genau sein Stil und ein tolles Geschenk.«

Das Geschäft wollte gerade schließen, doch Marie hatte Glück, dass man ihr die Tür noch einmal öffnete. Kurze Zeit später kam sie mit einem Strahlen auf dem Gesicht wieder heraus. »Was für eine erfolgreiche Einkaufstour! Das müssen wir unbedingt wiederholen, beste Freundin«, rief sie und hakte sich bei Karolina ein.

»Das werden wir, beste Freundin. Wenn dieses Weihnachten erst einmal hinter uns liegt.« Karolina zog eine Fratze, die Marie zum Lachen brachte.

»Warte ab, nach diesem Fest wirst du ein richtiger Weihnachtsfan sein.« Marie war so davon überzeugt, dass Karolina schon fast selbst daran glaubte.

»Ich denke, du wirst recht behalten. Jasper tut auch alles, um mich zu einem Weihnachtsfan zu machen. Er hat mit mir gewettet und will diese Wette gewinnen. Dabei schaufelt er sein eigenes Grab, wir haben um ein Essen gewettet, dabei kann ich gar nicht kochen.«

Marie sah sie überrascht an. »Weiß er das?«

Laut lachte Karolina auf. »Ja, aber es scheint ihm egal zu sein.«

»Na, da siehst du, wie sehr er in dich verliebt ist.« Nichts schien sie von dieser Theorie abzubringen.

»Warten wir ab. Wenn ich die Wette verliere und er mein Essen probieren muss, ob er dann immer noch in mich verliebt ist.« Sie zwinkerte Marie zu, und die beiden Frauen lachten auf.

14

Das Taxi hielt Punkt acht Uhr vor dem Haus, dessen Adresse Jasper ihr auf das Handy geschickt hatte. Er hatte Wort gehalten und ihr rechtzeitig die Information zukommen lassen.

Das Gebäude war ein langgezogenes Fabrikgebäude mit einem Flachdach. Die Mauern bestanden aus altem rotem Backstein. Es war einstöckig, besaß aber einen rechteckigen Aufbau, zu dem eine Eisentreppe hinaufführte. Eine Art Kubus in einem modernen Stil, hell erleuchtet. Obwohl das Licht brannte, konnte man nicht durch die Scheiben sehen.

»Komm die Treppe hinauf!«, hörte sie Jaspers Stimme.

Karolina blickte nach oben und entdeckte ihn am oberen Absatz. Der Hof wurde durch zwei Strahler ausgeleuchtet, die genug Licht boten, um die Treppenstufen zu erkennen.

»Pass bitte auf, die Treppe ist glatt, obwohl ich gestreut habe. Es hat wieder zu frieren begonnen.«

Sie hielt sich am Geländer fest und stieg die zehn Stufen hinauf.

Oben angekommen, nahm Jasper sie in Empfang. »Hallo, schöne Frau. Ich hoffe, eure Shoppingtour war von Erfolg gekrönt.«

»Ja, das war sie. Aber jetzt bin ich wirklich hungrig«, gab sie zu.

»Na, dann komm schnell rein. In der Wohnung ist es angenehm warm.«

Er führte sie in einen großen Raum und schloss die Tür hinter sich. Neugierig sah Karolina sich um.

»Du wohnst in einem Loft!«, rief sie begeistert, zog ihren Mantel aus und warf ihn zusammen mit der Handtasche einfach über die Lehne der breiten Couch. Diese nahm einen großen Teil des Wohnzimmers ein und stand genau so, dass man durch die lange Fensterfront, die von der Decke bis zum Boden reichte, in den Sternenhimmel blicken konnte. Die Wände waren nicht verputzt worden, der Klinkerstein war noch zu sehen und weiß gestrichen. Das Licht kam aus dezenten Strahlern von der Decke, die in einem ausgeklügelten Schema angebracht waren, sodass der gesamte Raum ausgeleuchtet wurde. Zusätzlich sorgte ein großer Kamin für ein wenig Licht und wärmte die Wohnung. Doch der Blickfang war ein drei Meter hoher Weihnachtsbaum, der neben den Fenstern stand. Er war hübsch mit roten Kugeln und Anhängern geschmückt. Der ganze Raum roch nach Tanne und vermittelte den Eindruck von Weihnachten. Unter dem Baum waren bunte Pakete drapiert. Karolina wusste gar nicht, wohin sie zuerst blicken sollte. Auch die Fenster waren winterlich dekoriert, und es gab Kränze an den Wänden, die wunderschön aussahen. Die vorherrschende Farbe war Dunkelrot. Ganz klar, hier wohnte jemand, der Weihnachten liebte.

Die Küche lag auf der linken Seite, dort zischte etwas in einer Pfanne und Dampf stieg aus einem Topf auf.

»Kann ich dir irgendwie helfen?«, bot sie an.

»Nein, sieh dich ruhig um, dass Essen braucht noch fünf Minuten.«

Zwischen der offenen Küche und dem Wohnzimmer stand ein großer Esstisch, an dem locker zehn Personen Platz fanden. Er war aus Wurzelholz geschnitzt und passte perfekt zu dem Ambiente.

»Der Tisch ist toll.«

»Den hat Oskar für mich geschreinert. Er ist ein richtiger Künstler, findest du nicht auch?«

Karolina konnte dem nur zustimmen. Der Tisch war ungewöhnlich und ein Blickfang. Er würde auch gut zu ihrer Wohnung passen.

Die Küche selbst war in einem neutralen Weiß gehalten. Auf einem Arbeitsblock stand eine Vielzahl von Kräutertöpfen, die grüne Akzente setzten. Von der Decke hingen Töpfe und Pfannen aus Kupfer. Alles wirkte so harmonisch und aufgeräumt. Der Tisch war bereits für zwei Personen gedeckt.

»Magst du uns schon mal den Wein einschenken?«, rief Jasper ihr aus der Küche zu und hielt eine Flasche in die Höhe. »Er soll prima zum Wolfsbarsch passen. Ich dachte mir, Fisch liegt nicht so schwer im Magen.«

»Das ist eine tolle Idee.« Sie nahm ihm die Flasche ab und ging hinüber zum Tisch, wo sie die beiden Weingläser füllte. »Was gibt es als Beilage?«

»Es gibt Wolfsbarsch mit Spinat und kleinen Rosmarinkartoffeln, die in der Pfanne gebraten werden, dazu ein Weißweinschaum.«

Karolina nickte anerkennend. Sie liebte gutes Essen, auch wenn sie selbst kaum kochte und es auch nicht besonders gerne tat. Ihr fehlte einfach die Erfahrung. Dass Jasper ein bewanderter Koch war, trug dazu bei, dass er weiter in ihrer Achtung stieg.

»Es schmeckt köstlich«, lobte Karolina das Essen und langte ordentlich zu, was Jasper ihr mit einem Lächeln dankte. »Ich muss zugeben, Kochen gehört nicht zu meinen Hobbys. Meistens fehlt mir die Zeit dazu, oder ich bin nach der Arbeit viel zu müde, um mich noch an den Herd zu stellen.«

»Es lohnt sich auch nicht immer, nur für eine Person zu kochen.« Jasper goss ihnen Wein nach.

»So, für wen kochst du dann?«, fragte sie neugierig und grinste, weil sie ihn auf seine Worte festnagelte.

»Zwei Mal im Monat koche ich für meine Crew. Wir machen daraus eine Teambesprechung. Ich habe lange darüber nachgedacht, eine Kochausbildung zu machen, doch dann habe ich mich doch für eine Bäcker- und Konditorlehre entschieden. Trotzdem macht mir das Kochen als Hobby sehr viel Spaß.«

»Du bist hervorragend darin, und es ist nie zu spät, etwas daraus zu machen.« Genussvoll schob sie sich die nächste Gabel in den Mund. »Hast du viele Angestellte?«

»Insgesamt sind es zehn Mitarbeiterinnen und Mitarbeiter. Sechs in der Fertigung, die mich unterstützen, zwei, die den Versand übernommen haben, dann gibt es noch zwei, die für Werbung und Social Media zuständig sind. Es ist eine tolle Truppe, und die Arbeit macht Spaß. Wir probieren viel aus und sind sehr kreativ. Julian, der mir auf dem Markt hilft, sollte ich auch dazuzählen. Er studiert noch und hilft aus, wann immer er Zeit dafür hat.« Jaspers Augen leuchteten regelrecht, als er über seine Arbeit und Mitarbeiter sprach.

»Du hörst dich wirklich glücklich an. Es scheint, als hättest du deine Berufung gefunden.«

Zustimmend nickte Jasper. »So ist es auch. Für mich fühlt es sich nicht wie Arbeit an.«

Leise seufzte Karolina. »Das klingt so wunderbar. Ich wünschte, das wären meine Worte.«

»Was ist mit deinem Job?« Japser legte sein Besteck zur Seite, weil er bereits fertig war, und putzte seinen Mund mit der Serviette ab.

»Er ist Stress pur. Aber ich habe ihn mir ausgesucht. Ich bin nun mal ein Zahlenmensch.« Sie hob die Schultern. Viel konnte sie nicht dazu sagen.

»Ja, aber macht er dir auch Spaß? Und bereichert er dein Leben?«

»Früher schon, doch mittlerweile fange ich an zu zweifeln, ob das alles in meinem Leben ist. Natürlich verdiene ich eine Menge Geld. Aber zu welchem Preis? Ich stehe ständig unter Strom. Die Menschen verstehen keinen Spaß, wenn es ums Geld geht. Wenn ich ehrlich bin, habe ich mir das anders vorgestellt. Doch ich kann mich nicht dazu durchringen, mir einen neuen Job zu suchen.«

Jasper erhob sich und räumte die Teller ab, die sie geleert hatten. »Hast du Lust, dir die Manufaktur einmal anzusehen?«

Begeistert nickte Karolina. »Sehr gern. Ich bin total neugierig.«

Jasper nahm ihre Hand und schloss eine Tür auf, die über eine Wendeltreppe hinunter in das Fabrikgebäude führte. Er schaltete das Licht ein, und auch hier gab die indirekte Beleuchtung genug Licht, sodass der Raum hell erleuchtet war. Es gab eine Menge Tische, an denen Pralinen verpackt wurden. Ordentlich gestapelt standen unterschiedliche Packungseinheiten in Regalen, die an den Wänden montiert waren. Die Räume waren hell erleuchtet und mit vielen Fenstern versehen, doch jetzt waren die elektrischen Rollos heruntergefahren.

»Wird es im Sommer hier nicht zu warm?«

Jasper schüttelte den Kopf. »Wir haben eine prima Klimaanlage. Dafür ist gesorgt.«

»Es ist alles so freundlich und sauber.«

»Die Mitarbeiter tragen sterile Schutzkleidung, Schuhschoner, Einweghandschuhe und Haarnetze. Wir achten auf höchste Sicherheit. Im nächsten Raum ist die Fertigung untergebracht.«

Er führte Karo weiter, die alles mit großen Augen bestaunte.

»Keine Fließbänder«, stellte sie erstaunt fest.

»Nein, alles echte Handarbeit. Darauf lege ich viel Wert. Das schlägt sich natürlich im Preis nieder, aber ich bilde mir ein, dass man es auch schmecken kann.« Jasper konnte nicht umhin, dass Stolz in seiner Stimme mitschwang. »Ich will nicht angeben, aber du hast meine Ware probiert und kannst dir ja selbst ein Urteil bilden.«

»Du hörst dich ganz und gar nicht arrogant an. Du kannst

sehr stolz auf das sein, was du erschaffen hast. Und deine Pralinen schmecken köstlich.«

»Das sagst du jetzt nicht nur, weil wir befreundet sind?« Er sah auf sie hinunter und blickte ernst. Offenbar war ihm wichtig, was Karo über ihn dachte.

Sofort schüttelte sie den Kopf. »Ich meine es vollkommen ernst. Deine Ware ist von hoher Qualität, und ich bin sehr stolz auf dich.« Sie beugte sich vor und gab ihm einen kleinen Kuss auf die Lippen. »Ich wünschte, ich könnte auch so etwas vorzeigen. Das hier ist echt außergewöhnlich.«

»Dann habe ich dich also beeindruckt?«

»Ja, das hast du. Als Unternehmer, als Freund und auch als Mann«, flüsterte sie und hielt seinem Blick stand.

»Dann bin ich ja beruhigt«, murmelte er, nahm ihre Hand in seine und räusperte sich dann etwas verlegen. »Themenwechsel. Hier sind die Kessel, in der die Schokolade verflüssigt wird, auf ganz schonende Weise. Wir arbeiten mit zwei großen Conchen, eine dritte wird bald zusätzlich angeschafft. Für die Beschaffung der Zutaten bin ich persönlich zuständig. Ich überlege noch, ob ich nicht eine zusätzliche Kraft einstelle, die mich darin unterstützt. Du hast nicht zufällig Lust auf einen neuen Job?«

Überrascht blickte Karo ihn an und lachte. »Wenn du jemanden suchst, der dir die ganze Produktion auffuttert, dann gerne. Ich denke, ich wäre eher kontraproduktiv.«

Jasper schlang beide Arme um ihre Taille. »Du kannst es dir ja überlegen. Mein Angebot steht. Ich könnte mir vorstellen, dass du gut ins Team passen würdest. Wie war das noch mit den neuen Herausforderungen? Für Veränderungen ist es nie zu spät.«

Nun lachte Karo nicht mehr, sondern dachte über ihre eigenen Worte nach. »Vielleicht hast du recht. Lass mich darüber nachdenken.«

Das war mehr, als er erwartet hatte.

»Magst du noch einen Kaffee oder Espresso?«, fragte Jasper, als sie wieder oben in der Wohnung angekommen waren.

»Cappuccino?« Karolina hob fragend eine Augenbraue.

»Gibt es auch«, bestätigte Jasper und machte sich an einem großen Kaffeeautomaten zu schaffen. Es dauerte nicht lange, da hielt er zwei Tassen in der Hand. »Komm, wir setzen uns ins Wohnzimmer und machen es uns dort gemütlich.« Er stellte die Tassen auf dem Couchtisch ab und legte noch Holz im Kamin nach. Es war behaglich warm, und das Prasseln des Feuers erzeugte eine schöne Atmosphäre.

Mit einer schnellen Bewegung legte Karolina ihren feinen Schal ab und zog die Stiefel aus. »Ich hoffe, es macht dir nichts aus, aber meine Füße bringen mich um.«

»Du kannst gerne noch mehr ablegen.« Ein feines Lächeln glitt über Jaspers Züge. »Ich leihe dir gerne ein Shirt und bequeme Hosen von mir.«

»Lieben Dank, aber ich fühle mich so sehr wohl.« Sie ließ sich auf dem Sofa nieder. Jasper setzte sich direkt neben sie und zog Karolina in seine Arme, die ihre Beine auf der Sitzfläche ablegte.

»Was ist mit: Es ist nie zu spät, einen anderen Weg einzuschlagen?«

Leise lachte Karolina in sich hinein. »Ich bin sehr gut darin, gute Ratschläge zu verteilen, die ich selber nicht befolge. Du hast ja recht. Ich bin an einem Punkt angelangt, an dem ich meine Situation überdenken sollte. Du hast eine Menge erreicht und kannst sehr stolz auf dich sein. Ich denke, für mich wird es Zeit, einen neuen Weg einzuschlagen. Aber ich muss auf Luise Rücksicht nehmen.«

»Du musst nichts überstürzen, Karo.« Er strich ihr sanft über den Arm, zog sie an seine Brust. »Die Arbeit in der Manufaktur ist sehr abwechslungsreich. Du kannst auch gerne die Buchhaltung übernehmen. Der Papierkram geht mir total auf die Nerven. Paul bekommt immer einen Anfall, wenn ich ihm meine Unterlagen bringe. Ich glaube, er würde sich freuen, wenn jemand mit Erfahrung das übernehmen würde. Und ich, ehrlich gesagt, ebenfalls. Ich fahre zwei Mal im Jahr zu Messen und auch nach Frankreich, Italien und Ghana, um Rohstoffe einzukaufen. Kann ich dich damit vielleicht locken?« Sie spürte sein Grinsen.

»Das ist ein sehr verlockendes Vorstellungsgespräch, mein Lieber. Aber ich muss erst einmal klären, wie ich mich um Luise kümmern kann. Danach sehen wir weiter.«

»Natürlich, ich will dir nur aufzeigen, dass du Alternativen hast. Wenn du für mich arbeiten würdest, wären deine Arbeitszeiten flexibel, und du könntest sie mit den Betreuungszeiten von Luise vereinbaren.«

Leise seufzte Karoline. »Das hört sich wunderbar an, das muss ich zugeben.« Sie ließ ihren Blick durch die Wohnung streifen. »Dir liegt Weihnachten wirklich am Herzen«, stellte sie fest.

Sein sympathisches Lachen drang an ihr Ohr. »Ja, das sieht man wohl. Ich liebe diese Zeit. Wenn am Abend die Welt einmal zur Ruhe kommt. Meist sind die Wochen bis zum Weihnachtsabend hektisch, doch wenn man mit der Familie oder guten Freunden zusammensitzt, weiß man, dass sich die Mühe gelohnt hat.«

»Das hört sich toll an. Sag mal, man kann von außen nicht hier reinblicken?«

»Nein, es sind spezielle Fenster. Man kann hinaus-, aber nicht hineinschauen. Mir ist meine Privatsphäre wichtig. Auch wenn das hier mein Firmengelände ist. Ich mag es, hier zu wohnen, wo ich die Ruhe nach Feierabend genießen kann. Aber jetzt erzähl mir von eurer Tour. Habt ihr was Schönes gefunden?«

»Wir haben ein wunderschönes Kleid für Marie entdeckt. Zusätzlich konnte ich sie noch zu einem Paar Lederstiefel überreden. Sie ist eine sehr reizende Person, leider ein wenig schüchtern. Doch ich habe beschlossen, dass sie meine neue beste Freundin ist. Ich glaube, ich kann eine gebrauchen. Ich hoffe, dass ihre Verabredung von Erfolg gekrönt wird.«

»Oskar ist kein Mann, der gern ein Risiko eingeht. Er ist sich einer Sache sicher, wenn er sie angeht.«

»Die beiden passen gut zusammen. Ich habe nur Angst, dass keiner den ersten Schritt wagt und sie so nie zusammenkommen.«

Jasper schüttelte den Kopf. »Oskar war zumindest so mutig und hat Marie endlich eingeladen. Ich habe ihm ein paar Tipps gegeben, und er hat sie befolgt. Er ist schon seit Jahren in sie verliebt«, gab er preis. »Na, damit kenne ich mich ja aus.« Er grinste breit.

»Wusste ich doch, dass du deine Finger im Spiel hast. Ich hoffe, dass die beiden das hinbekommen, das würde mich sehr freuen.« Sie drehte den Kopf und sah Jasper lächelnd an.

»Du meinst, so wie wir das hinbekommen?« Er sprach leise und sah sie ernst an.

»Tun wir das? Marie fragte mich heute, ob wir zusammen sind, und ich muss ehrlich zugeben, dass ich überhaupt nicht weiß, was das zwischen uns ist. Ich weiß noch nicht einmal, ob du anderweitig gebunden bist.«

»Was?« Jasper sah sie entrüstet an. »Du glaubst doch nicht wirklich, dass ich mit dir schlafe, wenn ich vergeben wäre! Ich habe dir gesagt, dass ich keine Beziehung habe. Schon mehr als ein Mal.« Seine Worte hörten sich eingeschnappt an.

Im gleichen Augenblick tat es Karolina leid, dass sie seine Worte in Frage gestellt hatte. »Dann hätten wir das ja geklärt, dass wir beide Singles sind. Bitte entschuldige, es tut mir leid, ich wollte dich nicht verdächtigen oder dir etwas unterstellen. Ich bin vermutlich so müde, dass mein Kopf nicht mehr richtig funktioniert. Es war ein langer Tag.« Sie sah ihn um Vergebung bittend an. »Ich sollte gehen, bevor ich weiteren Schaden anrichte.« Karolina erhob sich. Wo hatte sie nur ihre Handtasche gelassen?

Jasper trat zu ihr und nahm sie in die Arme. »Wer hat dir so wehgetan, dass du immer zweifelst?«

Leise seufzte Karolina. »Ein Typ aus der Bank. Ich dachte, er wäre an mir interessiert, doch er wollte mich nur ins Bett kriegen. Hatte sogar darauf gewettet, dass er es schafft. Das hat mich tief verletzt. Seitdem bin ich froh, lieber allein zu sein.«

Zärtlich strich er ihr über die Wange, weiter den Hals entlang, und Karolina schloss genießerisch die Augen. »Vergiss diesen Typ und alles, was gewesen ist. Jetzt beginnt eine ganz neue Zeit. Nein, ich finde nicht, dass du gehen solltest. Es ist schon viel zu spät. Außerdem hast du noch nicht die ganze Wohnung gesehen. Du musst dir den Trainingsraum anschauen, der zufällig in meinem Schlafzimmer liegt. Komm mit.« Er nahm ihre Hand und zog sie hinter sich her.

Karolina war sich sicher, dass er sie gehen lassen würde, wenn sie darauf bestand. Aber sie wollte gar nicht. Sie war neugierig auf sein Schlafzimmer und ehrlich gesagt auch viel zu müde, um noch nach Hause zu fahren.

Im hinteren Bereich des großen Raums gab es eine Eisentreppe, die eine Etage höher führte. Eigentlich war nur ein Zwischenboden über der Hälfte des Wohnraums eingezogen worden, der als Schlafzimmer diente. Extra abgetrennt war ein Badezimmer, das mit Glasbausteinen verkleidet war. Ein großer Teil des Raums war wirklich mit Fitnessgeräten ausgestattet. Es gab ein Laufband, ein Rudergerät und eine Kraftstation, dazu noch ein Peloton-Bike.

»Wow, du hast wirklich ein Händchen für ausgefallene Wohnideen«, gab Karolina zu. Ein großes Bett stand mitten im Raum. Die Zimmerdecke direkt über dem Bett bestand aus Glas, sodass man in den Himmel blicken konnte, wenn nicht gerade Schnee lag. Auch hier gab es eine indirekte Beleuchtung, die an der Deckenverkleidung entlanglief. Eine Kleiderstange und ein Highboard sorgten dafür, dass Jasper seine Kleidung ordentlich aufbewahrte. Das Ganze imponierte ihr. »Du hast nicht zu viel versprochen, ich bin beeindruckt und wäre enttäuscht, wenn ich das verpasst hätte.«

»Bleib heute Nacht bei mir, Karo. Ich würde mich sehr darüber freuen.« Er nahm sie in die Arme, wiegte sich leicht mit ihr hin und her.

Verlegen räusperte sie sich. »Du hast etwas gesagt, was mir nicht mehr aus dem Kopf geht.«

Jasper zog die Augenbrauen fragend zusammen.

»Dass du immer noch in mich verliebt bist, wie vor fünfzehn Jahren. War das ernst gemeint?« Ihr Atem ging hektisch, denn seine Antwort war ihr ungemein wichtig. Sie würde ihr weiteres Leben bestimmen, doch dieser Gedanke streifte sie nur am Rande, sie war viel zu sehr auf Jasper fixiert. Es konnte gut sein, dass dieser Abend und ihre Verbindung jetzt und hier endeten.

Langsam schüttelte er den Kopf und ihr wurde übel. »Ich habe gelogen, Karo.«

Jetzt kam also der Rückzieher. Fast, wie sie es vermutet hatte. Enttäuschung machte sich in ihr breit. Jasper war schon einmal vor ihr geflüchtet, und genau das erwartete sie nun auch.

»Ich bin nicht so in dich verliebt wie vor fünfzehn Jahren«, fuhr er fort. »Heute liebe ich dich noch viel mehr. Meine Liebe von damals ist mit dem hier gar nicht zu vergleichen«, murmelte er an ihrer Stirn, dann beugte er sich hinunter und küsste sie stürmisch.

Es brauchte einen Moment, bis Karolina sich seiner Worte bewusst wurde, aber es bedurfte keiner Antwort, denn sein Kuss erklärte alles. Er raubte ihr alle Sinne. Sie erwiderte ihn, um Jasper zu zeigen, dass es ihr genauso ging wie ihm. Auch sie hatte sich verliebt, nur konnte sie es nicht in Worte fassen.

Es war nicht möglich. Er nahm ihr jede Fähigkeit zu denken, zu sprechen, zu hören. Sie fühlte nur noch. Das war der einzige Sinn, der zu funktionieren schien. Sie spürte, wie seine Hände über ihren Körper glitten und wie er sich daranmachte, ihr das Kleid auszuziehen. Als sie ihm helfen wollte, hob er den Kopf.

»Nein, lass, ich möchte das machen. Beweg dich nicht.«

Still stand sie da, schloss die Augen, fühlte jeden einzelnen Finger, der sie berührte. Er zog ihr die Strumpfhose aus, löste den Verschluss des BHs, und auch den String streifte er ihr ab.

»Du bist so schön, Karo. Noch viel schöner, als ich es mir immer in meinen Träumen vorgestellt habe.«

Es war überwältigend, diese Worte aus seinem Mund zu hören. Endlich erwachte Karolina aus ihrer Trance, zog ihm das Shirt über den Kopf und machte sich an seiner Jeans zu schaffen.

Als auch Jasper nackt war, hob er sie hoch. Karolina schlang ihre schlanken Beine um seine Hüften und hielt sich an seinen starken Schultern fest.

»Du duftest so wunderbar«, raunte er ihr zu und drückte sie gegen die Wand. Langsam ließ er sie auf seine Erregung nieder und drang vorsichtig in sie ein. Wie herrlich es sich anfühlte, ihn in sich zu spüren! Sie kam seinen Stößen entgegen und sah in seinem Blick, dass er es kaum noch erwarten konnte. Die Küsse, die er auf ihrer Haut verteilte, waren wie Feuer, die ihre Leidenschaft anfachte. Seine Stärke beeindruckte Karolina, und ihr Puls beschleunigte sich stetig. Das Blut pochte durch ihren Körper, rauschte so sehr in ihren Ohren, dass sie Angst bekam, das Bewusstsein zu verlieren. Als der Höhepunkt über sie hinwegraste, kam ein schriller Laut über ihre Lippen, sie rief seinen Namen, und Jasper stöhnte dunkel auf. In inniger Umarmung rangen beide nach Atem, als der Orgasmus sie mit sich riss. Sie bewegten sich kaum, holten nur tief Atem.

»Ich dachte, du wärst müde«, murmelte Jasper und blickte sie mit seinen dunklen Augen belustigt an.

»Das bin ich auch«, gab sie zu. »Bring mich in dein Bett, ich kann nicht mehr laufen.« Karolina klammerte sich an ihm fest.

»Das brauchst du auch nicht. Ich trage dich.« Er brachte sie zu seinem Bett hinüber und legte sie dort ab, wo das Laken ihren erhitzten Körper abkühlte. Er deckte sie beide zu. Karolina kuschelte sich an ihn, blickte zum Himmel hinauf, wo sie die Sterne sah, die dort funkelten.

»Es ist so schön bei dir«, murmelte sie. »Noch nie habe ich mich bei jemandem so geborgen gefühlt. Ich habe nur Angst, dass ich irgendwann erwache und feststelle, dass ich alles nur geträumt habe.«

»Das wird aber niemals geschehen, mein Liebling. Das hier ist die Realität.« Er nahm ihre Hand in seine und küsste jeden einzelnen Finger.

»Was ist, wenn ich mich um Luise kümmern muss, weil sie ein Altenheim ablehnt? Wie lange willst du noch auf mich warten?«

»Ich werde so lange warten, wie es notwendig ist. Du musst dich nicht allein um Luise kümmern, das können wir gemeinsam tun. Ich werde alles mit dir teilen. Du kennst doch das Sprichwort: In guten wie in schlechten Zeiten.«

Sie lachte heiser auf. »Ja, aber das benutzt man nur, wenn man verheiratet ist.«

»Dann heirate mich«, flüsterte er in die dunkle Nacht hinein.

Sprachlos öffnete sie den Mund, aber kein Laut kam heraus. Sie schluckte hart. »Das ist verrückt. Du bist verrückt. Du kannst mich das doch nicht einfach so fragen«, sagte sie atemlos.

»Warum nicht? Ich habe dich doch auch gefragt, ob du für mich arbeiten willst.«

»Das ist aber ein Unterschied.«

»Und wo genau ist der Unterschied?« Jasper drehte sich zu ihr, sah sie liebevoll an.

»Ich … ich weiß nicht. Du bringst mich total durcheinander. Ich weiß gar nicht, was ich sagen soll. Hast du immer so verrückte Ideen?«

»Ständig«, gab er zu. »Schlaf jetzt.« Er küsste ihre Stirn. »Du musst mir ja noch keine Antwort geben.«

Karolina nickte, schloss wie befohlen die Augen, und augenblicklich schlief sie ein.

»Ich werde dich schon dazu bringen, mich zu heiraten«, meinte sie noch zu hören, doch vermutlich war das nur ein Traum. Ein sehr schöner Traum.

15

Als Karolina am nächsten Morgen erwachte, hörte sie Jasper in der Küche hantieren. Es roch nach frischem Kaffee und Speck. Da sie keine Wechselkleidung dabeihatte, aber nicht das Kleid von gestern anziehen wollte, zog sie eines von Jasper T-Shirts an, das über dem Heimtrainer hing. Es duftete so wundervoll nach ihm.

Vom Geländer aus konnte man direkt in die Küche hinunterschauen, und sie sah, wie Jasper geschickt mit dem Pfannenwender hantierte. Er briet Eier und schaufelte Speck auf einen Teller, auf dem schon ein Toastbrot lag. Er stellte es auf dem Esstisch ab, und als er zurück in die Küche ging, blickte er wie zufällig nach oben und entdeckte Karolina, die am oberen Absatz der Treppe saß.

»Guten Morgen, meine Schöne. Lust auf ein Frühstück?«, rief er ihr zu.

»Ja, gerne, ich komme sofort, will nur kurz ins Bad.«

»Ich habe eine frische Zahnbürste und Handtücher für dich hingelegt.«

»Du bist ein Engel!«, rief Karolina und begab sich ins Bad. Dort fand sie nicht nur Zahnbürste und Duschtuch, sondern auch eine Jeans und einen Pullover in ihrer Größe. Sie wollte nicht wissen, wer diese Sachen hier vergessen hatte, da sie aber frisch gewaschen waren, zog sie sie nach dem Duschen an. Schnell föhnte sie ihr Haar und band sich einen Zopf. Dann ging sie hinunter in die Küche.

»Es riecht wundervoll.« Sie schnupperte in die Luft wie ein Hund, der eine Fährte aufgenommen hatte.

Jasper zog sie in seine Arme und küsste sie innig. »Ich habe gerne Gäste hier.«

»Haben deine Gäste auch eine Jeans und Pullover in meiner Größe hinterlassen?« Sie sah ihn wachsam an.

Leise lachte er und schüttelte den Kopf. »Du traust mir immer noch nicht. Das sind Sachen von meiner Schwester, die mich ab und an besucht. Sie hat ungefähr deine Größe. Erinnerst du dich an Laura?«

»Ja, natürlich. Sie ist vier Jahre jünger als du, nicht wahr?«

Er nickte. »Ja, sie ist jetzt siebenundzwanzig, lebt in Berlin und hat gerade dort ihr Studium abgeschlossen. Sie wird es dir nicht übelnehmen, wenn du dir die Sachen ausleihst.« Er küsste sie auf die Nase. »Die Eier!«, rief er und lief in die Küche. »Ich hoffe, du magst Spiegeleier auch noch, wenn sie durchgebraten sind.«

Karolina lachte. »Klar, ich schätze, selbst diese Spiegeleier sind immer noch perfekt.«

Jasper hätte lügen müssen, wenn er behauptete, es würde ihm nicht gefallen, eine Frau in seiner Wohnung um sich zu haben. Nicht alleine frühstücken zu müssen war eine tolle Sache. Es war nicht so, dass noch nie eine Frau bei ihm übernachtet hatte, doch meistens handelte es sich dabei tatsächlich um seine Schwester Laura.

»Sag mal, Marie hat mir gestern erzählt, dass ihr Weihnachten wichtelt. Weißt du vielleicht, wen Frieda gezogen hat? Ich würde für sie einspringen und ein Geschenk besorgen«, erklärte Karolina und sah ihn fragend an.

Ein feines Lächeln zog sich über seine Lippen. »Ja, ich weiß sogar genau, wen sie gezogen hat.« Er wackelte mit den Augenbrauen.

Sie sah ihn überrascht an. »Nein, nicht dich, oder doch?«

Er nickte bestätigend. »Ja, Frieda hat sich verplappert und mich gebeten, das nicht zu verraten.«

»Okay, ich weiß Bescheid, und ich hoffe, dass du mich

nicht verpetzt. Ich bin gespannt, wer Frieda gezogen hat. Glaubst du, es spricht sich rum, dass ich für sie einspringe?«

Er hob die Schultern. »Wenn nicht, werde ich schon dafür sorgen, dass es jeder erfährt. Nicht, dass du ohne Geschenk dastehst.«

»Es geht mir nicht um das Geschenk, nur will ich niemanden in Verlegenheit bringen. Du weißt nicht zufällig, wer Frieda gezogen hat?«

Wie süß sie aussah, wenn sie etwas aus ihm herausbekommen wollte! »Nein, tut mir leid. Es ist ja eigentlich geheim, wer wen gezogen hat. Dass Frieda sich verraten hat, war nicht geplant. Und denk bitte daran, das Geschenk darf nicht mehr als zwanzig Euro kosten.«

»Okay, alles klar. Ich denke, wir müssen los. Nicht, dass Luise noch ohne mich zum Weihnachtsmarkt läuft.«

»Zuzutrauen wäre es ihr.«

Schnell räumten sie gemeinsam den Tisch ab und machten sich dann auf den Weg. Karo bewegte sich so selbstverständlich in seiner Wohnung, als wäre sie hier zu Hause. Das gefiel ihm ungemein. Die Vorstellung, dass sie für immer bleiben würde, bescherte ihm ein warmes Gefühl, das sein Herz berührte. Noch nie hatte er so ein Gefühl der Zusammengehörigkeit gehabt. Es war eine warme und doch so leichte Empfindung.

Gemeinsam fuhren sie los, und nachdem Jasper sie bei Luise abgesetzt hatte, steuerte er den Marktplatz an.

Luise saß am Küchentisch und vertrieb sich die Zeit mit ihrem morgendlichen Sudoku. Warum ging es heute nicht auf? Wo lag der Fehler? Immer wieder ging sie die Felder durch, doch ihr wollte nicht auffallen, woran es lag. Greizkiesldunnerwedder noch mal, das war ja zum Verrücktwerden! Also genau das Richtige für sie. Hieß das, dass sie den Verstand verlor, wenn sie jetzt noch nicht mal mehr ein einfaches Rätsel lösen konnte? Das gefiel Luise ganz und gar nicht, doch sie fühlte sich wie in einer Zwangsjacke. Egal, wie sie sich drehte und wendete, sie konnte sich nicht lösen und frei bewegen. Sie wollte das alles nicht. Sie wollte nicht, dass ihr Gedächtnis immer schlechter wurde, dass sie Dinge vergaß, die ihr wichtig waren. Doch sie konnte nichts dagegen tun, und das machte sie so richtig wütend.

Konrad hatte bei ihr übernachtet, sie war in seinem Arm eingeschlafen. Es war das erste Mal, dass ein anderer Mann als Friedhelm neben ihr im Bett gelegen hatte. Es war schön gewesen und hatte ihr gefallen. Sie hatte vergessen, wann Konrad zum ersten Mal in ihr Leben getreten war. Das musste schon eine Ewigkeit her sein. Jedes Jahr zu Weihnachten trafen sie sich auf dem Markt, doch im Sommer besuchte er sie auch ab und an. Immer, wenn Frieda im Urlaub war. Hatte er etwa Angst vor ihrer Enkelin? Sollte sie Frieda sagen, dass ein Mann bei ihr übernachtet hatte? Ja, das wäre vermutlich das Beste.

»Frieda!«, rief sie laut. Sie erhielt keine Antwort. »Frieda! Bist du da?« Sie drehte sich auf dem Stuhl herum, starrte zur Tür. Es würde niemand kommen. Sie war ja allein in der Wohnung. Frieda war nicht mehr da. Das war auch der Grund, warum Konrad bei ihr übernachtet hatte. Sie war allein, und niemals wieder würde Frieda im Türrahmen erscheinen, wenn sie nach ihr rief. Eins, zwei, drei, vier, fünf, sechs, sieben, acht …

Als Luise nicht auf das Klingeln der Türglocke reagierte, zog Karolina den Schlüssel aus der Handtasche und schloss auf. Es war merkwürdig still in der Wohnung, sodass in Karolina Angst aufstieg. Sie lief den dunklen Flur entlang und rief Luises Namen.

»Ja, ich bin hier!«, kam es endlich aus der Küche.

Erleichtert lehnte Karolina sich an den Türrahmen. »Ich habe geklingelt, hast du das nicht gehört?«

Luise sah sie erstaunt an. »Nein, du hast bestimmt bei den Nachbarn geklingelt.«

Karolina zog ihren Mantel aus und setzte sich an den Tisch zu Luise, die sich einen Tee aufgebrüht hatte. Sie sah sich um, und entdeckte zwei Verpackungen von Grande Italia, die bereitstanden, um in den Papiermüll zu wandern.

»Wo kommt denn die Pizzaverpackung her?«, fragte sie überrascht.

»Ich habe gestern mit Konrad Pizza und Salat gegessen. Und einen Vorspeisenteller«, fügte Luise noch hinzu.

»Hat Konrad die mitgebracht?«

»Nein, Rashid hat sie gebracht. Ich habe ihn angerufen, und nach einer halben Stunde hat er sie pünktlich geliefert. Na ja, er war fünf Minuten zu spät, aber das schadet ja nicht.«

Karolina machte große Augen. Das hätte sie Luise gar nicht zugetraut. »Rashid? Du hast dir wirklich etwas vom Pizzaservice liefern lassen?«

»Natürlich. Was ist daran so besonders? Dort schmeckt das Essen hervorragend«, erklärte Luise voller Überzeugung, als hätte sie nie eine andere Meinung dazu vertreten. »Magst du auch etwas trinken?«, bot sie Karolina an.

»Nein, danke. Ich hab schon gefrühstückt«, lehnte Karo dankbar ab und sah Luise aufmerksam an.

»Wir sollten zum Markt aufbrechen.« Luise wollte sich erheben, doch Karolina hielt sie mit einem Handzeichen auf.

»Ich möchte erst noch mit dir darüber sprechen, was der Arzt mir erzählt hat.«

Luise presste ihre Lippen fest aufeinander. Sie sah wie ein trotziges Kind aus. »Der Kerl hat doch keine Ahnung.«

»Doch, hat er, immerhin ist er Arzt. Luise, deine Erkrankung ist nicht von der Hand zu weisen. Sie ist nicht heilbar, also müssen wir das Bestmögliche daraus machen.«

»Ich falle dir auf die Nerven.«

»Nein, Luise, wie kommst du nur auf diese Idee. Ich kümmere mich gerne um dich, aber ich bin berufstätig, und mein Urlaub geht nach Silvester zu Ende. Also müssen wir eine Lösung finden, wie es in Zukunft weitergehen soll. Wir müssen wohl akzeptieren, dass du auf Dauer nicht alleine leben kannst, ob dir das gefällt oder nicht. Es ist eine Tatsache, vor der wir die Augen nicht verschließen dürfen.«

Luise schnaufte. »Ich brauche niemanden, der auf mich aufpasst. Ich komme sehr gut allein zurecht.«

»Laut Doktor Cremer wird sich das aber in den nächsten Monaten und Jahren ändern. Wir müssen in die Zukunft denken.«

»Was weiß der denn schon. Hatte er vielleicht schon mal dieses Alzheimer?«

Kurz schloss Karolina die Augen. Heute war vermutlich nicht der beste Moment, um mit Luise darüber zu sprechen. Doch die Frage war, wann dieser Augenblick je kommen würde.

»Luise, hast du schon mal darüber nachgedacht, dass wir uns nach einem Altenheim umsehen? Nach einem, in dem du dich wohlfühlen wirst?«

Luise sprang so abrupt auf, dass Karolina einen Schrecken bekam. »Dahin bringen mich keine zehn Pferde. Eher gehe ich ins Wasser. Ich bleibe hier in meiner Wohnung. Hier habe ich mein Leben verbracht, und hier werde ich auch sterben, basta«, erklärte sie bestimmt.

»Na, vom Sterben sind wir aber noch weit entfernt.« Karolina sah sie aufmerksam an. Heute machte Luise einen klaren und aufgeräumten Eindruck auf sie. »Luise, bitte, ich möchte dir doch nichts Böses, sondern will dir helfen. Ich will dich nicht ärgern, aber wir müssen darüber sprechen, ob es dir gefällt oder nicht.« Sie war nicht gewillt, jetzt aufzugeben.

Langsam ließ sich Luise wieder auf den Stuhl sinken. »Karolina, kannst du dir vorstellen, wie ich mich fühle? Ich habe Angst davor, alles zu vergessen, was mir wichtig ist. Dich,

Frieda, meine Freunde, Konrad, ja ich habe sogar Angst davor, Jasper zu vergessen. Diese Furcht schnürt mir die Kehle zu. Es tut mir leid, wenn ich manchmal so ungehalten bin. Ich möchte das gar nicht, aber es kommt einfach so über mich. Bitte entschuldige. Ich will niemandem zur Last fallen. Ich habe einfach große Angst, dass sich alles verändern wird. Ich habe mein ganzes Leben hier verbracht und soll nun auf einmal umziehen? Wärst du da nicht auch aufgebracht?«

Über den Tisch hinweg griff Karolina nach ihrer Hand. »Es muss dir nicht leidtun. Das ist diese verfluchte Krankheit, das hat mir der Doktor erklärt. Du kannst nichts dafür. Aber wir alle machen uns Sorgen um dich. Es ist eine Tatsache, dass du irgendwann nicht mehr alleine leben kannst. Natürlich hätte ich auch Angst, wenn mir solche Veränderungen bevorstehen würden. Doch manchmal muss man über seinen eigenen Schatten springen.« Sie erwartete einen Widerspruch, doch zu ihrer Überraschung schwieg Luise. Sie wirkte in sich gekehrt, als dächte sie über Karolinas Worte nach.

Dann blickte Luise auf. »Ich muss darüber in Ruhe nachdenken. Diese ganzen Veränderungen sind mir zu viel. Zumindest, wenn wir alles auf einmal bedenken wollen. Wir sollten jetzt endlich gehen, sonst kommen wir noch zu spät.«

Karolina nickte. Vielleicht sollte sie Luise wirklich etwas Zeit geben, um sich an ihre Lage zu gewöhnen. Das war alles neu, nicht nur für Karolina. Vor allem für Luise änderte sich ihr ganzes Leben, das war nicht einfach zu verkraften. Dennoch wurde es Zeit, sich mit der Situation auseinanderzusetzen. Es brachte nichts, die Augen vor der Wahrheit zu verschließen. Bald war Karolinas Urlaub zu Ende und dann brauchten sie eine Lösung.

»Gut, lass uns erst einmal Weihnachten hinter uns bringen, und dann überlegen wir gemeinsam, wie wir unser Leben neu organisieren. Wenn du magst, können wir Konrad mit einbeziehen.«

»Aber Weihnachten ist doch nichts, was man hinter sich bringen muss.« Luise sah sie verständnislos an. »Es sind die schönsten Tage im Jahr.«

Langsam nickte Karolina. »Ja, du hast recht. Ich beginne zu begreifen, was Weihnachten wirklich ist. Es ist nicht nur die Suche nach passenden Geschenken für alle möglichen Leute. Es hat viel mit Gefühl, Zusammengehörigkeit und Liebe zu tun. Das habe ich früher nie so gesehen, doch langsam wird es mir bewusst.«

»Genau so ist es, mein Kind. Ich weiß, dass du all das in deiner Jugend vermisst hast. Aber es ist nie zu spät, neu anzufangen und an die Macht des Weihnachtszaubers zu glauben.«

Nun gut, davon war Karolina noch ein ganzes Stück entfernt, dennoch begann sie zu begreifen, und das war ja auch schon mal ein großer Schritt.

»Marie hat gefragt, ob wir dieses Jahr das Weihnachtsfest bei dir feiern.«

»Aber natürlich. Es bleibt alles so, wie es ist. Das werde ich mir nicht nehmen lassen. Ich habe immer das Weihnachtsfest ausgerichtet, und so wird es auch dieses Jahr sein.«

Sanft drückte Karolina ihre Hand. »Natürlich, wir werden doch nicht mit alten Gewohnheiten brechen. Wenn du dich bereit erklärst, dass wir alle dir ein wenig helfen, dann wird es so bleiben. Aber ich möchte dich schützen und dir nicht die ganze Arbeit alleine aufhalsen. Lass dir helfen, Luise.«

»Natürlich mein Kind, ich wäre über ein wenig Hilfe sogar sehr erfreut.« Luise tätschelte sanft ihre Wange, und dann machten sie sich gemeinsam auf den Weg zum Christkindlesmarkt. Karolina nahm Luise in den Arm, damit sie nicht fiel. Das Kopfsteinpflaster war glatt, auch wenn die Stadt alles tat, und den Schnee beiseite räumte.

16

In einigen Tagen war Heiligabend, ein Ende war in Sicht. Am Abend streifte Karolina ihre Stiefel ab und stöhnte auf. Ihre Füße brachten sie noch um. Sie war den ganzen Tag nicht dazu gekommen, sich umzuziehen, und trug immer noch die geliehenen Sachen. Nachdem der Weihnachtsmarkt geschlossen hatte, war sie fix und fertig. Konrad hatte sich angeboten, Luise nach Hause zu begleiten, und Karolina hatte das dankbar angenommen. Sie brauchte dringend einen ruhigen Abend. Daher hatte sie auch Jaspers Einladung zu einem Abendessen ausgeschlagen.

Das Gespräch am Morgen mit Luise hatte sie den ganzen Tag beschäftigt. Welche Alternativen zu einem Heimplatz gab es? Ihr fiel nur eine ein: Sie musste ihren Job aufgeben und Luise betreuen. Doch war sie wirklich bereit zu solch einem radikalen Schritt? Er war mit finanziellen Einbußen verbunden. Konnte sie das stemmen? War sie bereit, ihren gut bezahlten Job einfach so aufzugeben? Ihr Herz brannte schon lange nicht mehr für ihre Arbeit, aber genau wie Luise hatte auch sie Angst vor Veränderungen. Ein eingefahrenes Leben änderte man nicht so schnell. Sie würde ihre Wohnung verkaufen und zu Luise ziehen müssen. Ein weiterer Schritt, der für sie nicht einfach war. Sie liebte ihre Wohnung, auch wenn der Kaufpreis hoch war, die Kreditrate nur zu bezahlen, wenn sie ihren Job in der Bank behielt. Karolina hatte noch nie an materiellen Dingen gehangen, doch würde es ihr leichtfallen, die Wohnung einfach so zu verkaufen?

Ein Klopfen an ihrer Tür schreckte sie aus ihren Gedanken auf. Das konnte nur ihre Nachbarin von unten sein, die sich ab und zu mal etwas Mehl oder ein Ei borgte. Mittlerweile hatte Karolina ein bequemes Shirt und eine Yogahose angezogen. Sie öffnete die Tür schwungvoll und hielt dann überrascht in der Bewegung inne.

»Hi, Karo! Komme ich ungelegen?« Jasper stand mit einem charmanten Lächeln vor ihr.

»Jasper! Wie bist du ins Haus gelangt?«, fragte sie verblüfft.

»Die Tür stand offen.«

»Ja, sie schließt manchmal nicht richtig.«

»Also komme ich tatsächlich ungelegen?«

»Nein, natürlich nicht.« Sie öffnete die Wohnungstür und ließ ihn eintreten.

»Ich hab dir etwas mitgebracht.« Jasper wuchtete einen Tannenbaum durch die Tür.

»Was ist das denn?« Sie schlug die Hände vor den Mund.

»Ich denke, der Baum spricht für sich selbst. Du wirst vermutlich keinen Baumschmuck haben, aber es ist ja noch Zeit, um welchen zu besorgen.« Er stellte den Baum vor den Fenstern in ihrem Wohnzimmer ab. »Der Ständer ist schon montiert. Du musst ihn also nur ab und zu gießen und für Schmuck sorgen.« Jasper drehte ihn in Position und sah ganz euphorisch aus. »Es ist eine Blautanne. Die finde ich besonders schön. Und, was sagst du?« Er stemmte die Hände in die Hüften und besah sich den Baum von allen Seiten, war zufrieden mit dem Ergebnis.

»Er sieht wirklich toll aus. Vielen Dank dafür. Auch wenn ich diese Aktion für einen Versuch halte, deine Wette zu gewinnen.«

»Einen subtilen Versuch, ich gebe es zu.« Er grinste breit und sah an ihr herunter.

»Ich habe mir schon etwas Bequemes angezogen. Die Sachen deiner Schwester wasche ich gerade durch.« Sie fuhr sich nervös durch die Haare.

Jasper machte eine gelassene Handbewegung. »Hey, es ist alles gut. Mach dir keinen Stress. Was ist los mit dir?« Er nahm sie in die Arme und führte sie zum Sofa, ließ sich mit Karolina darauf nieder.

»Du trägst schon wieder keine Jacke, und es ist eiskalt da draußen.«

»Mir ist nicht kalt. Erzähl mir, was los ist.« Er zog sie in seine Arme, strich sanft über ihren Arm.

»Es ist wegen Luise. Ich habe heute mit ihr gesprochen, und sie hat nicht so gut auf dieses Gespräch reagiert. Wir werden es nach Weihnachten fortsetzen.«

»Hast du denn erwartet, dass sie einen Freudentanz aufführt?«

Nein, sie hatte damit gerechnet, dass Luise sich sträuben wird. »Du hast ja recht. Aber ich frage mich, wie es weitergehen soll. Es gibt zu einem Heim nur eine Alternative: Ich muss meinen Job aufgeben.«

»Deinen Job?« Jasper richtete sich auf und sah sie an.

»Ja, aber das ist nicht so einfach, und im Grunde genommen bin ich auch auf das Geld angewiesen. Ich müsste diese Wohnung wieder verkaufen«, gab sie zu.

»Das ist ein weitreichender Schritt. Bist du dazu wirklich bereit?«

Müde lehnte sie sich an seine Schulter. »Ich weiß es nicht. Es ist ja erst einmal nur eine Möglichkeit, denn Luise lehnt ein Heim ab. Ich mag meine Wohnung, etwas, was mir gehört. Es würde mir schwerfallen, sie zu verkaufen, das gebe ich zu. Doch wenn ich sie nicht halten kann, weil das Geld dafür fehlt, werde ich keine andere Wahl haben. Und wenn Luise ein Heim ablehnt, was soll ich tun? Wenn ich ganz ehrlich zu mir selbst bin, dann habe auch ich Angst vor Veränderungen. Ja, ich habe mittlerweile Zweifel, ob der Job alles in meinem Leben ist. Doch ihn aufzugeben, ist ein weitreichender Schritt.«

»Natürlich lehnt Luise es ab, weil sie es sich nicht vorstellen kann. Jedoch gibt es bestimmt auch noch andere Alternativen. Was ist, wenn du die Wohnung vermietest? Wäre das für dich machbar?«

Traurig schüttelte sie den Kopf. »Ich denke nicht, dass die Mieteinnahmen alle Kosten decken. Die Kreditrate, die Nebenkosten, die bei mir liegen. Was ist, wenn ich sie nicht vermietet bekomme, einen Leerstand habe oder der Mieter nicht in der Lage ist zu zahlen? Bis ich ihn rausgeklagt habe, vergehen Monate. Nein, das Risiko ist mir zu groß. Ich denke, wenn ich mich dazu entschließe, Luise zu pflegen, dann werde ich die Wohnung verkaufen.«

»Es ist eine tolle Wohnung, doch ich kann dich verstehen, ein Risiko geht man immer ein.«

»Ich fühle mich verantwortlich. Luise hat mich als Kind umsorgt, weil meine Eltern keine Zeit hatten. Ich kann sie jetzt nicht im Stich lassen.«

»Davon ist ja auch keine Rede. Aber vielleicht gibt es noch andere Lösungen als ein Altenheim.«

Karolina nickte nachdenklich. »Es tut mir leid, ich bin heute keine besonders gute Gastgeberin.«

Er schüttelte den Kopf. »Deshalb bin ich auch nicht hier. Ich wollte dir nur den Baum und das hier vorbeibringen.« Aus der Tasche seines Hoodies zog er ein kleines Päckchen. Es war eine weitere Packung Pralinen, hübsch mit einer Papiertüte und Schleifenband weihnachtlich verpackt. »Schokolade ist gut für die Nerven und macht glücklich. Du sahst heute so traurig aus, als wir uns verabschiedeten.« Er überreichte ihr die Packung. »Es ist die goldene Giftmischung. Gold für den Gaumen, Gift für die Hüften.«

»Danke, das ist sehr lieb von dir.« Karolina drückte ihm einen Kuss auf die Lippen. »Du hast ja ein Studio, in dem ich es bei Gelegenheit wieder abtrainieren kann.«

»Jederzeit gerne«, flüsterte er und küsste sie erneut. Seine

Zunge bahnte sich einen Weg in ihren Mund, zeigte ihr, wie sehr er sie mochte. Spielte mit ihr, ohne aufdringlich zu sein. Es war genau das, was sie jetzt brauchte. Sie war froh, dass Jasper vorbeigeschaut hatte. Ein wenig Zärtlichkeit war Balsam für die Seele.

»Ich wollte dich nicht stören, vielleicht sollte ich wieder gehen«, murmelte er, ohne den Kuss zu unterbrechen. Er fuhr mit einem Finger den Amorbogen ihrer Lippen nach.

»Kannst du heute Nacht bei mir bleiben? Ich will nicht allein sein. Ich bin todmüde, aber es wäre schön, wenn du bleibst und ich nicht alleine bin.«

»Ja, ich bleibe gern. Ich habe eine Tasche im Kofferraum mit Wechselkleidung, ich hole sie schnell.« Er wollte sich erheben, doch Karolina hielt ihn auf.

»Eine Tasche? Du hast also erwartet, dass du bleiben kannst?«

»Nein, Karo. Ich verreise manchmal spontan und habe immer eine Tasche für einen Kurztrip im Auto. Ich bin nicht mit dem Hintergedanken hierhergekommen, die Nacht mit dir zu verbringen. Wenn du willst, fahre ich nach Hause.« Seinen Worten war anzumerken, dass ihm ihre Fragen nicht gefielen.

»Bitte entschuldige, Jasper. So habe ich das nicht gemeint. Ich höre manchmal die Flöhe husten und mache mir einfach zu viele Gedanken.«

Er zog sie erneut in seine Arme. »Schon gut, die Tasche kann ich auch morgen holen. Für mich war es auch ein langer Tag.«

Sie lehnte sich an ihn und nickte.

Erneut klopfte es an der Tür.

»Das kann nur meine Nachbarin sein«, murmelte Karo und sah Jasper müde an.

»Ich mach das schon. Geh du schon mal ins Bett, ich komme sofort nach.«

Müde nickte sie und machte sich auf den Weg ins Schlafzimmer.

Jasper öffnete die Tür und sah sich einer Frau mit einem Koffer gegenüber. Da konnte sich ja jemand nur in der Tür geirrt haben. »Entschuldigung, kann ich Ihnen helfen?«, fragte er irritiert.

»Aber sicher. Sie können mir erst einmal meinen schweren Koffer abnehmen.« Die junge Frau drückte ihm das Teil in die Hand, das einiges an Gewicht mit sich trug. »Wohnen Sie hier? Karo hat mir nicht erzählt, dass sie jetzt einen Mitbewohner hat. Ist sie denn gar nicht da?« Ohne eine Antwort abzuwarten, schritt sie an Jasper vorbei in den kleinen Flur. Ihm fiel ihr italienischer Akzent auf, und ihm blieb nichts weiter übrig, als ihr mit dem Koffer zu folgen.

»Karo, amore! Bist du da?«, rief die Frau laut.

Jasper schloss die Tür hinter sich und stellte den Koffer im Wohnzimmer ab, als Karo aus dem Schlafzimmer gelaufen kam. »Francesca? Was machst du denn hier?«, rief sie fassungslos.

»Na, das ist ja mal eine Begrüßung! Bekommt deine Cousine keine Umarmung?«

Die beiden Frauen fielen sich in die Arme.

»Ich kann es nicht fassen, dass du in Nürnberg bist!« Karo schüttelte ungläubig den Kopf.

»Ich kann dich doch nicht einfach so hängen lassen, wenn du schon mal Urlaub hast. Und wenn du es nicht schaffst, nach Mailand zu kommen, kommt Mailand eben zu dir.« Sie küsste Karo auf beide Wangen. »Wer ist denn dieses Prachtexemplar?« Sie sah über ihre Schulter zu Jasper.

»Das ist Jasper. Jasper Köhler, das ist meine Cousine Francesca Napoli aus Italien«, stellte Karo sie einander vor.

»Hallo, Jasper.« Francesca reichte ihm die Hand und fuhr sich mit der Zunge über die Unterlippe. Sie sah aus, als wollte sie ihn jeden Augenblick verschlingen.

»Guten Abend, Francesca.« Er reichte ihr ebenfalls die Hand, zog sie aber schnell wieder zurück, als hätte er Angst vor einer zu langen Berührung. »Ich denke, ich werde euch mal allein lassen. Wir sehen uns morgen auf dem Markt.«

»Nein, aber du brauchst doch nicht zu gehen, nicht wegen mir. Ich beiße schon nicht. Du kannst ruhig bei Karo schlafen, oder was ihr sonst so vorhabt.« Francesca klimperte aufgeregt mit ihren langen künstlichen Wimpern.

»Wir hatten alle einen langen Tag. Ich sehe Karo ja morgen auf dem Markt. Ihr habt euch bestimmt eine Menge zu erzählen, da störe ich nur«, wiegelte Jasper ab und wandte sich der Tür zu.

»Hast du etwa Angst vor mir? Ich beiße wirklich nicht.« Sie streckte ihre Hand mit den künstlichen langen Fingernägeln nach ihm aus, die dazu auch noch rot lackiert waren.

»Ich wünsche euch einen schönen Abend. Gute Nacht, Karo. Francesca.« Bevor noch jemand etwas sagen konnte, hatte Jasper bereits die Flucht ergriffen. Er kannte Frauen wie Francesca zu Genüge. Sie nahmen sich, was sie wollten. Diese Frau war zweifellos schön mit ihren dunkelbraunen mandelförmigen Augen, den langen glatten Haaren in einem Onyxton und ihrer sehr schlanken Figur. Er selbst wusste, wie er auf Frauen wirkte, wollte aber nicht, dass Karo in Versuchung geriet, ihn zu verdächtigen, er fände diese Francesca auf irgendeine Weise anziehend. Was nicht der Fall war. Aber das war bei Maja auch nicht so gewesen, und trotzdem hatte sie eifersüchtig reagiert. Bevor es zu Komplikationen kommen konnte, hatte er sich lieber schnell aus dem Staub gemacht. Er wollte seine Beziehung zu Karo auf keinen Fall gefährden. Denn er hatte sich verliebt. Ernsthaft verliebt. Zum zweiten Mal in seinem Leben, und dann auch noch in dieselbe Frau. Das war doch ein Zeichen, das nicht von der Hand zu weisen war. Er fuhr nach Hause und machte es sich mit einem Glas Wein gemütlich, zog sein Smartphone aus der Tasche und wählte Lucas Nummer.

»Hey, Kumpel! Schön von dir zu hören.«

»Luca, schön deine Stimme zu hören. Störe ich dich?«

»Nein, auf keinen Fall. Warte, ich stelle den Ton des Fernsehers leiser.«

»Du bist also immer noch im Krankenhaus?«

»Richtig. Ich habe die Wahl zwischen *Alpenländische Spezialitäten neu interpretiert* und *Das Fenster zum Hof*.«

»Na, da fällt die Entscheidung doch bestimmt nicht schwer. Einen guten Hitchcock sollte man nicht einfach so verstreichen lassen.«

Luca lachte auf. »Ich unterhalte mich lieber mit dir. Was gibt es Neues aus Nürnberg?«

»Nein, erst zu dir. Was macht das Bein?«

»Es juckt wie verrückt unter dem Gips.«

Jasper lachte. »Du hast einen altbewährten Gips bekommen?«

»Der Bruch ist echt kompliziert, es ging nicht anders. Wenn ich viel Glück habe, bekomme ich nächste Woche einen Gehgips.«

»Soll ich dich abholen, sobald du entlassen wirst?«, bot Jasper an.

»Das würdest du tun? Meine Schwester musste jetzt doch wieder abreisen, und ich bin ein wenig hilflos.«

»Klar, ich würde dir auch Gesellschaft mitbringen.«

»Gesellschaft? Wie meinst du das?«

»Ich hab Karo wiedergetroffen.« Diese Worte hörten sich in Jaspers Ohren immer noch nach purem Glück an.

»Karo? Welche Karo denn … Ach, warte mal. Du sprichst von deiner Karolina? In die du schon seit Ewigkeiten verliebt bist?« Als Jasper nur lachte, fügte Luca ein »Ich fasse es nicht« hinzu.

»Ja, ich kann es auch nicht fassen, aber es ist wahr.«

»Und wie läuft es so? Verdammt, ich hänge hier fest, während in Nürnberg die Post abgeht.« Er hörte sich richtig genervt an.

»Es läuft einfach fantastisch. Allerdings gibt es auch weniger gute Nachrichten. Luise geht es nicht gut, es wird sich einiges ändern. Wir sprechen darüber, wenn du wieder in Nürnberg bist.«

»Du machst mir wirklich Angst. Was ist mit ihr? Hat sie Krebs?«, fragte Luca leise.

»Demenz. Sie hat Alzheimer. Karo wird sich wohl um sie kümmern. Es ist also alles nicht so einfach, doch ich bin sicher, ich bekomme das zusammen mit Karo hin.«

»Das tut mir leid zu hören. Jetzt wo auch Frieda gegangen ist. Das Leben ist manchmal nicht fair. Aber du hörst dich schwer verliebt an, mein Guter.«

»Das bin ich auch. Wenn es möglich wäre, würde ich Karo sofort heiraten.«

»Was hält dich ab?« Luca stöhnte auf, als hätte er die Position geändert und dabei sein Bein falsch gedreht. »Dieser Gips bringt mich noch um.«

»Ich will Karo nicht so überfahren. Nicht, dass sie noch Angst vor mir bekommt. Ich bin mir aber sicher, dass sie die Eine ist.«

»Das erzählst du mir schon seit Jahren, und nun traust du dich nicht.« Luca lachte leise.

»Schon gut. Ich glaube, ich überlege es mir noch mal, ob ich dich abhole. Vielleicht solltest du mit deinem Gipsfuß und Koffern über die Alpen laufen.« Jetzt lachte Jasper laut auf. »Ich stelle es mir gerade vor.«

»Blödmann! Ich melde mich wieder, wenn ich weiß, wann ich entlassen werde. Aber sobald ich wieder in Nürnberg bin, erzählst du mir, was mit Luise los ist. Ich wünsche dir frohe Weihnachten, mein Freund.«

»Danke, Luca. Das wünsche ich dir auch, und lass die

Schwestern in Ruhe. Sie können nichts dafür, dass du so ungeschickt bist.«

»Du hast gut reden. Ich freue mich schon darauf, wenn wir uns sehen.«

Sie beendeten das Gespräch, und Jasper schüttelte lachend den Kopf. Er wünschte, Luca wäre zu Weihnachten in Nürnberg geblieben. Er könnte einen guten Freund jetzt gebrauchen. Doch er war auch froh, dass es Luca wieder besser ging. Trotz seiner Verletzung hörte er sich schon wieder wie der Luca an, den Jasper so gut kannte.

17

»Wo ist er denn so schnell hin? Ich habe euch doch wohl nicht bei etwas Schönem gestört?« Francesca grinste wissend.

»Nein, natürlich nicht«, sagte Karolina, ohne näher auf die Frage einzugehen.

»Warum hast du mir nicht erzählt, dass du jetzt einen festen Freund hast? Dann hätte ich mir nicht so viele Sorgen um dich machen müssen.«

»Er ist doch gar nicht … Jasper und ich kennen uns seit der Schule. Ja, wir sind alte Schulfreunde.«

»Na, so alt ist er aber nicht. Und äußerst attraktiv.« Francesca blickte immer noch zu der Tür, hinter der Jasper verschwunden war.

»Hast du nicht einen Verlobten?«, fragte Karolina spitz nach. Schon wieder dieser Funken, der sich in ihrer Brust ausbreitete. Eifersucht war wirklich eine Teufelserfindung. Warum konnte sie das Gefühl nicht einfach zur Seite drängen? Es war ja zum Verrücktwerden!

»Ich darf doch wohl zumindest die Augen offen halten.« Francesca lachte perlend.

Warum bei dieser Frau auch alles schön sein musste? Nicht nur ihr Aussehen, ihre Kleidung, auch ihr Lachen war es. Neid keimte in Karolina auf, den sie aber sofort niedertrampelte. Es gab keinen Grund, auf ihre Cousine eifersüchtig zu sein. Francesca war eine Seele von Mensch und war gekommen, um ihr beizustehen.

»Du musst hungrig und müde nach der langen Fahrt sein. Magst du etwas essen?«, bot Karolina an.

»Nein, danke. Ich bin mit dem Zug gekommen und habe

im Speisewagen gegessen. Aber ein Bett kannst du mir gerne anbieten. Ich bin total erschöpft und muss mich erst einmal ausruhen. Wenn es dir nichts ausmacht, reden wir morgen.«

Darüber war Karolina mehr als froh. Sie selbst konnte kaum noch die Augen offen halten. »Das Gästezimmer ist frei, und das Bett ist frisch bezogen. Du kennst dich ja aus. Fühl dich ganz wie zu Hause. Ich bin selbst furchtbar müde und froh, endlich ins Bett zu fallen.«

»Danke, mia cara. Ich freue mich, mal wieder in Deutschland zu sein. Morgen werde ich dich zum Weihnachtsmarkt begleiten. Wann muss ich fertig sein?«

»Wir müssen spätestens um neun Uhr los.«

»Das bekomme ich hin. Gute Nacht, mia cara«, rief Francesca und winkte Karolina zu, lief dann Richtung Gästezimmer und nahm unterwegs ihren Koffer mit, der die Größe einer Schrankwand hatte.

Das Frühstück verbrachten die beiden Frauen schwatzend und tauschten Neuigkeiten aus. Sie tranken Espresso, der aus Italien stammte, und ihre Lebensgeister aktivierte. Beide aßen Croissants, die Karolina ganz früh besorgt hatte.

»Jetzt erzähl mir endlich, was du mit diesem Jasper treibst«, forderte Francesca sie neugierig auf. Ihr Blick zeigte, dass sie nicht lockerlassen würde.

»Ich habe Jasper auf dem Weihnachtsmarkt wiedergesehen. Er hat den Stand gegenüber von Luise. Wir sind zusammen zur Schule gegangen, und er war auch ein guter Freund von Frieda.« Karolina riss ein Stück von ihrem Croissant ab, schob es sich in den Mund und spülte es mit einem Schluck Kaffee hinunter. »Dann kam eins zum anderen.«

»Du hast dich verliebt«, stellte Francesca fest und nickte lächelnd.

»Ist das so offensichtlich?« Karolinas Wangen wurden ganz heiß.

»Ich kenne dich eben, Cousinchen. Also läuft da was zwischen euch?«

»Ja, nein, ich weiß auch nicht. Ich denke schon.« Karolina war total verwirrt, wusste nicht, was sie auf die Frage antworten sollte. Keine Ahnung, warum es ihr so schwerfiel, zuzugeben, dass sie sich verliebt hatte und an einer festen Beziehung interessiert war.

»Das ist doch klasse. Endlich mal ein richtiger Kerl in deinem Leben. Obwohl ich ja gehofft habe, dich mit einem heißen Italiener verkuppeln zu können, damit du nach Mailand ziehst.«

»Ich kann hier nicht weg, vermutlich für längere Zeit nicht.« Und dann erzählte sie Francesca von Luise und ihrer Krankheit. Vom Krankenhaus, dem Marktstand und um was sich Karolina so alles kümmern musste. Sie redete sich alles von der Seele, und es tat ihr so gut, ihren Gedanken dabei freien Lauf zu lassen.

»O mein Gott, das ist ja alles noch viel schlimmer, als ich es vermutet habe.« Francesca schlug sich die Hand vor den Mund.

»Ich weiß noch nicht, wie es mit Luise weitergehen soll. Wenn es ganz hart kommt, werde ich meinen Job aufgeben müssen und diese Wohnung verkaufen. Ich kann diese Frau nicht einfach sich selbst überlassen. Ich bin ihr etwas schuldig, und mein Gewissen könnte das nicht ertragen, wenn ich mich umdrehe und alles hinter mir lasse.«

Francesca nickte zustimmend. »Das kann ich gut verstehen. So bist du nicht. Du kümmerst dich und bist verlässlich. Das tut mir alles so leid. Und dann hast du mich jetzt auch noch an der Backe. Wenn ich das gewusst hätte, wäre ich vermutlich in Mailand geblieben.«

»Nein, so darfst du das nicht sehen. Ich bin froh, dass du nach Nürnberg gekommen bist. Ich bitte dich nur, nicht zu erwähnen, dass ich dich eingeweiht habe. Luise ist manchmal etwas komisch, und ich möchte auch mit ihrer Geschichte nicht hausieren gehen.«

»Meine Lippen sind natürlich versiegelt. Weißt du was, ich werde dich ein wenig unterstützen. Ich bin eine sehr gute Verkäuferin und werde dich am Stand vertreten, wann immer du mich brauchst. Ich denke, du kannst sicher ein bisschen Hilfe gebrauchen.«

Da hatte Francesca gar nicht so unrecht. »Ja, das wäre wirklich toll. Ich muss zum Beispiel ein Wichtelgeschenk besorgen und mag nicht immer Jasper fragen, ob er für mich einspringt. Er hilft auch so schon genug.«

»Gut, dann zeigst du mir heute alles, und dann gehst du los, und ich werde den Stand betreuen.« Francesca war ganz aufgeregt und schien sich auf die Aufgabe zu freuen. Sie besaß in Mailand zwei Boutiquen und war ein Ass im Verkauf.

»Das ist furchtbar lieb von dir, dann kann ich auch gleich nach Luise schauen.« Karolina umarmte ihre Cousine und war froh, dass sie so war, wie sie war. Manchmal war es schön, wenn es einen Menschen gab, der etwas Leichtigkeit ins Leben brachte.

Gemeinsam fuhren sie zum Christkindlesmarkt, und Francesca war überrascht, wie viele Stände es dort gab. Sie öffneten den Stand. Jasper war auch bereits auf seinem Posten und winkte ihnen zu.

»Ich glaube, er hat Angst vor mir«, meinte Francesca mit einem Grinsen.

»Wer? Japser? Das kann ich mir nicht vorstellen. Ich glaube, dieser Mann hat vor niemandem Angst.« Karolina schüttelte den Kopf. »Ich gehe jetzt schnell los und besorge das Geschenk, dann hole ich Luise ab. Sie wird heute bestimmt am Stand vorbeischauen wollen. Hier ist das Wechselgeld. Die Preise findest du an den Waren. Im Augenblick ist noch nicht viel los.«

»Ich bekomme das hin, keine Angst. Und wenn ich Fragen

habe, werde ich mich an den hübschen Mann dort drüben wenden«, erklärte Francesca und lachte hell auf.

Jasper sah zu ihnen herüber, kratzte sich am Kopf und wandte sich dann ab. Vielleicht hatte er ja doch ein wenig Angst.

Karolina machte sich auf den Weg. Sie wollte unbedingt etwas für Jasper kaufen, was vom Markt stammte. Langsam schlenderte sie an den Ständen vorbei und winkte Henri zu, der heute mit Paul gemeinsam am Glühweinstand Getränke ausschenkte. Heute hatte sie keine Zeit, dort kurz anzuhalten. Sie musste sich beeilen, denn Luise würde bestimmt schon warten.

Sie kam wieder an dem Stand aus dem Erzgebirge vorbei und kaufte eines der Räuchermännchen für sich. Den Schornsteinfeger mit einer Leiter und einer Pfeife im Mund, der ihr früher schon aufgefallen war. Er sollte ihr Glück bringen. Dazu auch ein paar Räucherkerzen, mit denen man die Figur befüllte, sie anzündete und den Rauch aus der Pfeife aufsteigen ließ, Duftnote Zimt. Sie liebte diesen süßlichen Geruch. Ob sie auch ein Räuchermännchen für Jasper kaufen sollte? Sie fand sogar einen Koch, aber da der Preis weit über den angesetzten zwanzig Euro lag, verwarf sie den Gedanken wieder. Etwas weiter gab es einen Stand, der schöne Handtücher verkaufte, die man besticken lassen konnte. Eigentlich fand Karolina solche Geschenke viel zu kitschig, aber sie passten zu Weihnachten. Es gab ein dunkelblaues Saunatuch mit der Aufschrift: Sei meine Praline. Sie lachte laute auf. Das war wirklich passend. Da das Tuch keine zwanzig Euro kostete, schlug sie zu. Warum lange weitersuchen? Etwas Besseres würde sie eh nicht finden.

Schnell kaufte sie das Handtuch und nahm den kürzesten Weg zurück zum Stand, so brauchte sie ihre Einkäufe nicht bis zu Luise mitschleppen. Kaum, dass sie um die Ecke gebogen war, hörte sie schon laute Stimmen. Darunter erkannte sie

Francescas mit ihrem unverkennbaren italienischen Akzent. Eine Traube von Menschen hatte sich am Stand versammelt.

»Was ist denn hier los?«, rief Karolina, um sich Gehör zu verschaffen.

»Ah, da bist du ja endlich. Diese Frau hat meinen Stand gestohlen!« Luise stand plötzlich vor ihr. So wie es aussah, trug sie unter ihrem Mantel noch das Nachthemd. Und das bei dieser Kälte! Ihr graues Haar war ungekämmt, ein völlig neues Bild. Sie war sonst immer so gepflegt und passend gekleidet.

»Luise, was machst du denn hier? Ich wollte gerade los, dich abholen.«

»Na, ein Glück, dass ich hier bin. Diese Frau hätte uns den ganzen Stand leergeräumt.« Luise wedelte aufgeregt mit den Armen.

»Aber Luise, das ist doch Francesca, meine Cousine aus Mailand. Du hast sie doch schon mal kennengelernt.«

»Nein, ich kenne diese Frau nicht. Sie soll meinen Stand verlassen.« Luise verschränkte die Arme vor der Brust. »Vermutlich hat sie das ganze Wechselgeld eingesteckt, und nun tut sie so, als wollte sie hier etwas verkaufen.«

»Hallo, Luise.« Jaspers warme und tiefe Stimme ließ sie herumfahren.

»Jasper! Du musst mir helfen. Diese Frau will mir meinen Stand stehlen.« Sie klammerte sich an seinen Arm. Karolina fing Jaspers Blick auf; er nickte ihr aufmunternd zu.

»Nein, niemand wird dir deinen Stand stehlen. Du weißt doch, dass ich darauf aufpasse. Das ist Francesca, die Cousine von Karolina. Schau! Karolina ist jetzt wieder da.«

»Was ist hier los?« Ein Polizist in Uniform trat an den Stand. Jemand musste ihn gerufen haben.

»Diese Frau stiehlt meinen Stand!«, rief Luise aufgeregt und deutete auf Francesca. »Sie müssen etwas tun, Herr

Schutzmann!« Luise zog ihn an seinem Ärmel, was gar nicht gut bei ihm ankam.

»Gute Frau, bitte lassen Sie mich los.«

Jasper zog Luise von ihm fort. »Bitte entschuldigen Sie. Frau Aigner ist manchmal ein wenig verwirrt.«

»Wem gehört denn dieser Stand?«, fragte der Polizist verwirrt.

»Mir«, erklärte Karolina im geschäftsmäßigen Ton. »Ich wurde nur kurz von meiner Cousine vertreten, um Besorgungen zu machen.«

Luise blickte zu ihr und warf sich plötzlich in Karolinas Arme. »Da bist du ja, Karo. Ich hab dich schon vermisst.«

Erleichtert atmete Karolina aus.

»Dann hätten wir das geklärt?«, fragte der Polizist in die Runde und alle nickten. »Schönen Tag noch.« Er sprach kurz in sein Funkgerät, weil er zu einem Einsatz gerufen wurde.

Karolina atmete angestrengt aus. Zum Glück wollte der Polizist nicht die Standgenehmigung sehen, dann wäre es richtig schwierig geworden.

»Es gibt hier nichts mehr zu sehen«, meinte Jasper streng. Die umstehenden Personen begangen sich wieder zu zerstreuen.

»Ich bin direkt nebenan«, flüsterte Marie Karolina zu.

»Danke, Marie.«

»Luise, du musst nach Hause und dir etwas Warmes anziehen. Komm, ich bringe dich heim.« Karolina sprach sanft auf sie ein.

»Nein, du darfst den Stand nicht verlassen. Sonst stiehlt diese Frau meine ganzen Socken«, widersprach Luise.

»Primadonna«, murmelte Francesca, die sich die ganze Zeit still verhalten hatte, was Karolina ihr hoch anrechnete. Es war nicht einfach, wenn Luise wie eine Furie auf einen losging.

»Ich werde dich jetzt nach Hause bringen, Luise. Dann

trinken wir einen Tee zusammen. Was hältst du von der Idee?«, schlug Jasper vor. »So kann Karolina hier am Stand bleiben und aufpassen.«

»Ja, das ist eine gute Idee, mein Junge.« Luise blickte zu Jasper auf und lächelte.

»Wir sehen uns später«, sagte Jasper in Karolinas Richtung und führte Luise zur Straße, wo sein Wagen stand.

»Il più saggio cede!«, stöhnte Francesca auf.

»Was bedeutet das?«, wollte Karolina wissen, die nur ein paar Brocken Italienisch sprach.

»Bei euch sagt man, dass der Klugere immer gibt nach.«

»Du meinst, der Klügere gibt nach. Ja, vielleicht hast du recht. Wie du siehst, ist es mit Luise nicht einfach.«

Francesca nickte. »Ich möchte nicht in deiner Haut stecken.«

»Bitte entschuldige. Ich hätte nicht gedacht, dass sie so schnell hier auftaucht. Danke, dass du die Ruhe bewahrt hast.«

»Sie hat mich nicht mehr erkannt.« Francesca konnte es nicht fassen.

Karolina schüttelte den Kopf. »Nein, das hat sie nicht. Sie hatte sich noch nicht einmal angezogen. Ich habe sie noch nie unfrisiert erlebt. Ich sollte vielleicht doch noch vor Weihnachten mit der Ärztin sprechen.«

»Glaubst du, dass du so schnell noch einen Termin bekommst?«

»Ich werde es zumindest versuchen. Wenn nicht, dann eben nach den Feiertagen. Aber ich brauche Hilfe, so viel ist sicher.«

Francesca nickte zustimmend. »Das sehe ich auch so. Zum Glück hast du Jasper, der dir zur Seite steht.«

»Was ist mit Luise?« Konrad kam aufgeregt mit schnellen Schritten auf ihren Stand zugelaufen.

»Luise ist hier im Nachthemd und Mantel aufgeschlagen

und dachte, Francesca wollte ihr den Stand streitig machen. Francesca ist meine Cousine aus Mailand, die mich einige Tage besucht und ihre Hilfe angeboten hat. Francesca, das ist Konrad, die gute Seele des Christkindlesmarkts. Er kennt Luise schon sehr lange.«

Die beiden reichten sich die Hand. »Und wo ist sie jetzt hin?« Konrad sah sich suchend um.

»Jasper bringt sie nach Hause und trinkt mit ihr einen Tee.« Karolina hob eine Augenbraue.

»Sie ist einfach so mit ihm gegangen?« Konrad sah sie erstaunt an und konnte es wohl gar nicht recht glauben.

»Anscheinend hast du Konkurrenz bekommen«, erklärte Karolina mit einem Lächeln.

»Na, das werden wir noch sehen. Ich schaue mal nach den beiden«, brummte Konrad und machte sich auf den Weg zu Luises Haus.

*

Luise hakte sich bei Konrad ein. Gemeinsam liefen sie die Albrecht-Dürer-Straße hinauf und bogen an deren oberem Ende rechts ab, um zur Kaiserburg zu gelangen. Sie hatten beschlossen, einen kleinen Spaziergang zu machen. Jasper war wieder auf den Markt zurückgekehrt.

»Ist es nicht ein schönes Städtchen, in dem wir wohnen?«, fragte sie und zog die frische Luft ein. »Ich kann mir gar nicht vorstellen, dass ich mich bald nicht mal mehr an ihren Namen erinnern werde. Und an deinen Namen.« Sie blickte Konrad traurig an.

»Ach, Luischen. So schnell wird das nicht geschehen. Wir haben noch Zeit. Unser aller Uhren ticken, die einen eben etwas lauter als die anderen.« Konrad strich ihr über die Hand.

»Ich bin froh, dass ich Karo habe.«

»Ja, sie ist dir eine große Hilfe, aber hast du dir schon mal

Gedanken darüber gemacht, dass die junge Frau auch einen Beruf hat? Im Augenblick hat sie Urlaub, doch was ist, wenn sie wieder arbeiten muss? Sie ist auf einen Job angewiesen, und ich denke, sie macht ihn auch gern.«

Luise nickte. Darüber hatte sie sich noch gar keine Gedanken gemacht. »Bin ich zu egoistisch? Konrad, ich habe Angst, dass man mich einfach in ein Altenheim abschiebt, in dem ich mich nicht wohlfühle.«

»Lass mich mal machen. Ich habe da so eine Idee, doch ich will darüber nicht sprechen, bevor sie spruchreif ist.«

»Was hast du denn vor, Konrad?«

Er schenkte ihr ein charmantes Lächeln, das Luise ein wenig an Jasper erinnerte. Konrad war ein Mann in ihrem Alter, aber er war immer noch schön, und sie kannten sich schon so lange, doch nie hatte er erwähnt, was er für sie empfand. Es war eine Freundschaft, die für Luise über die Jahre hinweg viel mehr geworden war. Sie liebte Konrad, Friedhelm mochte ihr verzeihen. Er war nun schon so lange tot, und Konrad war lebendig. Sie hatte nie einen anderen Mann angesehen. Konrad war Friedhelms bester Freund, und sie glaubte, er hätte ihnen seinen Segen gegeben.

»Es tut mir leid, dass ich solche Umstände mache«, murmelte sie traurig.

»Das machst du nicht Luise. Du bist die Frau, die das Leben lebenswert macht. Du warst es schon immer und wirst es noch sein, wenn du dich nicht mehr daran erinnern kannst. Aber ich werde mich erinnern. Ich werde es für uns beide tun.« Sie waren stehen geblieben, und er sah auf sie hinunter.

»Danke, Konrad. Das hast du sehr schön gesagt.«

Er lächelte, beugte sich zu ihr hinunter und gab ihr einen kleinen Kuss auf den Mund. Den ersten, seit sie sich kannten, und das war schon eine sehr lange Zeit. Luises Wangen wurden ganz heiß bei der Berührung.

»Das war sehr schön. Könntest du das noch mal tun?«, fragte sie leise.

Konrad sah sie überrascht an. Dann gab er ihr einen richtigen Kuss, und Luise seufzte selig.

18

Am späten Nachmittag kehrte Jasper zu Karo an den Stand zurück.

»Konrad hat Luise zu einem Spaziergang abgeholt und kümmert sich heute Abend um sie«, erklärte er.

»Danke, dass du dich ihrer angenommen hast.«

Er lachte. »Ein Wunder, dass sie mich neuerdings wieder in ihr Herz geschlossen hat. Aber das war doch selbstverständlich.«

»Ich habe vorhin mit Frau Doktor Weinberg telefoniert, aber erst einen Termin im neuen Jahr erhalten, weil die Praxis ab morgen geschlossen ist. Doch sie hat mir Mut gemacht, dass wir einiges für Luise tun können. Solche Ausbrüche wie heute wird es häufiger geben, aber sie beruhigt sich auch schnell wieder.«

»Zu Hause war sie lammfromm und hat sich damit beschäftigt, für uns ein Mittagessen zu kochen.«

Wie auf Kommando knurrte Karolinas Magen. »Du hast vermutlich noch nichts gegessen«, stellte er fest.

»Nein, dafür war einfach keine Zeit. Der Markt war heute gut besucht.«

»Was hältst du davon, wenn wir uns später im Meyer Lansky treffen? Dort servieren sie köstliche Tapas. Du kannst deine Cousine gerne mitbringen. Marie und Oskar sind auch mit von der Partie.«

Karo sah im ersten Moment so aus, als wollte sie absagen, doch dann nickte sie. »Eine gute Idee. Ich bringe heute nicht mehr die Energie auf, um noch für Francesca und mich zu kochen.«

»Zumal du nicht kochen kannst.« Er küsste ihre Nasenspitze. »Dann sehen wir uns um neun Uhr bei Henri?« Er sah sich suchend um. »Wo ist deine Cousine eigentlich?«

»Sie ist kurz mit Marie zum Stand von Oskar, weil Francesca Weihnachtsgeschenke für ihre Neffen besorgen will. Marie hat von den wundervollen Holzarbeiten geschwärmt, und da konnte Francesca nicht widerstehen.«

»Da wird sie sicher etwas finden. Er macht sehr schöne Arbeiten. Ich freue mich auf heute Abend.« Er drückte ihr noch einen zweiten Kuss auf den Mund, und dann schlenderte er langsam zu seinem Stand hinüber, in dem Julian auf ihn wartete, der ihn den ganzen Tag vertreten hatte.

Nachdem er sich kurz mit Julian, seiner Aushilfe, unterhalten hatte, hörte er ein lautes: »Hey! Hilfe! Er hat mein Geld gestohlen!«

Erschrocken sah Jasper zu Karolina hinüber, als er ihre schrille Stimme hörte. Ein Mann rannte den Gang entlang. Ohne lange darüber nachzudenken, sprang er über den Tresen, wobei er einen Teil der Pralinen zu Boden fegte, und jagte dem Mann hinterher. Es war schwer, ihn ihm Gewimmel im Auge zu behalten. Er trug eine Wollmütze auf dem Kopf und war ganz in Schwarz gekleidet, wie eine Menge anderer Besucher auch.

Mit einem lauten Pfiff zog er die Aufmerksamkeit von Henri auf sich. »Hey! Halt den Typen in Schwarz auf! Er hat Karo bestohlen!«, rief Jasper ihm zu und wedelte aufgeregt mit den Armen.

Henri nickte, und bevor Jasper auch nur zwinkern konnte, warf dieser eine seiner Steinguttassen nach dem Kerl und traf ihn am Kopf. Der Typ ging wie ein Stein zu Boden und knallte der Länge nach auf das Kopfsteinpflaster.

»Ruf die Polizei!«, wies Jasper ihn an, doch da hielt Henri schon sein Handy ans Ohr.

Gleichzeitig waren auch schon zwei Männer der Security

an seiner Seite, die auf dem Markt für Ordnung sorgten, und zogen den Mann auf die Beine.

»Den haben wir schon seit ein paar Tagen im Auge. Er ist wegen Taschendiebstahl vorbestraft.«

Karolina kam außer Atem auf ihn zugelaufen. »Hast du ihn gekriegt?«

Jasper hob die Geldbörse in die Höhe, die einer der Securitymänner ihm übergeben hatte. »Du kannst dich bei Henri und seiner Wurfhand bedanken«, rief Jasper, der erst einmal Atem holen musste, beugte sich vor und stützte seine Hände auf den Knien ab.

»Zwanzig Jahre beim Nürnberger Handballverein«, rief Henri ihnen zu.

»Altherrenmannschaft?«, fragte Jasper, und die beiden Männer lachten laut auf.

»Was ist mit dir los? Brauchst du mehr Training auf dem Laufband?«, fragte Henri lachend.

Jasper winkte ab. »Ist das Geld noch drin?« Jasper ging lieber auf Nummer sicher.

Schnell schaute Karo nach. »Ja, alles da. Ein Glück, dass Luise das nicht mitbekommen hat. Nicht auszudenken, was dann los gewesen wäre.«

Jasper nickte. Es dauerte nicht lange, dann kamen zwei Polizeibeamte und nahmen die Aussagen auf und den Dieb direkt mit auf das Revier, denn gegen ihn lag ein Strafbefehl vor. Auch ein Krankenwagen war eingetroffen und versorgte die Beule, die Henris Tasse hinterlassen hatte. Sie hatte den Vorfall nicht überlebt. Aber das war nur ein geringes Opfer.

»Wenn es nicht mehr ist«, winkte Henri ab. »Hier gehen täglich einige Tassen zu Bruch.«

»Ich werde dir den Verlust ersetzen«, wandte Karolina ein, doch er schüttelte den Kopf. »Wirklich nicht nötig. Kommt, ich gebe auf den Schreck einen Glühwein aus.«

»Aber mit Schuss«, verlangte Jasper.

»Sogar einen ordentlichen«, versicherte Henri, und selbst Karolina schien nichts dagegen einzuwenden zu haben.

»Du bist wirklich sehr sportlich, wenn man bedenkt, wie du über den Tresen gesprungen bist. Leider ist dabei ein Teil deiner Ware auf der Strecke geblieben.« Karo sah ihn über den Rand der Tasse hinweg an.

Jasper zuckte nur mit den Schultern. »Die Pralinen sind verpackt, und ich denke, ich finde schon eine gewisse Abnehmerin.« Er zwinkerte ihr zu. »Das war es allemal wert. Der Verlust deiner Tageseinnahmen hätte dagegen vermutlich schwerer gewogen.«

Sie sah ihn mit leuchtenden Augen an. »Das war sehr mutig von dir.« Dann beugte sie sich vor und küsste ihn.

»Hey, habe ich was verpasst? Was ist mit mir?«, rief Henri gut gelaunt.

Karo hob lachend die Schultern. »Du musst dich leider an Paul halten. Aber ich bin sicher, dass er dich feiern wird, wenn er von deinem grandiosen Wurf erfährt.«

*

»Lasst uns auf die Helden des Tages trinken. Die Runde geht auf mich«, rief Paul und stellte Gläser auf dem Tisch ab.

»Was ist das?«, fragte Jasper vorsichtig. »Ich hoffe, nicht wieder eine von Henris Eigenkreationen.«

»Keine Angst. Es ist unser bester Champagner mit einem Schuss Cassis.«

»Dann bin ich ja beruhigt«, brummte Jasper und blickte Karolina an.

»Die nächste Runde geht dann aber auf mich, weil ich euch so dankbar bin, dass ihr den Dieb gefasst habt«, erklärte sie und hob ebenfalls ihr Glas.

»Wir sollten auf Henri und den Handballverein trinken«, erklärte Jasper.

»Welchen Handballverein?«, fragte Paul interessiert nach.

»Henri hat erzählt, dass er zwanzig Jahre im örtlichen Handballverein gespielt hat«, klärte Jasper ihn auf.

Paul zog eine Augenbraue in die Höhe. »Gespielt? Er war dort der Kassierer«, verriet er.

Alle am Tisch schauten sich an, und plötzlich begann Francesca laut zu prusten. Die anderen fielen in ihr Lachen mit ein. »Na, zumindest hat er sich eine Menge abgeschaut.«

»Immerhin hat er es überzeugend rübergebracht«, meinte Karolina lächelnd.

»Und ich habe das Spannendste verpasst«, schmollte Francesca.

Am Abend hatten sich alle im Meyer Lansky getroffen. Karolina mit Jasper und Francesca, Marie und Oskar, Paul und Henri, der angesichts der großen Gästeschar ab und an hinter der Theke aushalf, obwohl er heute seinen freien Tag hatte. Nur Konrad hatte Bescheid gegeben, dass er die Nacht bei Luise verbringen wollte.

»Ich denke, wir sollten das Weihnachtsfest wie in jedem Jahr bei Luise feiern. Das können wir ihr einfach nicht wegnehmen. Sie würde uns die Hölle heißmachen. Wir Frauen können ihr zur Seite stehen und helfen.« Karolina sah Marie und Francesca fragend an.

»Es tut mir leid, aber ich fahre in drei Tagen schon wieder zurück nach Mailand. Wir hatten noch keine Zeit, darüber zu sprechen. Aber ich kann meine Familie zu Weihnachten nicht allein lassen«, erklärte Francesca und sah ihre Cousine entschuldigend an.

»Das ist doch verständlich. Mach dir keine Sorgen, ich freue mich über die Tage, die du hier verbringst.« Karolina lächelte sie liebevoll an. Sie hatte nicht mit dem Besuch gerechnet und war doch froh, dass Francesca sich dazu entschieden hatte.

»Ich könnte mit Luise einkaufen fahren und zusammen

kochen. Sie hat mich ja neuerdings in ihr Herz geschlossen«, bot Jasper an.

»Starke Arme können wir immer gebrauchen«, meinte Karolina.

»Na, du weißt es ja aus Erfahrung.« Francesca grinste vielsagend und lachte auf.

»Wir steuern die Getränke bei.« Henri war zu ihnen an den Tisch getreten und nahm seine Kellnerschürze ab. »So, Feierabend für heute. Den Rest schafft die Crew auch ohne mich.« Er zog sich eins der Champagnergläser heran und trank einen Schluck. »Ah, das habe ich jetzt gebraucht.«

»Sag mal, Henri, wie war das jetzt mit dem Handballverein? Welche Position hast du gespielt?«, fragte Jasper ganz scheinheilig nach.

»Ähm …« Henri zog am Hemdkragen, der ihm wohl zu eng wurde. »Rechts außen«, gab er dann zu.

»Aha, und wann genau hast du dort gespielt?«

Mit einem sichtlich schlechten Gewissen biss sich Henri auf die Unterlippe. »In der siebten Klasse«, gab er kleinlaut zu.

Alle lachten und feixten.

»Hey, lass meinen Henri in Ruhe«, verteidigte Karolina ihn. »Er hat dafür gesorgt, dass Luise ihre Tageseinnahmen zurückbekommen hat.« Sie zog ihn an sich und gab ihm ein Küsschen auf die Wange.

»Und was ist mit mir?«, fragte Jasper.

Das brauchte er ihr nicht zwei Mal zu sagen.

»Was gibt es denn an Weihnachten Gutes zu essen?«, wollte Paul wissen und sah in Jaspers Richtung.

»Ich habe an ein Filet Wellington gedacht. Ich muss das natürlich noch mit Luise besprechen, aber Gänsebraten hatten wir im letzten Jahr, und warum nicht mal etwas Exklusives? Mit einer Duxelles, Trüffelrahmsoße und Spinat.« Er schaute abwartend in die Runde.

Karolina verdrehte die Augen. »O Mann, ich sterbe vor Hunger, wie kannst du uns davon jetzt vorschwärmen?«

»Ich will nur deinen Appetit anregen«, flüsterte er ihr zu, allerdings nicht leise genug, denn alle Augenpaare richteten sich auf sie. Vor Verlegenheit bekam Karolina rote Wangen.

»Was kann ich dir aus der Küche bestellen?«, fragte Henri und zückte einen Block und Stift aus der Hemdtasche.

»Wollen wir nicht alle was essen?«, fragte Francesca in die Runde.

Karolina sah, wie Oskars Blick flackerte. Sie wusste um seine finanzielle Lage und wollte ihn nicht in Verlegenheit bringen. »Ich lade euch heute ein. Immerhin bin ich den beiden Helden etwas schuldig. Das Essen geht auf meine Kappe«, erklärte sie und verteile die Speisekarten. Sie entschieden sich für eine ganze Auswahl von Fingerfood, und bald stand der Tisch voller Teller mit leckeren Gerichten, und alle machten sich mit Heißhunger über die Leckereien her. Ein Markttag war lang, bis einundzwanzig Uhr dort zu stehen war hart und zehrte an Geist und Körper.

»Vielen Dank für das Essen, Karo«, bedankte sich Oskar bei ihr.

»Alles gut, das geht heute auf Luise«, erklärte sie lachend. »Was hast du nach dem Weihnachtsmarkt vor? Marie hat mir erzählt, dass du einen neuen Job suchst.«

Er nickte. »Ja, am liebsten würde ich mich als Schreiner selbstständig machen, mit einem Ladenlokal, wo ich die Laubsägearbeiten und andere Dinge aus Holz verkaufe. Der Markt ist reif dafür. Die Menschen suchen immer mehr nach Gegenständen, die ökologisch wertvoll sind und keine Massenware.«

»Da hast du vollkommen recht. Der Tisch, den du Jasper gefertigt hast, ist wundervoll. Und warum machst du dich nicht selbstständig?«

Er hob die Schultern. »Vielleicht bin ich zu vorsichtig. Das unternehmerische Risiko ist sehr groß. Aber ich habe ein wenig gespart, und das Geschäft in diesem Jahr auf dem Christkindlesmarkt war gut. Ich suche ein Ladenlokal, bei dem die Miete nicht so hoch ist.«

»Und bist du schon fündig geworden?«, fragte Henri, der ihrem Gespräch gefolgt war.

Er schüttelte den Kopf. »Nein, noch nicht. Aber ich werde mich im neuen Jahr darum kümmern. Es kann ja nicht so schwer sein, etwas Geeignetes zu finden.«

»Ich kann mich ja mal umhören«, schlug Karolina vor, und Oskar nickte dankbar.

»Wenn du eine Risikoanalyse brauchst, bin ich die Richtige. Damit kenne ich mich aus, und wir können das Für und Wider genau abwägen. Aber wenn ich mir deine Arbeiten so ansehe, kann ich mir sehr gut vorstellen, dass es ein gewinnbringendes Unternehmen ist.«

»Vielen Dank, Karo. Ich werde mit Sicherheit auf dich zukommen. Es ist ein großer Traum von mir, und vielleicht brauche ich nur einen Tritt an die richtige Stelle, damit ich endlich zu Potte komme.«

»Oh, da stehe ich gerne zur Verfügung«, erklärte Marie und lächelte über ihren Witz.

Oskar sah sie verwundert an, dann legte er den Arm um ihre Schultern. »Wärst du mit an Bord? Vielleicht finde ich ja eine kleine Ecke, in der du deine Kerzen und Öle verkaufen kannst.«

»Ist das dein Ernst? Du würdest eine Art Geschäftsgemeinschaft mit mir eingehen?«

Oskar hob die Schultern. »Es wäre mir sogar eine Ehre.«

»Ich gebe zu, davon habe ich auch schon immer geträumt«, verriet Marie mit verklärtem Blick. »Aber einen eigenen Laden, dazu fehlt mir einfach der Mumm. Noch nie habe ich über eine Gemeinschaft nachgedacht.«

»Eine Geschäftsgemeinschaft hat viele Vorteile. Der eine kann den anderen vertreten, bei Besorgungen, Krankheiten,

Urlaub. Die Miete muss nicht allein getragen werden. Und wir würden uns regelmäßig sehen«, fügte Oskar noch leise hinzu, sah Marie tief in die Augen.

Sie nickte, schien an seinen Lippen geradezu zu hängen.

Karolina lächelte in sich hinein. Die beiden waren so ein schönes Paar, und sie hoffte, dass sie bald zueinanderfinden würden.

Sie fing Jaspers Blick auf. Er lächelte, schien ihre Gedanken wohl zu teilen.

Alle genossen den schönen Abend mit gutem Essen und köstlichen Getränken, die das Meyer Lansky zu bieten hatte. Karolina hoffte nur, dass sie am Ende nicht wieder Karaoke singen musste. Das blieb ihr jedoch erspart, aber dafür sangen sie zusammen die Weihnachtslieder, die aus den Boxen dröhnten. Zwar schief, jedoch aus voller Kehle.

19

Francesca hatte Karolinas Auto genommen und war früher als die anderen zu Karolinas Wohnung gefahren. Sie war müde, und ihre Füße taten weh. Natürlich hatte Karolina darauf bestanden, sie zu begleiten, doch Francesca wollte in Ruhe ein Bad nehmen, und so war Karolina bei den anderen geblieben. Nach zwei Stunden löste sich die Gruppe dann endgültig auf.

»Komm, ich fahre dich nach Hause«, bot Jasper an und Karolina war erleichtert, dass er sie fragte.

Lächelnd hakte sie sich bei ihm ein, und zusammen liefen sie Richtung Markt, wo Jasper seinen Wagen geparkt hatte.

»Warum bekommst du eigentlich immer einen Parkplatz hier am Markt?«, wollte sie wissen. Das war ja nicht normal!

Sein Lachen erklang laut in der Nacht. »Weil ich einen Ausstellerausweis besitze und den Platz gemietet habe. Der kluge Mann sorgt vor.«

»Okay, soll das also heißen, ich wäre nicht klug?«, fragte Karolina gespielt brüskiert nach.

»Das habe ich damit nicht sagen wollen. Du weißt, dass ich dich für sehr intelligent halte.« Statt zu seinem Wagen zu gehen, nahm er ihre Hand und zog sie zwischen den Marktbuden hindurch.

»Wo willst du hin? Hier geht es doch nicht zu deinem Wagen.«

»Warte es ab, das wirst du gleich sehen.«

Der Markt war leer, um diese Uhrzeit lagen alle Menschen längst in ihren warmen Betten. »Mir ist kalt, Jasper!«, jammerte Karolina. Ihr war nicht nur kalt, sie war auch müde. Wenn diese Weihnachtszeit vorbei war, wäre sie sicher komplett urlaubsreif. Nur hatte sie dann erst einmal Urlaubssperre. Dumm gelaufen.

Aus der Jackentasche zog er einen Schlüssel und steuerte auf das historische Karussell zu. Er öffnete den Sicherungskasten und schaltete den Strom an. Das Licht flammte auf, und als er einen großen Knopf drückte, setzte sich das Rad in Bewegung. Langsam fuhren die einzelnen Kabinen, die von Holzpferden gezogen wurden, an ihnen vorbei.

»Komm, du musst schnell sein.« Jasper nahm ihre Hand, sie liefen einen Moment neben einer Kutsche her, dann hob er sie hinein und sprang ebenfalls in den Anhänger. Er breitete eine Decke, die auf der Bank gelegen hatte, über ihre Beine aus.

»O mein Gott, das ist so romantisch«, schwärmte Karolina. »Was für eine schöne Idee!«

»Ja, wenn wir jetzt noch ein wenig Weihnachtsmusik hätten …«

»Untersteh dich. Ich hatte heute schon genug von *Last Christmas*.«

»Wirklich? Das ist einer meiner Lieblingstitel«, erklärte Jasper und sah sie von der Seite an.

»Ich habe auch nichts anderes erwartet«, gab sie zu.

Aus der Hosentasche zog er sein Handy und suchte einen Titel aus der Playlist. »Wollen wir mal nicht so sein. Es gibt ja auch noch andere Weihnachtslieder.« Leise erklangen die Töne von *The Power of Love*.

»Frankie Goes to Hollywood? Echt jetzt?« Karolina verdrehte die Augen.

»Na komm her, mein kleiner Grinch«, murmelte Jasper, zog sie in seine Arme und summte das Lied mit.

Langsam drehte das Karussell seine Runden, und Karolina fühlte sich in seinen Armen so geborgen. »Das ist wirklich fantastisch. Ich glaube, ich bin noch nie in einem nostalgischen Karussell gefahren. Es ist also meine erste Fahrt, und ich darf sie mit dir genießen, das finde ich sooo schön«, gab sie zu.

»Das aus deinem Mund zu hören, kommt einem Ritterschlag gleich.«

»Du legst dich ganz schön ins Zeug, mein Lieber.« Sie blickte zu ihm auf und sah in seine schokobraunen Augen, in denen sich die Lichter des Karussells spiegelten.

»Ja, das tue ich. Ich habe schließlich eine Menge nachzuholen und will keine Zeit verlieren«, gab er zu und beugte sich hinunter, um sie hingebungsvoll zu küssen.

Auf einmal war Karolina nicht mehr kalt, sondern sogar ziemlich warm. Sie legte eine Hand in Jaspers Nacken und streichelte seine Haut. Seine Lippen fühlten sich so zart an. Als er den Kopf hob, sah er sie mit seinen Augen voller Verlangen an. »Komm heute Nacht mit zu mir.«

Karolina seufzte leise. »Ich kann nicht, Jasper, so sehr ich es mir wünsche. Doch ich kann Francesca nicht allein lassen. Sie ist extra aus Mailand hergekommen, um mich zu besuchen. Sie wusste nicht, dass ich auf dem Weihnachtsmarkt arbeite. Ich habe ohnehin schon zu wenig Zeit für sie. Kannst du das verstehen?«

Er nickte. »Du hast recht. Ich werde mich wohl in Geduld üben müssen, auch wenn es mir sehr schwerfällt. Allerdings kann ich es nachvollziehen. Es wäre nicht fair.«

»Mir fällt es auch schwer, Jasper«, gab sie leise zu. »Ich habe mich in so kurzer Zeit an dich gewöhnt und wünschte, diese Zeit würde für immer so stehen bleiben. Du überraschst mich mit so wunderschönen Dingen, und ich habe Angst, dass du denkst, ich wüsste das nicht zu schätzen.«

»Ich weiß, dass du es tust, und wir werden das Beste daraus machen. Ich lasse dich nicht wieder gehen, Karo. Das ist ein Versprechen, das ich dir hier gebe. Ich liebe dich. Das wird mir jeden Tags aufs Neue klar.« Er küsste sie erneut.

»Ich liebe dich auch, Jasper, auch wenn es so verrückt ist, weil wir uns kaum kennen.«

»Irrtum, wir kennen uns schon lange, nur haben wir uns einfach eine Weile aus den Augen verloren. Aber in unseren Herzen kennen wir uns bereits ein halbes Leben lang.«

Sie berührte sein Gesicht und streichelte sein Kinn. »Das hast du sehr schön gesagt.«

Das Karussell hatte angehalten, und auch die Musik aus dem Handy war verklungen.

»Danke für diese schöne Fahrt. Die Überraschung ist dir wirklich gelungen.« Karolina drückte ihm einen Kuss auf die Wange.

»Ich danke Konrad dafür, dass er mir den Schlüssel überlassen hat und mir vertraut.« Er half ihr, aus der Kutsche zu steigen.

Liebevoll strich sie über das gepflegte Holz, aus dem die Pferde geschnitzt waren. Sie waren weiß bemalt und mit echten Ledertrensen versehen. Die Kutschen hatten jeweils eine andere Farbe, ihre war die Rote gewesen.

»Oskar hat Konrad geholfen, es zu restaurieren. Er hat wirklich gute Arbeit geleistet. Sie hatten fast ein ganzes Jahr daran gearbeitet.«

»Ja, Oskar ist ein richtiger Künstler. Er muss einfach sein eigenes Ding machen und wird damit sehr erfolgreich sein, da bin ich mir sicher. Wir sollten ihm helfen.«

Nachdem Jasper die Sicherung wieder ausgeschaltet hatte und das Licht erloschen war, nahm sie seine Hand. Gemeinsam liefen sie zu seinem Wagen.

»Das werden wir. Warten wir mal ab, wie sich das Weihnachtsfest entwickelt, und dann sehen wir weiter.« Jasper zwinkerte ihr zu; Karolina hatte den Eindruck, als wüsste er mehr als sie.

Er fuhr sie nach Hause, und im Auto konnte Karolina sich

nicht von ihm verabschieden; immer wieder küssten sie sich, bis sie einfach die Tür öffnete und schnell ausstieg.

»Bis morgen, mein Held«, rief sie ihm zu und rannte schnell zur Tür, weil es schon wieder schneite.

»Habt ihr im Auto geknutscht?«, fragte Francesca, als sie Karolina die Tür öffnete.

»Ach was«, erklärte Karolina voller Überzeugung.

»Schade. Allerdings siehst du so aus. Dein Gesicht ist ganz rot gescheuert, und wenn ich mich nicht irre, stammt das von Bartstoppeln.« Francesca grinste wissend.

»Wir haben im nostalgischen Karussell geknutscht«, erklärte Karolina daraufhin mit einem Lachen. »Und im Auto.«

»O mein Gott, das ist ja so romantisch! Dieser Jasper ist ein ausgesprochen gutaussehender Kerl und weiß eine Frau zu verwöhnen. Du bist zu beneiden.«

»Da kann ich dir nur zustimmen.« Karolina nahm sich ein Glas und füllte es mit Wein aus der Flasche, die ihre Cousine geöffnet hatte. Sie setzte sich auf das Sofa zu ihr und legte die Füße hoch.

»Das Bad hat so gutgetan. Du solltest auch mal entspannen.« Francesca zog den Bademantel enger um ihren Körper. Ihre Haut glänzte, und sie duftete nach Vanille. Ihr langes Haar hatte sie zu einem wirren Zopf hochgebunden, die Spitzen waren noch etwas feucht.

»Ich bin vollkommen entspannt.«

»Na, wenn so ein Typ an meinen Lippen hängen würde, wäre ich auch entspannt.«

»Du bist verlobt. Was ist mit Marco? Ich dachte, er ist der Mann deines Lebens, den du bald heiraten wirst«, entfuhr es Karolina. Sie trank einen Schluck Wein.

»Ja, natürlich, und ich liebe Marco. Aber für eine romantische Liebesgeschichte bin ich immer zu haben. Bist du in Jasper verliebt?« Sie blickte Karolina ernst an und griff ebenfalls nach ihrem Glas.

»Ich denke schon. Er macht es einem schwer, sich nicht in ihn zu verlieben. Aber manchmal fürchte ich, dass mein Leben zu eingefahren ist. Ich weiß nicht, ob ich darin Platz für eine große Liebe habe. Dabei habe ich ihm heute gesagt, dass ich mich in ihn verliebt habe. Ich denke, ich habe einfach Angst vor meinen eigenen Gefühlen. Dieses Verliebtsein ist neu für mich. Ich glaube, ich war es noch nie, zumindest nicht so richtig, nicht so, wie ich in Jasper verliebt bin.«

»Willst du denn für immer allein bleiben? Bloß hier und da mal ein One-Night-Stand? Das kann doch nicht dein Ziel sein. Du musst diese Gefühle zulassen.« Francesca trank einen Schluck und fuhr sich mit der Zunge über die Lippen.

»Du hast ja recht. Es fällt mir nur schwer, Vertrauen zu fassen.«

»Eines kannst du mir glauben, liebe Cousine. Dieser Mann hat wirklich etwas mit dir vor, und er ist ehrlich. Vertrau mir, mit Männern kenne ich mich aus.«

»Jasper ist sehr bemüht, und damit kann ich wohl schwer umgehen. Nach meinem letzten Fiasko habe ich Angst, zu viele Gefühle zu investieren, die hinterher nur enttäuscht werden.«

»Wie hieß dieser Kerl noch?«

»Thomas Bayer. Er hat immer darauf bestanden, dass ich ihn Tom nenne, weil das cooler klingt.« Karolina lachte auf.

»Was für ein Idiot.«

»Das kannst du laut sagen. Er hat hinter meinem Rücken eine Affäre mit seiner Chefin angefangen, um einen Vorteil im Job zu haben. Sie ist dreiundzwanzig Jahre älter, und er hat ihre Ehe zerstört. Nachdem er befördert wurde, hat er sie fallengelassen, und Ingrid steht nun mit leeren Händen da, weil sie wegen der Affäre nicht nur ihren Job, sondern auch die ganze Familie verloren hat. Ihre Kinder haben sich auf die Seite ihres Mannes gestellt. Ich glaube, sie trinkt und bekommt keinen neuen Job.«

»Stupido! Diesen Kerl sollte man kastrieren. Du kannst froh sein, dass du ihn los bist.«

»Das bin ich auch. Und genau deshalb bin ich vorsichtig geworden, wenn ein Mann ein Gesicht hat, das zu schön ist, um wahr zu sein.« Karolina trank ihr Glas leer.

»Dein Jasper ist anders. Er ist zwar schön wie die Nacht, aber kein Mann, der mit falschen Karten spielt. Manchmal muss man im Leben auch etwas riskieren. Man kann sein Herz nicht vor allem schützen. Mut gehört nun mal auch zum Leben dazu, sonst existiert man nur.«

»Ich hoffe, ich bringe den Mut auf, der zu einer Beziehung gehört.«

»Was würdest du sagen, wenn er dich jetzt und hier um deine Hand bitten würde?«, fragte Francesca frei heraus.

»Was? Wie meinst du das?«

»Das ist doch eine einfache Frage. Wenn Jasper dich um deine Hand bitten würde, wie würde deine Antwort ausfallen?«

Verlegen zupfte Karolina an ihren Lippen, dann lachte sie. »Ich glaube, ich würde Ja sagen. Aber vermutlich nur, weil ich Wein getrunken habe.«

»Na, dann will ich hoffen, dass du auch Wein getrunken hast, wenn Jasper dich fragt. Denn es ist keine Frage, ob er dich fragen wird, sondern nur wann. Er meint es ernst mit dir, das sehe ich in seinen Augen.«

»Dann solltest du eventuell eine Karriere als Wahrsagerin beginnen. Ich denke nicht, dass er so weit gehen würde.«

»Da irrst du dich, liebes Cousinchen. Aber wie ich schon sagte, ich kenne die Männer eben besser als du. Das war schon immer so.« Francesca stellte das Weinglas auf dem Tisch ab und erhob sich. »Schau mal, was ich an Oskars Stand alles gefunden habe. Er hat tolles Spielzeug aus Holz und ist ein richtiger Künstler.« Sie holte eine große Tüte aus dem Gästezimmer. »Das ist ein Steckenpferd. Sieht das nicht toll aus?« Der Pferdekopf auf einem Stiel war kunstvoll geschnitzt und bemalt. Er hatte eine Mähne aus Lederstreifen. »Den habe ich für Maria gekauft. Sie ist die jüngste Tochter von Marcos Schwester.«

Dann holte sie ein hölzernes Mobile hervor. »Giulia bekommt einen Sohn«, verriet sie. »Ich werde also wieder Tante.« Ein Lächeln zeigte sich auf ihrem Gesicht. »Und das hier ist für meinen Neffen Matteo.« Ein großes Feuerwehrauto, ebenfalls aus Holz geschnitzt, bei dem man viele Teile ausbauen konnte.

»Wow, das sind wirklich tolle Geschenke«, musste Karolina zugeben. Oskar war wirklich ein grandioser Handwerker.

»So, aber wir sollten ins Bett gehen. Morgen wird wieder ein anstrengender Tag.« Francesca sah müde aus.

»Ja, natürlich. Aber bald ist Heiligabend, dann haben wir den größten Stress hinter uns.« Auch Karolina erhob sich und küsste ihre Cousine auf beide Wangen. »Schlaf gut, meine Liebe.«

»Du ebenfalls. Und träum etwas Schönes.« Francesca grinste sie vielsagend an, und Karolina wusste genau, auf wen sie anspielte.

Karolina war froh, endlich ins Bett zu fallen, nachdem sie noch schnell geduscht hatte. Doch kaum hatte ihr Kopf das Kissen berührt, war sie hellwach und konnte nicht mehr einschlafen. Immer wieder ging sie in Gedanken den wunderschönen Abend durch. Sie glaubte, Jaspers Duft zu riechen, seine Berührungen zu spüren. Es war verrückt, aber so musste sich die Liebe wohl anfühlen.

Mit einem Lächeln auf den Lippen schlief sie dann doch endlich ein. Sie träumte von einem Karussell, dass sich immer schneller drehte, bis ihr schwindelig wurde. Erst als ein Mann sie in die Arme nahm, blieb das Karussell stehen. Der Mann hatte erstaunliche Ähnlichkeit mit Jasper.

20

Francesca wollte am Morgen durch die Stadt bummeln, während Karolina zu Luise fuhr. Die saß bereits am Frühstückstisch und war fertig angezogen.

»Konrad ist schon zum Markt. Er hat hier übernachtet«, erzählte sie, und ihre Augen leuchteten dabei auf, als wäre sie ein junges Mädchen.

»Läuft da was zwischen euch?«, fragte Karolina überrascht und nahm sich eine Tasse Kaffee. Der von Luise schmeckte immer noch am besten. Dieser Duft von frisch aufgebrühtem Kaffee war mit nichts zu vergleichen.

»Wie kommst du denn darauf?«, rief Luise in einem Ton, der sich verdächtig anhörte.

»Warum nicht? Ihr seid beide solo, und ich finde, er kümmert sich wirklich rührend um dich.«

»Wo denkst du denn hin, Kind. Für so was bin ich doch viel zu alt.« Luises Wangen färbten sich verdächtig rot.

»Liebe hängt doch nicht vom Alter ab. Ich glaube sehr wohl, dass Konrad etwas für dich empfindet. Er bemüht sich ausgesprochen um dich, das hat doch was zu bedeuten.« Karolina ließ nicht locker.

»Und was ist mit dir und Jasper?«, kam es von Luise. Sie sah Karolina neugierig an. »Da ist doch auch etwas im Busch.«

Nun nahm die Unterhaltung eine Richtung, die Karolina gar nicht gefiel. Sie wollte nicht über ihre Gefühle für diesen Mann nachdenken. Nicht schon wieder. Sie dachte ohnehin zu viel an ihn. »Ich weiß nicht, wovon du sprichst. Wir sind alle eine tolle Truppe, die zusammenhält. Jasper hilft mir, so wie dir Konrad behilflich ist.«

»Ha, na das stelle ich mir gerade mal vor.« Luise lachte auf und musterte Karolina eindringlich. »Du hast bei Jasper übernachtet. Das weiß ich aus erster Hand.« Ihr triumphierender Blick sprach Bände.

»Woher willst du das wissen?«

»Von Konrad. Jasper hat es Konrad erzählt, und Konrad hat es mir erzählt.«

»Na, dann scheint die Buschtrommeln ja zu funktionieren«, murmelte Karolina und war gar nicht erfreut darüber, dass scheinbar jeder über ihr Liebesleben Bescheid wusste.

»Ich weiß gar nicht, was du hast. Er ist ein sehr gutaussehender Kerl«, sagte Luise plötzlich.

»Was? Sprichst du etwa von Jasper? Seit wann ist er dein neuer bester Freund? Ich dachte immer, du magst ihn nicht.«

»Wie kommst du denn darauf? Er ist sehr freundlich und sieht blendend aus. Vermutlich ist er eine Granate im Bett.«

»Luise! Ich möchte jetzt nicht mit dir darüber sprechen.« Das ging nun aber wirklich zu weit. Sie würde mit Luise ganz sicher nicht Jaspers Qualitäten im Bett diskutieren. Als sie Luises verschmitztes Lächeln sah, wusste Karolina, dass sie sie nur auf den Arm nahm.

»Na, komm schon, mein Mädchen. Wir müssen los, sonst eröffnet der Christkindlesmarkt ohne uns.« Luise sprühte vor Energie. Sie schien heute einen guten Tag zu haben. Daher wagte Karolina einen Schritt voran.

»Hör mal Luise, wir haben gestern Abend im Meyer Lansky zusammengesessen und über den Heiligabend gesprochen, den wir bei dir feiern werden.« Sofort hatte Karolina ihre Aufmerksamkeit. »Was hältst du von der Idee, zusammen mit Jasper einzukaufen? Er hat sich angeboten. Ich finde, wir sollten alle ein wenig einbeziehen. Warum soll es nur an uns hängen bleiben? Die anderen können auch was tun.«

Langsam nickte Luise. »Ja, das ist eine gute Idee. Ich fahre gerne mit Jasper einkaufen.«

»Immerhin hat er zwei starke Arme, der kann eine Menge tragen.« Karolina stieß sie mit dem Ellbogen an.

»Na, du musst es ja wissen. Ich werde ihn dann fragen, wie er im Bett ist.« Luise sah sie ernst an, und plötzlich begannen beide laut zu lachen.

Das Wetter war milde, trotzdem war Karolina froh, dass nur noch wenige Tage übrig blieben bis zum Weihnachtsfest. Marie hatte ihren Stand bereits geöffnet und sah heute ausgesprochen schön aus.

»Heute ist dein großer Tag«, sagte Karolina leise. Sie standen vor Maries Stand, die dort die Dekoration umräumte.

»Welcher Tag denn?«, rief Luise hinüber, die Wolle ins Regal räumte.

»Hören kann sie ja noch gut«, murmelte Karolina und sah Marie auffordernd an.

Marie trat an den Strick- und Häkelstand und beugte sich zu Luise hinüber. »Oskar hat mich heute Abend zum Essen eingeladen«, erzählte sie leise.

»Allmächd! Dass ich das noch erlebe. Ich hoffe, aus euch beiden wird endlich ein Paar. Es ist ja nicht mit anzusehen, wie ihr euch immer Blicke zuwerft. Baggmers«, rief Luise und reckte gut gelaunt eine Faust in die Luft.

»Ach Luise, ich weiß doch gar nicht, ob er mich überhaupt will.«

»Marie, zieh dich nicht wieder in dein Schneckenhaus zurück. Du siehst toll aus, bist eine wunderbare Frau, und Oskar würde seine Zeit nicht verschwenden, wenn er kein Interesse hätte«, versuchte Karolina ihr den Rücken zu stärken. Sie drückte Marie die Hand.

»Du wirst ihn heute Abend vom Hocker hauen, Mädle.« Luise strahlte sie an und wandte sich dann wieder der Wolle zu.

»Denk daran, dich bei mir zu melden«, raunte Karolina und zwinkerte Marie zu. »Luise, kann ich dich eine Weile alleine lassen?«

Luise drehte sich überrascht um. »Aber natürlich. Ich bin ja nicht mehr krank. Wo willst du denn hin?«

»Weihnachtsgeschenke besorgen.« Karolina stutzte bei den Worten. Hatte sie das gerade mit echter Vorfreude gesagt?

»Das sind ja ganz neue Töne«, hörte sie Luise brummeln und hatte dem nichts hinzuzufügen.

»Ich bin in einer Stunde zurück.« Karolina schnappte sich ihre Handtasche und machte sich auf den Weg. Sie hatte vor, für jeden Teilnehmer des Weihnachtsessens eine Kleinigkeit zu besorgen. Außerdem sollte Luise von ihr ein besonderes Geschenk erhalten.

Sie kam einfach nicht an diesen Räuchermännchen vorbei. Für jeden besorgte sie eine Figur. Jasper bekam einen Koch, Marie eine Schneefrau. Oskar bekam den Schreiner. Für Henri und Paul gab es einen Winzer und einen Lehrer, der wie ein Steuerberater aussah. Für Konrad gab es den Nachtwächter, und für Luise besorgte sie einen Weihnachtsmarkthändler. Zusätzlich kaufte sie für Luise einen großen Schwibbogen. Er kostete ein halbes Vermögen, sah aber wunderschön aus. Mit einer großen Tüte bepackt, machte Karolina sich auf den Rückweg, als sie innehielt. Nicht weit von ihr entfernt überquerte Jasper den Platz. Und er war nicht allein. Eine Frau hing an seinem Arm, die beiden lachten gut gelaunt. Als sie plötzlich stehen blieben und Jasper sich hinunterbeugte und die Frau küsste, hielt Karolina den Atem an und trat einen Schritt zurück in den Schatten des Verkaufsstandes. Sie wollte auf keinen Fall von ihm entdeckt werden. Die Frau, die dort an seinem Arm hing, strich ihm liebevoll über die Wange. Eine sanfte Geste, die so zärtlich wirkte, dass es Karolina schauerte. Diese Frau, die Jasper so sehr anhimmelte, war ihr nämlich wohlbekannt und es tat ihr im Herzen weh, zu beobachten, dass Francesca Jasper ebenfalls küsste.

Keine Ahnung, was das Ganze zu bedeuten hatte. Doch es war ein Schock, der sich tief in ihr Herz brannte. Francesca war verlobt. Was wollte sie von Jasper? Bisher war es Karolina immer egal gewesen, dass ihre Cousine gerne und oft flirtete. Aber warum machte sie sich an den Mann heran, der ihr so viel bedeutete? Sie wusste doch, dass Karolina in Jasper verliebt war. Gestern noch hatte sie ihr sogar erzählt, sie sei sicher, dass Jasper sie heiraten wollte. Warum erzählte sie solche Lügengeschichten? Nur um ihr den Kopf zu verdrehen, damit sie nicht bemerkte, was hinter ihrem Rücken ablief?

Nachdem der erste Schock verdaut war, machte Karolina sich auf den Weg zurück zu ihrem Stand. Luise würde sicher schon auf sie warten, sie war länger weggeblieben als gedacht. Wie in Trance fand sie den Weg zurück. Sie fühlte sich wie betäubt.

»Na, hast du alles bekommen?«, fragte Luise neugierig.

»Ja, alles erledigt«, murmelte Karolina abwesend. Sie zog ihren Mantel aus und blickte hinüber zu Jaspers Stand. Julian, die Aushilfe, war mit Kunden beschäftigt. Von Jasper keine Spur.

»Hörst du mir zu?« Luise zupfte an ihrem Ärmel. »Was ist denn mit dir los?«

»Nichts, Luise. Es ist alles gut«, erklärte sie, doch das war es ganz und gar nicht.

»Kann ich mit Konrad zum Mittagessen? Er hat mich auf Reiberdatschi eingeladen.«

»Ja, natürlich. Geh nur. Ich bleibe hier.«

Luise schnappte sich ihren Mantel und verabschiedete sich. Karolina winkte ihr halbherzig nach. Sie war viel zu betroffen, um normal zu reagieren, aber froh, nicht weiter unter Luises aufmerksamen Blicken zu stehen. Sie musste sich jetzt erst einmal sammeln, um einen klaren Gedanken fassen zu können.

Als Jasper eine Stunde später an seinem Stand auftauchte und ihr zuwinkte, wandte sie sich schnell ab. Zum Glück traten zwei Kunden näher, die sich für Wolle interessierten. Lange und ausgiebig beriet sie die beiden Frauen und freute sich, dass sie einige Knäuel verkaufen konnte. Danach verkroch sie sich auf die Sitzbank und nahm ihr Strickzeug auf. Zu lange lag es schon unbeachtet herum. Sie wollte den Schal doch fertig bekommen, solange es Winter war! Er sollte schließlich noch zum Einsatz kommen. Eigentlich hatte sie beschlossen, den Schal Jasper zu schenken, doch der schien ihn auf keinen Fall zu verdienen. Sollte Francesca ihm etwas stricken.

Mit Absicht ignorierte sie den Stand auf der gegenüberliegenden Seite. Dass Francesca auch verschwunden blieb, zeugte wohl von einem schlechten Gewissen.

Es war nicht zu fassen, dass Karolina immer solch ein Pech hatte. Kaum hatte sie ihr Herz für einen Mann geöffnet, geschah etwas Unverhofftes, und es brach entzwei. Oder man trampelte darauf herum, bis es vollkommen zerstört war.

Was machte sie denn nur falsch? Das hatte sie einfach nicht verdient. Sie war sich mittlerweile sicher gewesen, dass Jasper der richtige Mann für sie war. Nur gut, dass sie jetzt erkannt hatte, was für ein Mensch er wirklich war.

Vermutlich nahm er jede Gelegenheit wahr, um sich zu amüsieren, und sie war nur eine von vielen. Der Gedanke machte sie so wütend, dass sie das Strickzeug in die Ecke pfefferte. Am liebsten hätte sie die Nadeln herausgezogen, und die Wolle wieder aufgeribbelt. Doch ihr Strickzeug konnte nichts dafür, dass sie sich so mies fühlte. Sie musste ihre Wut in den Griff bekommen. So kannte sie sich gar nicht. Was war denn nur mit ihr los?

21

Nach dem Mittagessen tauchte Luise wieder auf.

»Möchtest du nicht auch etwas essen gehen?«, fragte sie besorgt. »Du bist viel zu dünn.«

Eigentlich hatte Karolina keine Lust, doch dann sah sie wieder Jaspers Gesicht auf der anderen Seite vor sich und nickte. »Vielen Dank, Luise. Ich könnte eine Pause gut gebrauchen.« Schnell schnappte sie ihre Handtasche und verließ den Stand. Anstatt über den Weihnachtsmarkt zu laufen, steuerte sie die Fußgängerzone an. Hunger verspürte sie nicht. Aber sich die Füße zu vertreten, tat ihr gut.

Sie kaufte sich unterwegs eine heiße Schokolade to go mit einer extra Portion Sahne und steuerte auf den weißen Turm zu. Er war ein Stück der inneren Stadtbefestigung aus dem 13. Jahrhundert. Der weiße Kalkstein war schon längst verwittert und eher beigegrau, doch das Bauwerk sah immer noch imposant aus. Vor dem Ehekarussellbrunnen blieb sie stehen. Die zahlreichen Figuren waren künstlerisch gestaltet und sahen außergewöhnlich aus. Der Brunnen war einem Gedicht von Hans Sachs gewidmet. *Das bittersüße eh'lich Leben* lautete der Titel, und es stellte die Sonnen- und Schattenseiten des Zusammenlebens von Frau und Mann dar. Karolina schnaufte verächtlich. Wie passend das jetzt war! Sie hatten das Gedicht in der Schule besprochen. Aber nicht nur eine Ehe stellte Herausforderungen dar, eine feste Beziehung ebenso. Wie sich der Handwerkerpoet über den Szenen einer Ehe erhob und dazu tanzte! Eigentlich hatte ihr der Brunnen immer gefallen, obwohl es bei der Errichtung zu Protesten gekommen war. Doch heute schien er ihr als böses Omen, dass sie genau an diesem Gebilde vorbeikam. Sie sollte es wie der Poet halten und tanzen, anstatt sich zu grämen und dem Weinen nahe zu sein. Doch das war einfacher gesagt als getan.

Ein Anruf ging auf ihrem Handy ein, und Karolina befürchtete schon, es wäre etwas mit Luise, doch es war Francesca. Sie steckte das Gerät in die Tasche, ohne den Anruf anzunehmen. Sie wollte jetzt nicht mit ihrer Cousine sprechen. Sie wollte im Augenblick mit niemandem reden, dafür war sie viel zu aufgebracht, auch wenn sie äußerlich ruhig war. In ihr tobte ein Sturm, so heftig, dass sie Angst hatte, mitgerissen zu werden.

Nachdem sie den Becher geleert und in einem Abfalleimer entsorgt hatte, wandte sie sich der östlich gelegenen Lorenzkirche zu. Schon von Weitem waren die achtzig Meter hohen Türme zu sehen. Orgelspiel klang bis auf die Fußgängerzone heraus, und als Karolina sah, wie einige Menschen das gotische Gebäude betraten, tat sie es ihnen gleich. Sie hatte keine Ahnung, wann sie zuletzt in einer Kirche gewesen war, um an einem Gottesdienst teilzunehmen. Bei der Beerdigung von Frieda hatte es nur einen Wortgottesdienst gegeben. Zwar war Karolina getauft, doch zur Kirche hatte sie keine Beziehung.

Als ihr Handy erneut zu summen begann, schaltete sie es kurzerhand aus. In einer leeren Reihe ließ sie sich auf der Bank nieder und blickte zur Rosette über dem Hauptportal. Es verschlug ihr die Sprache. Nicht nur die gigantischen Bilder beeindruckten Karolina, auch die Ruhe, die sich über sie legte, war ein ganz neues Gefühl. Obwohl der Organist kräftig die Orgel spielte, war diese Ruhe in ihr selbst ein kostbares Gut. Langsam kehrte Stille in ihr ein, die sie benötigte, um nachdenken zu können. Sie war doch eine rational denkende Frau, ein Mensch der Zahlen, sie sollte vernünftig die Situation analysieren. Das tat sie jeden Tag in ihrem Beruf, doch wenn man persönlich betroffen war, sah das alles schon ganz anders aus.

Neben den Touristen, die die Kirche besichtigten, gab es

auch Menschen, die betend niederknieten und um göttlichen Beistand baten. Sie wusste nicht genau, ob sie wirklich an Gott glaubte, doch es gab eine Macht, die alles lenkte, dessen war sie sich sicher. Ob das nun Gott war, diese Frage blieb für sie erst einmal ungelöst. Vielleicht war Beten gar nicht die schlechteste Idee. Etwas himmlische Hilfe konnte sie jedenfalls gerade gut gebrauchen. Und so saß sie da und bat in aller Stille um Hilfe, um eine Lösung für Luise und sich zu finden. So wie sie die Situation sah, stand sie nun doch alleine da, niemand würde ihr helfen.

Der Marienleuchter über ihrem Kopf spendete ein sanftes Licht. Es gab so viel zu sehen, und dennoch schloss sie die Augen, um Ruhe zu finden. Okay, sie war verletzt. Aber oft entwickelten sich die Dinge ganz anders, als man dachte. Bekamen eine eigene Dynamik. Vielleicht würde sich alles aufklären, doch noch war sie nicht bereit dazu, sich dem zu stellen. Sie wollte lieber hier sitzen und die Orgelmusik genießen. Das war doch etwas ganz anderes als *Last Christmas*.

»Ist das nicht schön?«, fragte eine junge Frau, die sich in der gleichen Bank niedergelassen hatte. Auch sie saß hier bereits eine ganze Weile und lauschte dem Orgelspiel.

»Ja, wirklich«, stimmte Karolina zu.

»Ich war schon sehr lange nicht mehr in einer Kirche«, gab die Frau zu. »Aber mein Kind war in diesem Jahr an Leukämie erkrankt, und da habe ich wieder angefangen, zu beten.«

Karolina wagte nicht zu fragen, wie es dem Kind ging. Ihr stockte der Atem.

»Mein Kind ist wieder gesund, und ich bilde mir ein, dass es daran liegt, dass ich gebetet habe. Ich weiß, es hört sich lächerlich an. Ich meine, wer glaubt schon an die Kraft von Gebeten?« Sie lächelte verlegen.

»Ich glaube daran«, sagte Karolina und wusste gar nicht, woher diese Worte kamen. »Auch wenn ich nicht in die Kirche gehe«, fügte sie schnell hinzu.

»Sie sind hier. Also gehen Sie in die Kirche. Wissen Sie, ich glaube nicht, dass es wichtig ist, wie häufig oder ob man überhaupt ein Gotteshaus besucht. Der Glaube ist das, was wichtig ist. Der Glaube daran, dass alles gut wird. Er trägt uns durch das Leben.« Die Frau erhob sich. »Ich wünsche Ihnen eine frohe Weihnacht.«

»Frohe Weihnachten«, wünschte Karolina, und die Worte kamen ihr ganz leicht über die Lippen; sie meinte es vollkommen ernst. Nachdenklich blickte sie der jungen Frau hinterher.

Fast eine Stunde saß sie da, lauschte dem Orgelspiel und betrachtete den kunstvoll gestalteten Innenraum. Am Ende spendete sie noch ein wenig Geld und zündete zwei Kerzen an.

Als sie die Fußgängerzone wieder betrat, fiel ihr auf, wie spät es schon war. Es hatte zu schneien begonnen, wovon sie natürlich nichts mitbekommen hatte. Mittlerweile war es dunkel. So düster wie in ihrem Herzen. Sie war traurig und hatte dennoch etwas Trost empfangen. Sie hatte total die Zeit vergessen und beeilte sich, zurück zum Christkindlesmarkt zu gelangen. Luise war schon fast zwei Stunden allein, und Karolina beschlich das schlechte Gewissen. Marie war auch nicht an ihrem Stand, sie hatte ja heute ihr Date mit Oskar.

»Da bist du ja, mein Mädchen. Ich hab mir schon Sorgen um dich gemacht.« Luise sah sie erleichtert an.

»Aber Luise, du brauchst dir doch um mich keine Sorgen zu machen. Ich habe ein wenig die Zeit vergessen.« Fest nahm sie Luise in die Arme und drückte sie.

»Wo warst du denn so lange?« Luise sah sie prüfend an.

»In der Kirche«, gab Karolina zu.

»In der Kirche? Wirklich?«

Lächelnd nickte Karolina. »Ja, das Orgelspiel war so schön und hat mich gefangen genommen, da habe ich die Zeit aus den Augen verloren. Dann habe ich noch eine Kerze für Frieda angezündet und eine für meine Eltern«, berichtete sie.

Luise nahm sie in die Arme. »Aus dir wird noch ein richtiger Weihnachtsfan.«

»Das befürchte ich auch«, gab Karolina lachend zu.

»Diese Frau war wieder hier«, erklärte Luise und sah gar nicht freundlich aus.

»Welche Frau?«

»Diese Italienerin. Ich soll dir was ausrichten.«

Aha. Es musste sich wohl um Francesca handeln. »Und was sollst du mir ausrichten?«

»Sie hat mir diesen Schlüssel gegeben, und ich soll dir sagen …« Luise biss sich auf die Lippen und suchte nach den richtigen Worten.

Karolina blickte auf den Schlüssel in Luises Hand. Es war der Hausschlüssel, den sie Francesca überlassen hatte.

»Ich hab's vergessen«, sagte Luise leise; Tränen sammelten sich in ihren Augen.

»Hey, nicht weinen Luise, das ist nicht schlimm. Wir bekommen schon raus, was los ist.« Sie zog Luise an sich und strich ihr mit einer Hand sanft über den Rücken. »Sie hat mich auf dem Handy angerufen.« Karolina holte das Smartphone aus der Tasche und schaltete es wieder ein. Drei verpasste Anrufe und zwei WhatsApp-Nachrichten. Die von Francesca rief sie auf.

Liebe Karo, es tut mir leid, ich muss zurück nach Mailand. Marco hat sich das Bein gebrochen. Der nächste Zug geht schon in einer Stunde, ich muss mich beeilen. Ich kann dich leider nicht erreichen, hinterlasse den Hausschlüssel bei Luise. Wir hören wieder voneinander. Ciao cara und frohe Weihnachten, Francesca!

Karolina las die Nachricht laut vor.

»Ja, genau, sie hat gesagt, ich soll dich grüßen und sie

muss zurück nach Mailand, noch heute.« Erleichtert atmete Luise aus.

»Na siehst du, alles halb so schlimm.« Karolina berührte Luises kalte Wange. »Kein Grund zu weinen, Luise.« Sie drückte ihr ein Taschentuch in die Hand.

»Wie konnte ich das nur vergessen?«, murmelte diese und schnäuzte sich. »Manchmal habe ich Angst, den Verstand zu verlieren.«

»Es sind nur kleine Lücken, die sich auftun. Dein Verstand verschwindet so schnell nicht.«

Ein lautes Klopfen an der Tür ließ die Frauen herumfahren. »Hallo! Jemand zu Hause?«

Jasper.

»Ah, da bist du ja«, rief Luise begeistert, während Karolina vorgab, die Schals auf dem Tisch neu drapieren zu müssen.

»Bist du fertig, Luise?«, fragte er gut gelaunt.

»Ja, natürlich, mein Junge.« Sie zog ihren Mantel über und griff nach der Handtasche.

»Wo willst du hin?«, fragte Karolina überrascht.

»Na, mit Jasper einen Weihnachtsbaum kaufen. Sonst ist es doch kein Weihnachten. Er ist so freundlich und will mir helfen.«

»Ja, Jasper ist immer sehr behilflich«, murmelte Karolina, ohne ihn anzusehen.

»Schließt du heute den Stand ab?«, fragte Luise und war ganz aufgeregt.

»Sicher. Du musst nicht mehr zum Stand kommen.«

»Wir sehen uns dann morgen, mein Kind.«

»Soll ich nicht später zu dir kommen?« Karolina war es nicht geheuer, wenn sie Luise über Nacht alleine lassen sollte.

»Konrad kommt noch vorbei. Ich koche für uns.«

Erleichtert nickte Karolina. »Dann ist es ja gut. Soll ich dich morgen abholen?«

»Nein, ich werde morgen früh mit Jasper für das Weihnachtsessen einkaufen fahren. Ich komme am Nachmittag zum Stand.«

Dann war ja alles geklärt. Karolina nickte und winkte Luise nach.

Die beiden machten sich auf den Weg und Karolina atmete erleichtert aus. Doch dann tauchte Jasper nochmals an der Tür auf. »Ist alles in Ordnung, Karo?«, fragte er.

»Ja, warum nicht?« Sie brachte es nicht fertig, ihm in die Augen zu sehen.

»Weil du nicht auf meine Nachricht geantwortet und auch meinen Anruf nicht angenommen hast.« Er trat näher.

Nun war sie gezwungen, zu ihm aufzublicken. Warum musste dieser Mann so groß sein?

»Ich hatte noch keine Zeit nachzusehen. Was wolltest du denn von mir?«

»Sehen wir uns heute Abend?«

Karolina biss sich auf die Unterlippe, um zu verhindern, dass sie ihm sofort ein Nein entgegenschleuderte.

»Ich habe zu tun«, sagte sie daher leise.

Aus schmalen Augen blickte Jasper sie an. »Aha, und was genau, wenn ich fragen darf?«

»Francesca ist abgereist, und ich muss das Gästezimmer aufräumen und das Bett neu beziehen.«

»Ja, ihr Freund hat sich ein Bein gebrochen.«

Aufmerksam sah sie ihn an. »Hat sie dir das also erzählt? Dass sie einen Verlobten hat.«

»Ja, natürlich.« Verständnislos schaute er sie an.

»Dann hast du also mit ihr gesprochen?« Karolina musste sich zusammennehmen, um ihm nicht ins Gesicht zu schreien, dass sie alles wusste. Dass sie die beiden gesehen hatte und er sich nicht weiter um sie bemühen musste.

Doch es blieben noch so viele Fragen offen. Karolina stellte nicht eine davon, stattdessen sagte sie: »Du solltest Luise nicht so lange in der Kälte warten lassen.«

»Sie sitzt im Auto, und die Standheizung läuft.« Nun schien Jasper nicht mehr ganz so freundlich. Sein Ton hatte sich merklich abgekühlt. »Ich denke, wir sollten uns mal unterhalten«, sagte er in einem merkwürdigen Ton, den sie nicht ganz einzuordnen vermochte.

Sollte er doch denken, was er wollte. Sie hatte heute jedenfalls keine Zeit. Sie wollte nicht hören, was er mit Francesca getrieben hatte. Oder dass er sich geirrt hatte und sie doch nicht seine große Liebe war. Oder was auch immer er zu sagen hatte.

»Wenn du meinst. Ich wüsste zwar nicht, worüber, aber ich werde dich wohl nicht abhalten können. Noch einen schönen Abend, Jasper.« Sie wandte sich einer Kundin zu, die an ihrem Stand stehengeblieben war. Als sie sich wieder umdrehte, war Jasper verschwunden.

22

»Wie gefällt dir dieser?«, fragte Jasper und deutete auf eine hohe Fichte.

Luise winkte ab. »Ich mag keine Fichten. Ich will eine Nordmanntanne. Die gefallen mir.«

Jasper lächelte. Wenn Luise erst einmal das Kommando übernommen hatte, dann war sie nicht mehr zu bremsen.

»Nordmanntannen habe ich hier drüben«, rief der Verkäufer, und Luise folgte ihm auf dem Fuß.

»Diese hier ist sehr schön.« Der Verkäufer zog eine große Tanne aus dem Gewirr von Bäumen hervor.

Sie war wirklich wunderschön. Ein bisschen zu groß, aber den Stamm konnte man ja kürzen.

Luise sah über ihre Schulter zu Jasper, der zustimmend nickte. »Was kostet der Baum?«, wollte sie wissen.

»Fünfundachtzig Euro«, erklärte der Verkäufer und steckte sich eine Zigarette an.

»Was? Nein, der Baum hat eine schiefe Krone, schauen Sie doch. Der kann nicht mehr als vierzig kosten.«

Der Verkäufer nahm die Zigarette aus dem Mund, blies den Rauch in die Luft. »Fünfundsechzig.«

»Fünfundfünfzig, mein letztes Wort, sonst nehme ich lieber eine Fichte für dreißig.«

»Abgemacht«, erklärte der Verkäufer zähneknirschend. »Ihre Mutter ist ein harter Verhandlungspartner, mein lieber Freund«, knurrte er Jasper zu und machte sich daran, den Baum in ein Netz zu packen.

»Sie ist zwar nicht meine Mutter, aber es kommt mir

manchmal so vor«, erklärte Jasper mit einem Grinsen auf den Lippen.

»Ich bin doch nicht seine Mutter, sondern seine Freundin. Und sie sollten nicht rauchen, junger Mann. Die Bäume können schnell Feuer fangen.«

Der Verkäufer schaute Luise verwirrt an, dann trat er die Zigarette aus, wie Jasper mit einem Grinsen feststellte.

Nachdem der Baum im Wagen verpackt war, fuhren sie zu Luises Wohnung.

»Findest du nicht auch, dass Karolina heute merkwürdig reagiert hat?«, fragte er sie. »Weißt du, was los ist?«

Luise blickte ihn an. »Findest du? Tja, ich weiß nicht genau. Sie war heute Mittag ziemlich lange fort. Sie sagte, sie war in der Kirche, dabei ist sie ja eigentlich kein gläubiger Mensch. Du hast recht, heute ist sie anders als sonst. Vielleicht liegt es daran, dass diese Cousine abgerauscht ist.«

Jasper lachte. »Warum magst du Francesca nicht?«

Luise hob ihre zarten Schultern. »Ich weiß nicht. Sie hat so einen gewissen Blick, weißt du. Als wenn die ganze Welt sich nur um sie drehen würde. Als könnte sie alle Männer um den kleinen Finger wickeln. Ich mag solche Frauen nicht. Die bringen immer nur Ärger.«

»Ich denke nicht, dass Francesca Ärger gemacht hat. Sie musste zurück nach Mailand, weil ihr Verlobter sich das Bein gebrochen hat.«

»So? Woher weißt du das denn?« Luise blickte ihn prüfend von der Seite an.

Verlegen räusperte sich Jasper. Er wollte mit der Wahrheit nicht rausrücken, dann würde er sich erklären müssen, und das wollte er nicht. Zumindest noch nicht. »Karo hat es mir gerade zwischen Tür und Angel erzählt«, sagte er daher schnell.

»Ich glaube, Karo ist froh, dass sie wieder nach Italien gefahren ist. Ich mute ihr zu viel zu«, murmelte Luise traurig.

»Ich bin eine alte Frau, und sie sollte sich nicht um mich kümmern müssen. Ich wollte, es wäre anders.«

Sanft drückte Jasper ihre Hand. »Nein, das glaube ich nicht. Karo würde einen anderen Weg finden, wenn sie es nicht wollte. Ich denke nicht, dass Karo eine Frau ist, die sich mit einer Situation einfach nur abfinden würde. Sie hat gelernt, Lösungen zu finden, das ist ihr Job.«

Nachdenklich blickte Luise zum Seitenfenster hinaus. »Aber ich möchte mehr sein als nur ein Job.«

Das konnte Jasper gut verstehen. »Glaub mir, für Karo bist du mehr. Sie hat es mir gesagt. Du bist die Familie, die sie nie wirklich hatte.«

Auf der Terrasse kürzte Jasper den Stamm der Tanne und spitzte ihn etwas zu, damit er in den Christbaumständer passte. Als der Baum endlich aufgestellt war, betrachtete Luise ihn von allen Seiten.

»Er ist wunderschön, findest du nicht auch?«, fragte sie. Ihre Augen leuchteten wie bei einem kleinen Kind. »Weißt du, ich frage mich, ob das mein letztes Weihnachtsfest sein wird.«

Jasper sah sie überrascht an. »So darfst du nicht denken, Luise. Ich glaube, wir werden noch viele Weihnachten zusammen feiern.« Er nahm sie in die Arme und drückte sie.

»Ich habe noch etwas zu erledigen, bevor ich mich nicht mehr daran erinnern kann. Würdest du mich morgen, bevor wir einkaufen, zu meinem Anwalt fahren? Ich habe heute mit ihm telefoniert, und er hat gesagt, ich soll um elf Uhr vorbeikommen. Konrad weiß auch Bescheid.«

Jasper nickte. Er hatte zwar keine Ahnung, was Luise dort erledigen wollte, doch er würde ihr jeden Wunsch erfüllen, wenn sie ihn darum bat.

»Ich weiß, dass du Karolina glücklich machen wirst. Ich war ein Leben lang mit Friedhelm zusammen, aber geliebt habe ich immer nur Konrad«, murmelte sie und sah wieder zu dem Weihnachtsbaum. »Ich habe Friedhelm geheiratet, dabei wusste ich schon am Tag meiner Hochzeit, dass ich ihn nicht wirklich liebe. Ich wünschte, ich wäre mutiger gewesen und hätte etwas gesagt. Aber ich habe geschwiegen. Man sollte im Leben immer auf sein Gefühl hören, Jasper. Das Herz weiß, was richtig ist, nicht der Verstand. Vielleicht ist es gar nicht so schlimm, wenn ich den Verstand verliere, wenn ich immer noch auf mein Herz hören kann.« Sie sah ihn fragend an.

»Du hast das Herz am rechten Fleck, Luise.« Er strich ihr über die Wange und sah sich suchend um. »So, und jetzt wollen wir den Baum schmücken, damit wir heute noch fertig werden.«

*

Sobald Karolina an diesem Abend zu Hause war, machte sie sich an die Arbeit, das Bett im Gästezimmer abzuziehen und die Bettwäsche in die Waschmaschine zu stopfen. Dann fiel ihr ein, dass sie vielleicht Francesca eine kurze Nachricht schicken sollte. Sie überlegte eine ganze Weile, was sie ihr schreiben konnte. Zuletzt entschied sie sich für: *Sorry, ich hatte das Handy aus. Bestell Marco meine besten Wünsche. Euch auch ein frohes Weihnachtsfest. Liebe Grüße, Karo.*

Was das auch immer zu bedeuten hatte, dass Francesca und Jasper sich geküsst hatten, sie beschloss, dass es nicht mehr wichtig war. Sie hatte genug Probleme in ihrem Leben, da musste sich es sich nicht noch schwerer machen, indem sie sich in einen Mann verliebte, der es mit der Treue nicht so genau nahm. Sie wusste, wie ihre Cousine auf Männer wirkte, und konnte Jasper noch nicht einmal richtig böse sein. Francesca war eine wunderschöne Frau, die wusste, wie man Männer um den Finger wickelte. Und für sie war es doch eigentlich ein Glück, dass sie Jaspers wahres Gesicht früh genug erkannt hatte, bevor sie sich zu tief in ihren Gefühlen verstrickte.

Laut seufzend zog sie frische Bettwäsche auf, richtete das Bett und saugte den Boden.

Als sie den Staubsauger ausschaltete, hörte sie ein Geräusch hinter sich und drehte sich abrupt um.

»Himmel!«, schrie sie auf, als plötzlich Jasper im Türrahmen stand. »Du hast mich zu Tode erschreckt! Ich bekomme noch einen Herzinfarkt! Wie kommst du hier herein?«, rief sie aufgebracht und musste sich erst einmal auf das Bett setzen. Ihr Puls raste wie verrückt.

»Entschuldige, ich habe geklopft, aber niemand hat geöffnet.«

»Und dann brichst du einfach bei mir ein?«, rief sie entrüstet.

»Nein, ich habe den Schlüssel benutzt. Luise hat mich gebeten, ihn dir vorbeizubringen. Von Einbruch kann also keine Rede sein.« Er drückte ihr den Schlüssel in die Hand, den Francesca am Vormittag bei Luise gelassen hatte. »Kannst du mir mal bitte sagen, was los ist? Was habe ich verbrochen, dass du dich mir gegenüber so distanziert verhältst?« Sein Ton war nun auch alles andere als freundlich.

Die beiden standen sich gegenüber wie zwei wütende Stiere.

Karolina holte tief Luft, sie konnte nicht mehr an sich halten. »Ja, das kann ich dir sehr genau sagen. Ich habe euch gesehen, dich und Francesca. Du brauchst dich also nicht mehr zu verstellen. Du hast sie geküsst. Dass Francesca sich gerne an eine starke Männerbrust wirft, ist mir bekannt. Auch wenn sie verlobt ist, nimmt sie es mit der Treue nicht so genau. Aber dass deine so wundervollen Sätze von wegen ich habe mich verliebt und ich liebe dich noch mehr als vor fünfzehn Jahren keinen Pfifferling wert sind, das hat mich doch schwer getroffen.« Sie musste sich zusammenreißen. Tränen wollten sich ihren Weg bahnen, doch sie hielt sie mit Erfolg zurück. Diese Genugtuung würde sie ihm nicht gönnen. Vielleicht war sie auch viel zu wütend, um hier vor ihm in Tränen auszubrechen. Ihr eiserner Wille war stärker als ihr Selbstmitleid.

Mit verschränkten Armen lehnte sich Jasper an den Türrahmen. »Das denkst du also von mir?«, fragte er fassungslos.

»Was soll ich denn glauben, wenn du noch nicht einmal abstreitest, dass du sie geküsst hast.« Karolina war kurz davor, die Fassung zu verlieren.

»Warum sollte ich es abstreiten, wenn ich es getan habe?«, fragte er völlig ruhig.

Kurz schloss Karolina die Augen. »Ich wünschte, du wärst mir gegenüber so ehrlich gewesen. Doch du hast mir nur lauter Lügen erzählt. Ich frage mich nur, warum. Nur um mich ins Bett zu bekommen? Dafür hättest du dich gar noch so ins Zeug legen müssen. Ich mag Männer, die ehrlich sind. Ein belangloses Ich würde gerne mit dir schlafen hätte gereicht.«

Sie wollte ihn einfach stehen lassen, doch er versperrte den Eingang mit seinem breiten Oberkörper.

»Wir sind hier fertig. Du findest sicher alleine heraus.« Sie sah ihn auffordernd an, doch Jasper machte keine Anstalten, sich zu bewegen und ihre Wohnung zu verlassen.

»Karo, ich kann dir nicht sagen, warum ich Francesca geküsst habe, aber es ist anders, als du denkst.«

»Nein, bitte nicht. Nicht dieses: Es ist anders, als du denkst.« Sie lachte hysterisch. »O ja, das ist es natürlich immer. Jasper, ich will mich nicht länger streiten. Belassen wir es dabei. Aber dieses ›Es ist anders‹ ist wirklich die peinlichste Ausrede, die ich kenne.« Sie schaffte es, sich an ihm vorbeizudrängeln. Dabei streifte sie seinen breiten Oberkörper und begann zu zittern. Schnell brachte sie Abstand zwischen ihre Körper, indem sie ins Wohnzimmer flüchtete.

»Warum hast du so wenig Vertrauen? Warum glaubst du mir nicht?« Er folgte ihr.

»Weil ich sehr schlechte Erfahrungen gemacht habe. Ich bin von vorne bis hinten belogen worden, und das passiert mir nie wieder.«

»Gut, dann können wir ja beginnen, deinen Weihnachtsbaum zu schmücken, denn ich bin ein ehrlicher Mann. Ich habe zugegeben, dass ich deine Cousine geküsst habe, aber es war zum Dank, mehr steckt nicht dahinter.«

»Dankbarkeit sieht bei mir aber anders aus.«

»Karo, ich kann doch sagen, was ich will, du wirst immer noch eins draufsetzen, habe ich recht? Francesca ist zurück zu ihrem Verlobten, ich werde sie vermutlich nie wiedersehen. Was soll ich mit einer Frau, die einem anderen gehört? Ich suche eine Partnerin, die ... Nein, ich suche nicht mehr, denn ich habe sie bereits gefunden.« Er sah sie intensiv an. »Wenn das unser erster Streit war, sollten wir ihn jetzt beenden und endlich deinen Baum schmücken, ich habe dir Schmuck mitgebracht.«

»Ha! Du hast ja tolle Ideen.« Sie wollte in die Küche, doch Jasper hielt ihre Hand fest.

»Karo, bitte vertraue mir. Ich empfinde nichts für Francesca, ich weiß doch, dass sie verlobt ist. Dieser Kuss war ein Abschied, mehr nicht. Ich habe dir gesagt, dass ich in dich verliebt bin, seit vielen Jahren, und dass sich nichts daran geändert hat. Bitte, hab doch ein wenig Vertrauen zu mir. Was auch immer du gesehen hast, es ... es ging dabei um dich. Aber mehr kann ich dir jetzt noch nicht verraten.« Er blickte sie eindringlich an. Seine Stimme, so beschwörend, rührte Karolinas Herz.

Plötzlich wusste sie nicht mehr, wem sie trauen konnte. Seinen Worten oder ihren Augen. Wenn sie tief in sich hineinhörte, wollte ihr Herz ihm so gerne Glauben schenken. Aber ihr Verstand riet ihr, ihr Herz zu schützen. Es war ein empfindliches Organ und konnte sehr schnell brechen. Sie war vollkommen durcheinander. Wusste nicht, was sie glauben sollte. »Wann wirst du mir denn die Wahrheit sagen können? Bald? In einer Woche? In einem Jahr? Oder überhaupt nicht?«, fragte sie leise.

Hart atmete Jasper aus. »Ich wollte bis Weihnachten warten, aber gut. Ich kann verstehen, dass du Zweifel hast. Morgen Abend. Wirst du dich morgen mit mir treffen?«

»Wozu?«

»Ich möchte den morgigen Abend mit dir verbringen.«

»Aber was hast du vor?« Karolina ließ nicht locker.

»Ich will dich überraschen. Das muss dir reichen. Dann wirst du von mir hören, warum ich Francesca geküsst habe. Und jetzt komm, lass uns endlich den verdammten Baum schmücken. Ich kann ihn nicht länger so traurig sehen.«

Jasper hatte Kugeln und Schmuck in einem Champagnerton ausgesucht. Jetzt öffnete Karo die mitgebrachten Kartons einen nach dem anderen und stieß kleine Laute aus.

»Mein Gott, die sind ja wunderschön. Brauchst du die denn nicht selbst?«

»In diesem Jahr nicht, da habe ich mich für Rot entschieden. Ich dachte mir, rot wäre für dich etwas too much, daher habe ich den Champagnerton gewählt.«

Gemeinsam machten sie sich daran, den Baum zu schmücken. Jasper legte zuerst die Lichterkette an, dann folgten die Kugeln und zum Schluss noch Anhänger aus Holz und Metall.

»Die Spitze darfst du zuletzt aufstecken«, erklärte Jasper und hielt sie Karo entgegen.

»Wie soll ich da rankommen? Du solltest das übernehmen, du bist viel größer als ich.«

Jasper schüttelte grinsend den Kopf. »Nein, das wirst du tun.« Er umfasste ihre Hüften und hob sie hoch. »Halt dich an mir fest.«

Einen Arm schlang sie um seinen Nacken und wollte die Spitze aufsetzen, aber sie reichte immer noch nicht heran.

»Noch ein Stück höher, ich hab's gleich. Heb mich höher!«

Jasper wuchtete sie mit einem Ächzen noch ein bisschen hinauf, und dann saß die Spitze endlich auf dem Baum.

»Mein Gott, was hast du gegessen? Du wiegst ja eine Tonne!«, rief er gut gelaunt. Lachend ließ er Karo an seinem Körper entlanggleiten, bis sie wieder auf ihren Füßen stand.

»Das war doch Absicht«, raunte sie ihm zu. »Wenn ich zu schwer bin, bist du nicht stark genug«, erklärte sie selbstbewusst.

»Ich bin der stärkste Mann, den du kennst.«

»Das würde ich nicht behaupten. Du hast keine Ahnung, wen ich alles kenne. Und deine Absicht habe ich durchschaut, mein lieber Freund.«

»Was genau?«, fragte er und umfasste ihr Gesicht, doch bevor er sie küssen konnte, drehte sie sich aus seinen Armen.

»Schau dir den Baum an. Sieht er nicht wunderschön aus? Es duftet sogar weihnachtlich in meiner Wohnung.«

»Das aus dem Mund meines Grinchs zu hören, damit hätte ich nicht gerechnet.« Jasper sah sie an, und das Leuchten in ihren Augen machte auch ihn glücklich. »Hast du schon was gegessen?«, fragte er spontan, weil es das Erste war, was ihm einfiel. Er wollte noch nicht gehen, sondern den Abend mit Karo verbringen, wenn möglich die ganze Nacht.

»Nein, ich werde mir etwas beim Italiener bestellen.« Sie sah ihn unsicher an. »Möchtest du vielleicht mitessen?«, fragte sie zögerlich.

»Nur wenn du mich einlädst«, sagte er und ging in die Küche, wo am Kühlschrank die Speisekarte hing. »Ich nehme eine Hawaii mit extra Käse.«

Karo hatte bereits das Handy in der Hand und gab die Bestellung auf. Für sich bestellte sie einen Chefsalat und Brötchen mit Kräuterbutter.

Während sie auf die Lieferung warteten, deckte Jasper den

Esstisch und Karo arrangierte immer wieder eine Kugel am Weihnachtsbaum neu.

»Glaubst du, du wirst dieses Jahr noch fertig mit dem Dekorieren?«, fragte er und lachte über ihre Aktivitäten.

»Ich habe ja schließlich viel nachzuholen«, erwiderte sie und stimmte in sein Lachen ein.

Als es an der Tür läutete, wollte Jasper gehen, doch Karo war schneller. »Ich mach das schon. Ich will nicht, dass Rashid einen Mann in meiner Wohnung sieht«, erklärte sie und war schon an der Tür.

»Wer zum Teufel ist Rashid?«, murmelte Jasper und folgte ihr neugierig zur Tür.

»Hallo, Rashid! Vielen Dank.« Sie nahm die Bestellung entgegen.

»Ich habe Ihnen auch eine Flasche Wein mitgebracht. Sie wissen schon, den Guten.« Der junge Mann überreichte Karo eine Flasche, die sie dankend entgegennahm. Durch den Spalt der offenen Wohnungstür sah Jasper einen gut aussehenden Mann, mit kurzen schwarzen Haaren und dunklen Augen, die Karo zu verschlingen schienen. Rashid war indischer Herkunft, wenn er seinen Akzent richtig deutete.

»Soll ich dir etwas abnehmen, Schatz?« Jasper öffnete die Tür weiter und drückte Rashid einen Geldschein in die Hand. »Stimmt so, Kumpel.«

Rashid sah ihn verblüfft an und reichte ihm die Tüte mit den Brötchen an. »Ihnen noch einen schönen Abend und guten Appetit.«

»Ihnen auch einen schönen Abend, Rashid«, meinte Jasper freundlich und schloss die Tür. Karo stand mit dem Salat und dem Pizzakarton im Flur und starrte ihn an.

»Warum hast du das getan?«, fragte sie ärgerlich.

»Was? Das Essen bezahlt?«

»Du weißt genau, was ich meine. Er sollte dich hier nicht sehen.«

»Warum nicht? Hat er etwa ein Auge auf dich geworfen?«

»Vielleicht habe ich ja ein Auge auf ihn geworfen«, entgegnete sie und brachte das Essen zum Tisch. »Weißt du, Jasper, ich frage mich, warum du dich aufregst, dass ich eifersüchtig reagiere, wenn du nicht besser bist.« Sie schob sich eine Gurkenscheibe in den Mund und kaute genüsslich.

Jasper holte einen Korkenzieher und öffnete die Flasche Wein, schenkte zwei Gläser ein und trank einen Schluck.

»Mhm, der Wein ist sogar sehr gut. Dein Rashid hat einen sehr guten Geschmack.«

»Es ist nicht *mein* Rashid, und ja, der Wein ist wirklich gut. Es ist übrigens kein Geschenk, sondern er weiß, dass ich zu dem Essen immer eine Flasche bestelle.« Sie nahm das andere Glas, prostete ihm zu und trank. »Ich hätte gerne eine Antwort auf meine Frage«, sagte sie dann.

»Ich bin nicht eifersüchtig. Das ist nur …« Ihm fehlten die passenden Worte.

»So eine Art Platzhirschverhalten?«, fragte sie mit einem Grinsen auf den Lippen.

Jasper hob die Schultern. Er wusste, dass sie den Nagel auf den Kopf getroffen hatte, und sie wusste es auch.

»Wie lief es heute mit Luise?«, brachte Karo das Gespräch in eine andere Richtung, während sie aßen.

»Wunderbar. Luise ist meine neue beste Freundin. Wir haben eine wunderschöne Nordmanntanne ergattert. Luise hat den Preis um ganze dreißig Euro gedrückt. Ich sage dir, diese Frau ist auf einem orientalischen Basar geboren worden.«

Zum ersten Mal an diesem Abend brachte er sie dazu, laut aufzulachen. »Ich kann es mir lebhaft vorstellen.«

»Ich bin gespannt auf das, was mich morgen erwartet, wenn wir gemeinsam für das Weihnachtsfest einkaufen.« Jasper schnitt ein Stück von seiner Pizza ab und hielt es Karo hin. »Komm, du kannst nicht nur von dem Grünzeug leben. Die Pizza schmeckt ausgezeichnet.«

Schnell öffnete sie ihren Mund und nahm den Bissen, kaute genüsslich. »Bei Rashid bekommt man die besten Pizzen der Stadt. Kriege ich noch ein Stück?« Am Ende teilten sie beide Gerichte.

Gemeinsam räumten sie die Gläser und das Geschirr weg, und als alles erledigt war, sah Karo ihn unsicher an.

»Kann ich die Nacht hier verbringen?«, ging Jasper in die Offensive.

Karo antwortete nicht sofort, dachte einen Moment über seine Frage nach. »Du weißt ja, wo das Gästezimmer ist«, erklärte sie knapp.

Jasper schluckte hart. »Ist das dein Ernst?«

»Natürlich. Ich bin immer noch sauer. Gute Nacht, Jasper.« Mit schnellen Schritten verschwand sie Richtung Badezimmer.

Das Gästezimmer war nicht gerade einladend. Es war sauber und freundlich eingerichtet, aber ohne Karo fehlte ihm die Seele. Auch wenn er sich noch so bemühte, Jasper konnte nicht einschlafen. Er drehte sich von einer Seite auf die andere, horchte in die Stille hinein und meinte, Schritte auf dem Gang zu hören. Leise schlich er zur Tür, öffnete sie, doch es war alles ruhig. Auf nackten Füßen, nur mit seiner Boxershorts bekleidet, lief er den Flur entlang und blieb vor Karos Schlafzimmer stehen. Die Tür war nur angelehnt. Es brannte kein Licht. Mit den Fingerspitzen schob er die Tür einen Spalt weiter auf. Karo lag in ihrem Bett und schien zu schlafen.

Vorsichtig, um sie nicht zu wecken, legte er sich zu ihr unter die Decke. Kaum dass er lag, drehte sich Karo zu ihm um, und kuschelte sich in seine Armbeuge.

»Ich hab schon geglaubt, du kommst gar nicht mehr«, murmelte sie verschlafen.

»Du hast auf mich gewartet?«

Sie nickte, und er spürte an seiner Brust ihr feines Lächeln.

»Schlaf jetzt, morgen wird ein harter Tag für dich, wenn du ihn mit Luise verbringst.«

»Diese Frau liebt mich«, gab er selbstbewusst zu.

»Vielleicht solltest du dich um sie kümmern. Ihr scheint ja jetzt das neue Dreamteam zu sein.«

»Du bist jetzt aber nicht auch noch auf Luise eifersüchtig, oder?« Er hob den Kopf und blickte sie stirnrunzelnd an. »Für mich gibt es nur eine Frau«, raunte er ihr zu. »Und die liegt jetzt in meinen Armen.«

»Sag mal, hast du heute etwas von Oskar gehört?«, gab sie dem Gespräch eine neue Richtung.

»Nein, wieso?«

»Er hatte doch heute seine Verabredung mit Marie, und sie wollte mich anrufen, wenn sie wieder zu Hause ist. Ich mache mir ein wenig Sorgen. Aber vielleicht hat sie es auch einfach nur vergessen.«

Er hob seinen Kopf und grinste breit. »Möglicherweise ist sie ja noch gar nicht zu Hause. Oder sie verbringt die Nacht bei Oskar. Oder Oskar verbringt die Nacht bei ihr, es gibt da eine Menge Möglichkeiten.«

»Was ihr Männer immer denkt. Gute Nacht, schlaf jetzt.«

Er gab ihr einen sanften Kuss auf die Lippen. »Gute Nacht, Karo. Jetzt kann ich endlich schlafen, mit dir in meinen Armen«, gab er zu und zog sie fester an seinen Körper. Er schloss die Augen, und mit dem feinen Pfirsichduft, den ihr Haar verströmte, schlief er endlich zufrieden ein. Dieser Tag hätte auch schlimmer enden können. Wesentlich schlimmer, das war Jasper bewusst. Er würde sich hüten, noch mal eine andere Frau außer Karo zu küssen. Doch er war sich sicher, wenn sie erst einmal erfuhr, wobei Francesca ihm geholfen hatte, würde sie ihren Groll vergessen. Na ja, das hoffte er zumindest. Das Ganze konnte immer noch nach hinten losgehen.

23

Marie kam eine Viertelstunde zu spät, um ihren Stand zu öffnen. Mit hochrotem Kopf klappte sie die Läden auf.

»Guten Morgen, Schlafmütze«, rief Karolina fröhlich zu ihr hinüber.

»Guten Morgen. So spät war ich noch nie dran«, erklärte Marie hektisch. »Es tut mir leid, dass ich mich gestern nicht mehr gemeldet habe. Aber der Abend war …« Marie winkte lächelnd ab.

Karolina schlenderte langsam zu ihrem Stand hinüber. »Wie war der Abend? Was habt ihr gemacht?«, fragte sie leise nach.

»Zuerst waren wir Essen. Es war echt lecker. Ich habe Venusmuscheln gegessen, zum ersten Mal in meinem Leben. Eigentlich mag ich keine Meeresfrüchte, doch Oskar hat mich überredet, und er hatte recht, es schmeckte köstlich. Er hat so lustige Geschichten erzählt, aus seiner Kindheit in der Ukraine. Dann waren wir noch im Casablanca und haben einen Film geschaut, danach haben wir in der Bar gesessen und Cocktails getrunken. Ich hatte vermutlich einen zu viel. Aber ich bereue nichts.«

»Ihr wart im Kino?«

Marie nickte. »Ja, die Vorstellung begann erst um dreiundzwanzig Uhr.«

»Und welchen Film habt ihr geschaut?« Karolina platzte fast vor Neugier.

»Ähm …« Sie überlegte einen Moment, dann schüttelte sie den Kopf. »O Mann, ich kann mich einfach nicht mehr an den Titel erinnern, aber es war eine Dokumentation, da bin ich mir sicher.« Sie lächelte verlegen.

Das Casablanca war ein ganz besonderes Kino, das schon durch seine gigantische Fassade ein Augenschmaus war. Dort waren Helden der Leinwand verewigt, die direkt auf die Fassade gemalt waren. Eine große Palme zog alle Blicke auf sich. Im Casablanca gab es nicht nur außergewöhnliche Filme und Dokus, sondern es beherbergte auch eine urige Kneipe. Es war eine Institution in Nürnberg.

»Na, dann scheint Oskar ja deine ganze Aufmerksamkeit beansprucht zu haben.«

»Ja, das hat er.« Marie beugte sich verschwörerisch vor. »Wir haben uns geküsst, und Oskar hat mich für den ersten Feiertag zu seiner Familie eingeladen.«

»O mein Gott, das ist ja aufregend.« Karolina freute sich, dass sich zwischen den beiden endlich etwas in Bewegung gesetzt hatte. Sie freute sich für Marie, dass sie so mutig gewesen war, die Verabredung durchzuziehen.

»Ihm hat mein Kleid sehr gefallen, das hat er mir gesagt.« Maries Wangen waren feuerrot.

»Und deshalb warst du heute so spät?«, bohrte Karolina nach.

»Ja, wir haben verschlafen«, gab Marie preis.

»Wir?« Karolina bekam große Augen.

Marie schlug sich erschrocken die Hände vor den Mund. Ups, da hatte sie etwas herausposaunt, was sie wohl für sich behalten wollte. Aber sie nickte und lächelte glücklich. »Oskar hat bei mir übernachtet«, gab sie zu.

Karolinas Augen wurden groß. »Was? Wirklich? Ja, das ist doch großartig.« Sie nahm Marie in die Arme. Nun konnte sie verstehen, warum Marie keine Zeit gefunden hatte, sich zu melden.

»Ich glaube, Oskar ist ein wundervoller Mann«, hauchte Marie beglückt.

»Du glaubst?«

Marie schüttelte den Kopf. »Nein, ich weiß es.« Ihre Worte, so selbstsicher, zeigten eine ganz neue Marie. »Und das habe ich dir zu verdanken.«

Karolina winkte ab. »Das ist nicht wahr. Ich habe nur ein wenig Farbberatung betrieben, den Rest hast du ganz allein erledigt.«

»Also, Oskar fand das Rot meiner Unterwäsche sehr anregend.«

»Na, wohl eher erregend«, kommentierte Karolina Maries Worte und lachte hell auf.

Ein wenig verlegen blickte Marie sie an, dann stimmte sie in ihr Lachen mit ein.

»Wo ist denn eigentlich deine Cousine heute?«, wechselte sie schnell das Thema.

»Francesca musste zurück nach Mailand, weil ihr Verlobter sich das Bein gebrochen hat.«

»O mein Gott, und das so kurz vor Weihnachten.«

»Ja, das ist etwas, was man wirklich nicht gebrauchen kann.«

»Ich bin froh, dass wir morgen endlich Heiligabend haben. Die Wochen hier auf dem Markt sind schön, aber auch sehr anstrengend. Die Tage nach Weihnachten nutze ich immer für eine kleine Auszeit. Vielleicht hast du ja Zeit, dass wir uns mal treffen?«

Begeistert nickte Karolina. »Ja, sehr gern. Du musst mich unbedingt besuchen kommen, dann machen wir es uns schön gemütlich. Jasper hat mir sogar einen Weihnachtsbaum besorgt. Es ist also richtig festlich bei mir. Wer hätte gedacht, dass ich mich darüber mal freue?«

»Aber warum? Hast du sonst keinen Weihnachtsbaum?« Marie fragte das, als hätte sie ein Verbrechen aufgedeckt.

Zögerlich schüttelte Karolina den Kopf. »Nein, ich muss zugeben, ich war früher kein besonders großer Weihnachtsfan. Eigentlich habe ich Weihnachten sogar gehasst. Doch das hat sich durch Jasper total verändert. Er hat mir gezeigt, dass man keine Angst vor Glitzer, Kugeln und dickbäuchigen Weihnachtsmännern haben muss.«

»Ich freue mich schon auf das Essen morgen bei Luise. Es ist immer der krönende Abschluss des Jahres. Du wirst begeistert sein. Es ist jedes Jahr ein großes Ereignis.«

»Jasper ist heute mit Luise einkaufen gefahren. Ich bin gespannt, was er später berichten wird.« Als sich Kunden ihrem Stand näherten, verabschiedete sie sich von Marie. »Wir sehen uns, beste Freundin.«

Marie drückte ihr einen Kuss auf die Wange und kümmerte sich weiter um ihren Stand.

*

Auf dem Großmarkt wimmelte es nur so vor Menschen. Jeder machte noch die letzten Besorgungen, und Hektik lag in der Luft. Luise schob den übergroßen Einkaufswagen den Gang entlang. Jasper hatte das übernehmen wollen, doch Luise ließ es sich nicht nehmen, das Gefährt selbst zu steuern.

In den Wagen hatten sie bereits Rinderfilet und Blätterteig für acht Personen gepackt, dazu einige frische Gewürze, Knoblauch, Zwiebeln, Kartoffeln, Rotwein und Sahne.

»Was fehlt uns noch?«, fragte Luise, die sich ganz auf die hohen Regale konzentrierte. Es gab so viel zu sehen, dass man ganz erschlagen war.

»Wir brauchen noch frischen Blattspinat. Wenn wir keinen bekommen, müssen wir auf Tiefkühlkost zurückgreifen, doch ich bin zuversichtlich. Und Trüffel, dann haben wir alles.« Jasper zeigte ihr den richtigen Gang. »Wir haben Glück, hier haben wir den Spinat.« Er packte gleich drei Pakete ein.

»Brauchen wir so viel?«, fragte sie überrascht.

»Ich weiß, es sieht viel aus, doch er fällt stark zusammen,

und eine Tüte ist für mich. Ich will Karo am zweiten Weihnachtstag mit einem Essen überraschen. Wir haben um ein Essen gewettet. Zwar habe ich gewonnen, doch sie kann nicht kochen, und ich will mal nicht so sein.«

»Du willst also Karolina zuliebe kochen?«, schlussfolgerte Luise mit einem Lächeln. Ihr war klar, wie viel Karo ihm bedeutete, und sie freute sich sehr darüber.

Er nickte. »Ja, so ist es.«

»Wird Frieda auch kommen?«

Abrupt blieb Jasper stehen. »Luise, du weißt doch, dass Frieda nicht mehr unter uns ist«, sagte er vorsichtig.

Sie nickte. »Ja, natürlich. Manchmal vergesse ich das.« Sie schob den Wagen weiter. »Haben wir jetzt alles?«

»Was wollen wir zum Nachtisch reichen?«, fragte Jasper, der ihr auf dem Fuß folgte.

Es ärgerte sie, dass sie sich aus heiterem Himmel nicht mehr an Dinge erinnern konnte, die vor wenigen Augenblicken noch ganz deutlich vor ihr waren.

»Du bist der Chefkoch«, erklärte sie und sah sich wieder neugierig um. »Entscheide du.«

»Was hältst du von einem Spekulatius-Tiramisu mit Himbeeren und weißer Schokolade?«

Ihre Augen begangen zu leuchten. »Oh, das hört sich wunderbar an. Was brauchen wir dazu?«

»Eine ganze Menge, aber es lohnt sich. Zuerst einmal acht Gläser, die wir verschließen können. Das sieht hübsch aus, und so hat jeder sein eigenes Dessert. Ich kann es bei mir vorbereiten, so haben wir weniger Arbeit am Heiligabend.«

Luise blieb stehen und sah ihn nachdenklich an. »Du bist ein außerordentlicher junger Mann. Behandele Karo gut, sie hatte es als Kind nicht leicht. Das Mädchen hat von ihren Eltern keine Liebe erfahren. Sie hat ein wenig Glück verdient. Und du bist ihr Glück, verkorkse das nicht, mein Junge.«

Jasper nickte. »Ja, ich werde sie glücklich machen, jedenfalls ist das mein Ziel, Luise«, versprach er.

»Dann ist es ja gut. Also, was soll ich noch einpacken?«, fragte Luise und schob den Wagen weiter.

»Himbeeren, Spekulatius, Gewürze, Mascarpone, Magerquark, Marzipan, weiße Schokolade …«

»O Gott, wer soll das denn alles behalten? Du weißt, dass ich Alzheimer habe?«, fragte sie und schüttelte lachend den Kopf. Mit schnellen Schritten schob sie den Einkaufswagen in die Süßwarenabteilung. Er hatte etwas von weißer Schokolade gesagt, das hatte sie behalten können.

24

»Du kannst dir nicht vorstellen, was Jasper alles eingekauft hat. Mengenweise weiße Schokolade und Spinat«, erzählte Luise ganz aufgeregt.

»Ich denke, die Schokolade braucht er für seine Firma«, vermutete Karolina.

»Ja schon, aber es wird einen leckeren Nachtisch geben. Den will er in solche hübschen Gläser füllen. Also, wenn du mich fragst, ist an Jasper ein Koch verloren gegangen.«

Luise war ganz aufgeregt, als sie am Nachmittag zum Stand kam. Sie plapperte wie ein junges Mädchen und erzählte im Detail, wie der Einkauf im Großmarkt abgelaufen war. Karolina stellte verwundert fest, dass Luise sich an viele Einzelheiten gut erinnern konnte. Dieser Ausflug schien ihr gutgetan zu haben.

»Ich muss gleich nach Hause, weil Frau Wagenbrecht kommt, um die Wohnung zu putzen. Ich muss dabei sein, um zu kontrollieren, ob sie das auch ordentlich macht.«

»Soll ich dich begleiten?«, bot Karolina an.

»Nein, Konrad begleitet mich. Wir wollen zusammen zu Abend essen. Er hilft mir, für morgen alles vorzubereiten.«

»Okay, dann brauchst du mich heute nicht mehr?«

Luise schüttelte den Kopf. »Nein, mach dir mit Jasper einen schönen Abend.« Anscheinend wusste Luise mehr als sie selbst. »Es reicht, wenn du den Stand schließt. Morgen haben wir nur noch einen halben Tag. Jasper wird direkt nach Hüttenschluss zu mir kommen, um mit dem Kochen zu beginnen. Die Feier beginnt um achtzehn Uhr, so wie jedes Jahr.«

So würde Karolina noch genug Zeit bleiben, um sich umzuziehen. Am Heiligabend schloss der Markt um vierzehn Uhr seine Tore, und dann war Schluss, zumindest für dieses Jahr. Ein wenig Wehmut stieg in ihr auf. Karolina griff zu ihrem Strickzeug. Der Schal war noch längst nicht fertig, aber sie war ein gutes Stück weitergekommen und stolz auf das, was sie bisher geschafft hatte. Nun war sie doch froh, dass sie ihn nicht geribbelt hatte. Auch wenn es noch so banal klang, aber die Markttage würden ihr fehlen. Sie verstand nun, warum Luises Herz so an diesem Stand hing.

Sie hatte lange gebraucht, um zu verstehen, was eine eingeschworene Gemeinschaft bedeutete und was gute Freunde wert waren. Doch jetzt verstand sie es. Es war etwas, was man zum Leben brauchte, was das Leben ausmachte. Es ging hier nicht darum, dass man Weihnachten liebte oder kitschigen Schmuck an einen Baum hängte. Es ging um Zusammengehörigkeit, Vertrauen und Wertschätzung.

Um einundzwanzig Uhr schloss Karolina die Läden der Hütte. Marie war schon gegangen, und auch der Stand von Jasper war verriegelt. Hatte er nicht gesagt, dass er sich mit ihr treffen wollte?

Sie schloss die Tür der Hütte ab, unschlüssig, was sie jetzt anstellen sollte. Vor ihrem Stand wartete sie, schaute auf ihre Uhr.

»Karo? Bist du das?«

Die Stimme ließ Karolinas Herz zu Eis gefrieren. Sie drehte sich um, und ihr gegenüber stand ein dunkelblonder Mann. Er war schick gekleidet mit einem dunkelblauen Wollmantel, den er über einen Anzug trug. Armani – das wusste sie aus Erfahrung, etwas anderes zog er nicht an.

»Thomas. Was machst du denn hier?«, fragte sie ein wenig atemlos.

»Tom«, verbesserte er sie. Er blickte sie von oben bis unten an.

Unter seinen Blicken fühlte sie sich plötzlich schäbig und

klein, was verrückt war. Nur weil sie kein teures Kleid trug, war sie keine andere Frau. Aber er verursachte nun mal diese Gefühle bei ihr, sie konnte das einfach nicht ablegen.

»Die Frage ist doch wohl eher, was du hier tust. Arbeitest du etwa nicht mehr in deinem alten Job?« Er sah sie an, als hätte er es mit einer Küchenschabe zu tun.

»Doch, natürlich. Ich habe Urlaub«, erklärte sie.

»Und du verbringst diesen Urlaub hier auf dem Markt?« Er schien es nicht fassen zu können.

»Ich helfe einer Freundin«, sagte sie knapp.

»Also, ich weiß wirklich nicht, was ich sagen soll. Das hätte ich von dir nicht erwartet. Schau doch mal, wie du aussiehst. Hast du das der Personalabteilung gemeldet, dass du dir einen Nebenjob gesucht hast? Verdienst du nicht genug? Hast du etwa Schulden gemacht? Ist dir der Kredit für die Wohnung über den Kopf gewachsen?«

»Bitte entschuldige, aber ich wüsste nicht, was dich das angeht«, fuhr sie ihn an.

»Das geht mich sehr wohl etwas an. Du repräsentierst die Bank, und so wie du im Augenblick aussiehst, kann man nicht sagen, dass du der Bank Ehre machst.«

»Ich bitte dich, das hier ist meine Freizeit. Ich tue einer Freundin lediglich einen Gefallen, ich arbeite nicht, um Geld zu verdienen. Warum erzähle ich dir das eigentlich, das geht dich überhaupt nichts an.« Karolinas Stimme wurde lauter.

»Als dein Vorgesetzter geht es mich sehr wohl etwas an, wie du aussiehst und wo du arbeitest«, meinte Thomas herablassend.

»Ich finde, dass Karo sehr gut aussieht.« Von hinten legte sich ein Arm um ihre Schultern; Karolina war noch nie so froh gewesen, Jasper in ihrer Nähe zu wissen.

»Wer ist das denn?«, fragte Thomas und musterte Jasper ebenso gründlich.

»Das ist Jasper …«

»Ich bin Karolinas Freund«, fiel Jasper ein und zog sie noch dichter an sich. »Mit wem habe ich das Vergnügen?« Jasper musterte Thomas abschätzig.

»Ich bin Karolinas Vorgesetzter.«

»Er ist mein Ex-Freund und spielt sich hier ein wenig auf. Mein Vorgesetzter wäre er, wenn er die Abteilung leiten würde, in der ich arbeite, doch das tut er nicht. Nur in seinen Träumen.« Karolina verzog abfällig das Gesicht.

»Sie müssen uns leider entschuldigen, wir haben etwas Wichtiges vor.« Jaspers Ton war dem von Thomas so ähnlich, dass dieser sich sichtlich unwohl fühlte.

»Dann wünsche ich dir ein frohes Weihnachtsfest, Thomas«, brachte Karolina freundlich hervor.

»Du magst doch Weihnachten gar nicht«, erklärte Thomas verblüfft.

»Da sieht man mal, wie wenig Sie Karo kennen. Sie liebt Weihnachten, aber das kann nur einer wissen, der sie richtig kennt.«

Thomas' Gesicht lief feuerrot an. Er machte auf dem Absatz kehrt und ging ohne ein weiteres Wort davon.

»War das etwa der Kerl, der gerne wettet?«, knurrte Jasper und blickte ihm hinterher, bis er nicht mehr zu sehen war.

»Mhm«, sagte Karolina nur und küsste Jasper. »Lass uns nie wieder über ihn reden und ihn einfach vergessen.«

»Das tut man mit Dingen, die man fürchtet. Doch du brauchst dich nicht zu fürchten, Karo.« Er küsste sie liebevoll. »Wir werden ihn nicht vergessen, aber trotzdem nicht mehr über ihn sprechen, weil er nicht wichtig genug ist.«

Karolina schloss ergeben die Augen. »Du hast wie immer eine ganz besondere Sicht auf die Dinge und natürlich recht. Er ist einfach nicht wichtig genug.«

»Bereit für einen aufregenden Abend, schöne Frau?« Jasper blickte sie an.

»Ich dachte schon, du hättest mich vergessen.«

»Wie könnte ich dich vergessen?« Er schüttelte lächelnd den Kopf. »Ich hoffe, du bist warm angezogen.«

Karolina sah an sich hinunter. Ihre Füße steckten in dicken Boots, statt ihres Mantels trug sie eine Daunenjacke. Zusätzlich hatte sie einen Schal umgebunden und Handschuhe angezogen. »Ich denke schon. Was hast du denn mit mir vor?«

Er schulterte einen großen Rucksack und nahm ihre Hand. »Ich hoffe, du bringst noch die Energie auf, mit mir zur Burg zu laufen.«

Innerlich stöhnte Karolina auf, doch sie lächelte tapfer. »Du weißt, dass ich ein Mensch bin, der viel am Schreibtisch sitzt?«, fragte sie mit einem Augenzwinkern.

»Ich werde dich nicht nur zu einem Weihnachtsfan machen, sondern auch zu jemandem, der die Natur zu schätzen weiß. Wenn du es nicht zur Burg hinaufschaffst, werde ich dich eben tragen.«

Nun stöhnte sie laut auf. »Mir scheint, durch dich werde ich ein vollkommen neuer Mensch.«

Jasper sah sie von der Seite an. »Dabei gefällt mir der alte Mensch schon ziemlich gut. Ich will dich gar nicht verändern.«

Gemeinsam liefen sie den Weg zur Kaiserburg hinauf. Der Weg war zwar steil, aber gut beleuchtet, allerdings war das Kopfsteinpflaster rutschig. Durch das Himmelstor betraten sie den Burgenbereich. Zur Weihnachtszeit gab es immer Touristen, die selbst am späten Abend noch die Burg besuchten, um von dort aus einen Blick auf die erleuchtete Stadt zu werfen.

»Weißt du, dass die Burg eigentlich aus drei Burgbereichen besteht?«, fragte er und war noch nicht einmal aus der Puste.

Schwer atmend nickte Karolina. »Ja, ich hab mal in der Schule ein Referat über die Burg halten müssen.« Sie blieb stehen, um Atem zu holen.

»Wir sind gleich da«, erklärte Jasper, und wenn man bedachte, dass er auch noch einen Rucksack trug, musste er mehr als nur sportlich sein.

Sie liefen weiter am Sinwellturm vorbei, hielten sich östlich und steuerten auf die Walpurgiskapelle zu. Auf der Fläche der Freiung blieb Jasper stehen und genoss den Ausblick auf die Sebalder und Lorenzer Altstadt.

»Ist das nicht wundervoll?«, fragte er und blickte Karolina kurz an.

»Ja, manchmal geht im Alltag unter, wie herrlich die Welt ist, in der wir leben. Wir brauchen eigentlich keine weiten Reisen, oft liegt das Schöne direkt vor der eigenen Tür. Nur sind wir viel zu beschäftigt, um es zu sehen.«

Jasper hob den Rucksack von den Schultern und zog eine Isodecke heraus. Sie hatte eine silberne Folienbeschichtung, mit der er sie auf der verschneiten Wiese ausbreitete.

»Was tust du da?«, rief Karolina erstaunt. »Die Decke wird doch ganz nass.«

»Nein, sie ist spezialbeschichtet, da kommt kein Wasser durch. Außerdem habe ich hier noch etwas zur Isolation, da wird uns bestimmt nicht kalt.« Er breitete einen Schlafsack aus, der ebenfalls gegen Kälte und Nässe beschichtet war.

»Du willst aber jetzt hier nicht übernachten?«, fragte Karolina vorsichtig.

Lachend schüttelte Jasper den Kopf. »Nein, das wird nur ein kleines Nachtpicknick.«

»Mitten im Winter? Es beginnt zu schneien!« Karolinas Stimme rutschte glatt eine Oktave höher. Es gab noch einige Spaziergänger, die sie merkwürdig beäugten, doch das war ihr egal.

Lässig setzte sich Jasper auf die Decke, kroch in den Schlafsack und klopfte auf den Platz neben sich. »Komm zu mir und setz dich. Hier ist es schön warm. Ich werde dafür sorgen, dass dir nicht kalt wird.«

Eine Sekunde zögerte sie, dann gab sie sich einen Ruck

und ließ sich neben ihn nieder. Jasper breitete den Schlafsack über ihre Beine aus, und sofort spürte sie die Kälte nicht mehr. »Du hast recht. Hier ist es wirklich angenehm warm.«

»Und gleich wird uns auch von innen warm.« Er wühlte in dem Rucksack und holte eine Thermoskanne und zwei Becher hervor. Vorsichtig schenkte er heißen Tee ein.

»Du bist wirklich auf alles vorbereitet«, murmelte Karolina und sah ihm verwundert zu.

Grinsend reichte Jasper ihr einen Becher, und sie tranken schweigend, während sie den Anblick auf die Altstadt genossen.

Als es stärker zu schneien begann, setzte Jasper eine Mütze auf und schob Karolina die Kapuze ihrer Jacke über den Kopf. »Ich habe auch etwas zu essen dabei.« Er holte eine Blechdose hervor und reichte ihr ein rechteckiges Teigstück. »Tortillawürfel mit Paprika-Salsa«, erklärte er.

Hungrig biss Karolina hinein und stöhnte leise auf. »Göttlich, die sind ja noch warm.«

»Ganz frisch aus dem Meyer Lansky. Ich habe sie abgeholt, deshalb kam ich einige Minuten später.«

»Ich dachte schon, du hättest sie selbst gemacht, dann hätte ich jetzt wirklich ein schlechtes Gewissen.«

»Warum solltest du?« Genüsslich biss Jasper in die Tortilla und kaute.

Karolina beobachtete, wie sich kleine Schneekristalle in seinen Wimpern verfingen und langsam schmolzen. »Weil ich eine Wette verloren habe und nun für dich kochen muss, obwohl ich es gar nicht kann.«

Überrascht sah er sie an und grinste. »Du magst es also doch, dieses Weihnachten mit seinen goldenen Kugeln, den roten Weihnachtsmännern und sentimentalen Liedern?«

Lachend nickte Karolina. »Ja, du hast mich überzeugt. Ich liebe es, nicht nur diesen glitzernden Firlefanz, sondern auch den Gedanken, der dahintersteckt.«

Er nahm ihr den Becher ab und rückte näher. »Wovon genau sprichst du? Erklär mir deine Gedanken zu Weihnachten. Was macht es für dich aus?«

»Na, diese Vorstellung der Zusammengehörigkeit und der Liebe. Die Geschenke und die Dekoration sind gar nicht so wichtig, sondern die Menschen, für die man das alles auf sich nimmt. Man beschäftigt sich mit seinen Lieben, denkt dabei an sie. Sie werden einem wichtig. Ein warmes Gefühl, das sich wie Liebe anfühlt, macht sich in einem breit, und man hofft, dass die anderen sich an Dingen erfreuen, die man für sie ausgesucht hat. Ich liebe die Zeit, die man gemeinsam verbringt. Selbst Menschen, die man kaum kennt, werden einem wichtig, weil man auch für sie wichtig wird. Es ist ein Geben und Nehmen, das auf Gegenseitigkeit beruht. Es ist eben … wie Liebe.«

Jasper legte den Arm um ihre Schultern und zog sie an sich. »Mein Grinch hat den Sinn der Weihnacht verstanden! Ich bin sehr stolz auf dich. Aber es geht nicht nur darum, denn Sinn zu verstehen, sondern auch darum, zu begreifen, dass zu dieser zauberhaften Zeit Wünsche in Erfüllung gehen.« Er sah sie aufmerksam an.

Lächelnd legte sie ihren Kopf an seine Schulter. »Zauberhafte Wünsche, die sich erfüllen? Gibt es denn Wünsche, die sich für dich erfüllen könnten?« Sie spürte seinen starken Herzschlag, der viel schneller schlug, als ihr eigener.

»O ja, einen gibt es. Einen einzigen.«

»Und würdest du mir von diesem Wunsch erzählen?« Sie hob den Kopf und sah ihn neugierig an.

Jasper kramte in seiner Jackentasche und holte etwas hervor. »Ich weiß, wir kennen uns schon so lange, doch gleichzeitig kennen wir uns kaum. Ich weiß, es hört sich wirr an, doch es beschreibt genau unsere Lage. Dabei habe ich das Gefühl, dich schon ewig zu kennen. Dich in- und auswendig zu kennen, meine Karolina.«

»So geht es mir auch«, hauchte sie und sah in seine sanften braunen Augen, in denen die goldenen Sprenkel aufleuchteten.

Er nickte. »Und weil ich so fühle, möchte ich dich fragen, ob wir nicht aus dieser losen Beziehung etwas Festes machen wollen. So richtig fest, damit jeder weiß, dass wir zusammengehören.«

Karolina stockte der Atem, als Jasper auf einmal eine kleine Schachtel in der Hand hielt und sie aufklappte.

»Wenn du einverstanden bist, möchte ich, dass du den hier trägst.« Er hielt ihr die Schachtel entgegen, in der ein goldener Ring aufblitzte.

»O mein Gott, Jasper!« Sie schlug die Hände vor den Mund.

»Jetzt kann ich auch endlich das Geheimnis lüften. Das ist der Grund, warum ich mit Francesca unterwegs war. Sie hat mir geholfen, einen Ring für dich auszusuchen, weil ich mir so unsicher war, was dir gefallen würde und welche Größe du brauchst. Leider kenne ich mich mit Schmuck nicht so gut aus. Daher habe ich ihre Hilfe benötigt. Mit dem Kuss habe ich mich bei ihr bedankt, weil sie der Meinung ist, dass ich genau der richtige Mann für dich bin. Mehr steckte nicht hinter der Geschichte. Du hast recht, Francesca ist schön, aber sie ist nicht die Frau, für die mein Herz schlägt. Sie ist nicht die Frau, die ich liebe. Denn das bist du, Karo. Ich liebe dich und möchte dich fragen, ob du dein Leben mit mir teilen willst.«

Völlig überrascht blickte Karolina erst auf den Ring, dann Jasper an. »Ist das dein Ernst?«, flüsterte sie, weil sie Angst hatte, dass jedes laute Geräusch diesen schönen Traum wie eine Seifenblase zerplatzen lassen würde.

»Und ob das mein Ernst ist, so wahr ich hier auf dem kalten Boden sitze und mir den Hintern abfriere.«

Aufgeregt sah sie ihm in die Augen. »Du fragst mich, ob ich … deine Frau werden will?«, stammelte sie leise.

»Nun, ich hätte nicht gewagt zu träumen, dass du gleich so weit gehen willst, aber ja, letzten Endes ist das meine Absicht«, erklärte er mit einem Lächeln.

»Oh, dann willst du mich gar nicht heiraten?« Ihr stockte der Atem. Was hatte sie denn jetzt angestellt? Hatte sie Jasper völlig falsch verstanden? Das war ja total peinlich. Ihre Wangen begangen zu glühen. »Es tut mir leid, ich habe das falsch aufgefasst, ich dachte nur … O Gott, ich mache mich total zur Idiotin.« Sie schlug die Hände vors Gesicht.

»Hey, Karo! Warte mal. Nichts daran ist peinlich. Nur dachte ich nicht, dass diese Frage jetzt schon angemessen ist. Immerhin sind wir uns vor gerade mal zwei Wochen wieder begegnet. Doch am Ende läuft es genau darauf hinaus. Natürlich will ich dich heiraten. Am liebsten schon morgen. Nichts an dieser Situation ist peinlich, außer, wenn dir der Ring nicht passt.«

»Oh, der ist wunderschön«, rief sie begeistert. »Wie du schon sagtest. Eigentlich kennen wir uns ein halbes Leben.« Sie berührte seine Wange, strich zärtlich darüber.

»Dann bist du also einverstanden und sagst Ja?«, fragte er und hielt den Atem an.

»Ja«, wisperte sie und hielt ihm ihre Hand entgegen. »Ja, und nochmals ja.«

Jasper nahm den Ring aus der Schatulle und schob ihn Karo über den Finger. »Er passt wie angegossen, Francesca sei Dank. Ich liebe dich Karo, schon so lange.«

»Ich liebe dich auch, Jasper, und das mit dem Heiraten müssen wir ja nicht übereilen.«

»Du willst doch nicht etwa einen Rückzieher machen?« Jetzt war Jasper sich nicht mehr ganz so sicher. War sein Antrag vielleicht doch voreilig gewesen? Francesca hatte ihm Mut gemacht. Sie kannte ihre Cousine schließlich, und sie war der Meinung, dass Karo nicht Nein sagen konnte, weil sie ebenso für ihn empfand.

»Nein, natürlich nicht«, flüsterte Karo an seinen Lippen. Endlich küssten sie sich.

Später, als Karo in seinen Armen in seinem warmen Bett lag, funkelte der goldene Ring an ihrem Finger, und sie konnte sich daran gar nicht sattsehen. Er hatte sich für einen schlichten Reif entschieden, der in der Mitte einen kleinen Diamanten mit Brillantschliff trug. Der Stein war in die Ringschiene eingelegt, sodass er nicht störend hervorstand.

»Gefällt er dir?«, fragte Jasper, und strich ihr zärtlich über den Oberarm.

»Er ist wundervoll. Jetzt, wo mir nicht mehr so kalt ist, kann ich seinen Anblick in Ruhe genießen. Ich kann mich an ihm überhaupt nicht sattsehen. Er ist wie für mich gemacht.«

»Ja, das ist er.«

»Und weißt du, was mir besonders gefällt? Jetzt, wo wir offiziell verlobt sind, brauche ich ja nicht für dich zu kochen.«

»Wer sagt das?« Er drehte sich ihr zu. »Gewonnen ist gewonnen. Du *musst* für mich kochen.«

»Zählt es auch, wenn ich etwas bestelle? Ich glaube, Rashid wird etwas ganz Besonderes liefern, wenn ich ihn lieb darum bitte.«

»Untersteh dich«, knurrte er. »Ich denke, dann werde ich mich opfern, und das Kochen übernehmen. Vermutlich für den Rest unseres Lebens«, überlegte er laut und küsste Karo so wild, dass sie keinen Gedanken mehr an Rashid vergeudete.

25

»Das war's für dieses Jahr!«, rief Marie aufgeregt, als Oskar ihr half, die Läden zu schließen. Sie hatte ihre Ware bereits zusammengepackt und in ihrem kleinen Lieferwagen verstaut.

»Werden wir im nächsten Jahr wieder Standnachbarn sein?«, fragte sie Karolina und nahm sie in die Arme, drückte sie fest.

»Ich kann es dir noch nicht sagen. Aber ich denke, mir würde etwas fehlen, wenn nicht«, gab Karolina zu. »Ich muss aber schauen, wie es Luise dann geht. Noch haben wir eine Menge Zeit, uns zu entscheiden.«

Oskar grinste. »So geht es allen. Wer einmal die Christkindlesmarktluft geschnuppert hat, kommt immer wieder. Wir sehen uns später bei Luise. Wir freuen uns schon sehr darauf.« Er und Marie winkten ihr zu und fuhren mit dem kleinen Transporter davon.

»Hast du alles?«, fragte Jasper und hob den letzten Karton vom Boden auf.

Karolina blickte sich um. Die Regale waren leer, die Dekoration befand sich in diesem letzten Karton, jetzt sah die Hütte im Inneren sehr trostlos aus, so vollkommen leer und einsam. »Ja, das ist alles.« Traurig blickte sie Jasper an.

»Was ist los?«

»Ich bin ein wenig traurig, weil ich denke, dass dies Luises letzter Stand auf dem Christkindlesmarkt sein wird.«

Jasper stellte den Karton wieder auf dem Holzboden ab und nahm sie in die Arme. »Ach Karo, sei nicht traurig. Wenn sie will, kann sie jederzeit zu meinem Stand kommen, dort ein wenig helfen, wenn sie möchte, oder einfach nur dasitzen und einen Kaffee trinken. So wie ich Luise kenne, wird sie die besten Pralinen aufessen.« Er versuchte sich an einem aufmunternden Lächeln.

»Vermutlich ist es für uns schlimmer als für sie selbst, da sie sich nicht mehr daran erinnern wird.« Karolina seufzte hilflos. »Diese Art von Veränderungen, damit komme ich nicht so gut zurecht, wie ich gedacht habe.«

»Das merke ich gerade. Dabei werden in Zukunft eine Menge Veränderungen auf dich zukommen.« Japser hob ihr Kinn mit den Fingern an und drückte ihr einen kleinen Kuss auf die Lippen.

»Na, dann werde ich mich wohl besser früher als später daran gewöhnen müssen«, versuchte Karolina sich selbst Mut zuzusprechen.

»Wir müssen los, Luise wartet darauf, dass wir mit dem Kochen beginnen. Sag goodbye, bis zum nächsten Jahr.«

Karolina hatte am Morgen eine Tasche gepackt, damit sie sich bei Luise umziehen und frisch machen konnte. Sie würde hier schlafen, damit Luise die Weihnachtstage nicht alleine verbringen musste.

Karolina hatte sich für ein dunkelrotes Seidenkleid entschieden, ein Cocktailkleid mit halblangen Ärmeln. Es war schlicht geschnitten, beeindruckte aber durch den edlen Stoff und seiner Farbe. Dazu trug sie High Heels und eine Halskette mit passendem Armband. Die blonden Locken hatte sie hochgesteckt und einige Strähnen spielerisch an den Ohren herausgezupft. Ihre Wimpern waren dunkel getuscht, und der dunkelrote Lippenstift schimmerte feucht auf ihrem Mund. Zum Abschluss tupfte sie noch ein wenig Parfüm an ihre Handgelenke.

Das, was Karolina im Spiegel sah, gefiel ihr ausgesprochen gut. Ihr Blick fiel auf ihre Hand mit dem Ring, den Jasper ihr geschenkt hatte. Sie waren nun verlobt oder zumindest so etwas in der Art. Ein Lächeln flutete ihr Gesicht. Sie war glücklich, anders konnte sie ihren Zustand nicht beschreiben. Es war nicht nur die Vorfreude auf Weihnachten und ein schönes Fest, einen wunderbaren Abend mit Freunden. Da war mehr. Die Hoffnung auf ein Leben mit Jasper, dem Mann, in den sie sich verliebt hatte. War sein Antrag verfrüht? Mit Sicherheit. Wollte sie seine Frau werden? Auf jeden Fall. Also, warum länger warten? Was sollte das bringen? Außer, dass sie noch mehr Zeit vergeudeten. Manchmal wusste man es auf Anhieb. Laut der Wissenschaft soll es oft nur Millisekunden dauern, bis man sich verliebte. In dieser Zeit übernahmen die Hormone das Kommando, und dann war alles zu spät. Karolina hatte sich entschieden. Vermutlich schon vor Jahren, ohne es zu wissen.

Mit einigen Päckchen bewaffnet, die sie noch am Morgen schnell eingepackt hatte, betrat sie das Wohnzimmer und legte ihre Geschenke unter den Weihnachtsbaum. Jasper hatte sich mächtig ins Zeug gelegt. Der Baum war nicht so groß wie seiner, aber er war wunderschön dekoriert, mit Schmuck aus Bast und Holz: kleine Spielzeuge, Engel, Sterne und Figuren aus dem Erzgebirge. Es gab so viel zu sehen, dass Karolina gar nicht wusste, wohin sie zuerst blicken sollte. Über dem Türrahmen hing ein Mistelzweig mit einer roten Schleife.

Sie betrat die Küche und schaute Luise und Jasper dabei zu, wie sie Hand in Hand arbeiteten. Ein Bild, das sie sich vor einer Woche noch nicht hatte vorstellen können. Die beiden lachten über etwas, und auch Karolina grinste, weil sie sich so sehr freute, dass ihre beiden liebsten Menschen endlich gut miteinander auskamen.

»Ah, da bist du ja, mein Mädchen. Schau mal, was mir Frau Wagenbrecht zu Weihnachten geschenkt hat.« Luise deutete auf die Fensterbank, wo ein prachtvoller Weihnachtsstern stand, groß mit dunkelroten Blättern.

»Oh, wow! Der sieht ja toll aus.« Das Rot der Pflanze leuchtete geradezu.

»Und was hast du Frau Wagenbrecht geschenkt?«, wollte Jasper wissen, während er den Blätterteig ausrollte.

Luise blickte entschuldigend. »Ich habe ihr eine Flasche Wein aus unserem Vorrat gegeben, den du besorgt hast«, gab sie zögerlich zu.

»Na, dann haben wir ja Glück, dass Henri und Paul ebenfalls noch Getränke mitbringen, wenn Luise unseren Vorrat so wahllos verschenkt.« Er zwinkerte Karolina zu und sah sie dann erst richtig an. Er richtete sich auf, ließ seinen Blick über ihren Körper gleiten.

»Wow! Du siehst einfach … umwerfend aus«, erklärte er und kam auf sie zu. »Aus dem Grinch ist ein Weihnachtsengel geworden«, murmelte er und sah sie verlangend an.

»Schaut mal, wo ihr steht! Ihr müsst euch jetzt küssen.« Luise deutete feixend auf den Türbogen, wo der Mistelzweig angebracht war, und Jasper richtete den Blick nach oben.

»O ja, dann können wir wohl nicht anders. Ein Brauch ist ein Brauch«, erklärte er und drückte Karolina einen fetten Schmatzer auf die Lippen.

»Was machst du denn?«, rief sie erschrocken.

»Kennst du etwa den Brauch nicht? Wenn man unter einem Mistelzweig steht, muss man sich küssen«, erklärte er. »Nein, natürlich kennst du ihn nicht. Zur Strafe darf ich mir noch einen Kuss klauen.« Erneut küsste er sie, diesmal wesentlich intensiver und länger.

»Wann machst du aus dem Mädchen eine ehrbare Frau und heiratest sie endlich?«, rief Luise aufgebracht. »Früher musste man ein Mädchen heiraten, wenn man es geküsst hat.«

Jasper drehte sich zu Luise um. »Das werde ich tun. Zumindest habe ich schon gefragt, und Karo hat Ja gesagt.« Er zeigte Luise Karolinas Hand.

»Allmächd! Na, da hast du dich aber mächtig ins Zeug gelegt«, rief Luise überrascht. »Wer hätte gedacht, dass du noch mal eine anständige Frau abbekommst.«

Jasper lachte und trat auf Luise zu, zog sie in seine Arme. »Meine Luise. Was würde ich nur ohne deine freundlichen Worte tun?« Er nahm sie in die Arme und drückte sie.

»Mach dich lieber wieder an die Arbeit, sonst kommen unsere Gäste, und das Essen ist nicht fertig.«

»Sie ist ein richtiger General, kommandiert mich nur rum«, beschwerte sich Jasper und gab die geschnittenen Pilze in die Pfanne, zusammen mit den Zwiebeln und dem Knoblauch. Er röstete die Zutaten auf mittlerer Hitze an und gab Zucker darüber, um sie leicht zu karamellisieren.

»Kann ich euch helfen?«, fragte Karolina.

»Nein, mein Kind. Du hast heute mal frei. Jasper und ich kommen gut zurecht, nicht wahr, mein Junge?«

Zustimmend nickte Jasper. »Ja, du würdest nur dein schönes Kleid schmutzig machen. Ich hab bloß eine Schürze eingepackt.« In einer weiteren Pfanne briet er das Filet an.

»Gut, dann werde ich schon anfangen und den Tisch decken«, überlegte Karolina laut und ging hinüber ins Wohnzimmer.

Zuerst traf Konrad ein. Er trug einen Anzug mit einem weißen Hemd und sah stattlich aus.

»Wo ist denn meine Luise?«, fragte er mit sonorer Stimme.

»Sie zieht sich gerade um. Wenn du magst, kannst du in der Küche Jasper Gesellschaft leisten. Ich schaue mal, wie weit Luise ist.« Karolina lief den Flur entlang, an dessen Ende Luises Schlafzimmer lag.

Nachdem sie an die Tür geklopft hatte, trat sie ein. Luise war schon fertig angezogen und saß auf der Bettkante, blickte zu ihr auf.

»Luise, alles in Ordnung bei dir?«

Luise nickte. »Ja, natürlich. Ich bin fertig …«

Karolina ließ sich neben Luise nieder und griff nach ihrer Hand. »Was ist los?«

»Es ist das erste Weihnachtsfest ohne Frieda«, sagte Luise leise und schniefte. Tränen rannen ihr die Wangen hinunter.

»Ja, das stimmt. Aber sie ist nur körperlich nicht anwesend. In unseren Gedanken ist sie immer dabei.« Karolina legte den Arm um die kleine Frau, zog sie an sich, und gemeinsam weinten sie längst fällige Tränen um die Enkelin und die beste Freundin, die viel zu früh gegangen war, ohne sich zu verabschieden.

»Wir sind doch hier, um uns an Frieda zu erinnern. Wenn nicht wir, wer sonst, Luise?«

Diese nickte tapfer. Nachdem Karolina ihr ein Taschentuch gereicht hatte und sie selbst ihre Tränenspuren beseitigt hatte, atmete sie laut aus. »So, und nun lass uns die Gäste begrüßen. Es ist Weihnachten, ein Fest der Freude und der Liebe. Und ein Fest, um sich an die Lieben zu erinnern, die nicht mehr unter uns sind.«

Luise erhob sich, griff zur Haarbürste.

»Warte, lass mich das machen.« Karolina erhob sich ebenfalls, nahm ihr die Bürste ab und begann vorsichtig, ihr das Haar aus dem Gesicht zu kämmen.

»Früher habe ich immer euer Haar gebürstet«, sagte Luise leise.

»Ja, einhundert Bürstenstriche für jeden, hast du immer gesagt, damit das Haar schön glänzt. Dir müssen die Arme wehgetan haben.«

Entschieden schüttelte Luise den Kopf. »Nein, ich habe das gern getan. Ihr wart so stolz auf eure langen Haare. Friedas Haar, das braun war und in der Sonne leicht rot schimmerte. Wie Mahagoniholz. Und du ganz blond, wie die Sonne. Dein Haar ist immer noch so schön.«

»Ja, aber mittlerweile nicht mehr so hell. Da muss der Friseur ein bisschen nachhelfen«, erklärte Karolina. »So, fertig. Jetzt bist du schön. Konrad ist schon da.«

Bei dem Namen horchte Luise auf. »Konrad, na dann los.«

26

In der Zwischenzeit hatte Jasper sich auch umgezogen. Er trug eine graue Anzughose und ein schwarzes Hemd, das am Kragen offen stand. Das Haar hatte er mit einem Haargummi am Hinterkopf zusammengebunden.

»Du siehst toll aus«, raunte Karolina ihm zu.

»Danke, mein Liebling.« Er gab ihr einen kleinen Kuss.

»Und riechen tust du noch besser.«

»Ja, nach Zwiebeln und Knoblauch.« Er lachte auf.

»Daran habe ich nichts auszusetzen. Ich könnte dich anbeißen«, gab Karolina zu.

»Gleich gibt es einen Teller Suppe, das Essen dauert nicht mehr lange. Ich hoffe, du willst mich auch noch, wenn dein Hunger gestillt ist.«

Karolina warf ihm ein verschmitztes Grinsen zu. »Dieser Hunger wird wohl nie versiegen.«

Marie traf zusammen mit Oskar ein, fast gleichzeitig mit Henri und Paul.

»Habt ihr euch alle abgesprochen?«, rief Luise gut gelaunt, und war plötzlich wieder die Alte. Freundlich, mit einem kessen Spruch auf den Lippen.

»Wir wollen doch pünktlich sein«, erklärte Henri und wuchtete einen Kasten Bier in die Wohnung. Paul trug einen Karton mit Wein und Champagner.

»Was riecht denn hier so gut?« Oskar schnüffelte in die Luft.

»Jasper beweist mal wieder, dass Koch seine eigentliche Berufung ist«, meinte Konrad und half dabei, die Gläser auf dem Tisch zu verteilen.

»Das Essen ist auch schon gleich so weit, ich kümmere mich jetzt um den Spinat, der braucht nur ein paar Minuten.« Jasper ging zurück in die Küche, und Karo folgt ihm. Er trug eine Küchenschürze, die seine Kleidung schützen sollte.

»Kann ich dir wirklich nicht helfen?« Sie lehnte sich an seine Schulter.

»Nein, danke. Ich hab schon alles vorbereitet. Luise war mir eine große Hilfe«, berichtete er, nahm die gedünsteten Zwiebeln und Pilze aus der Pfanne und verteilte sie auf dem Blätterteig. Dann gab er den frischen Spinat in die Pfanne, den er vorher gründlich gewaschen hatte. Erst jetzt gab er klein geschnittenen Knoblauch hinzu, damit dieser nicht sofort verbrannte.

»Reichst du mir bitte Salz und Muskatnuss?«

Der Spinat fiel in Minuten in sich zusammen. Am Ende gab es noch einen kleinen Schuss Sahne, dann hielt Jasper Karolina einen Löffel hin, damit sie probieren konnte.

»Mhm, das schmeckt köstlich. Was hab ich nur für ein Glück, einen Mann zu haben, der so gut kochen kann.« Sie sah ihn mit funkelnden Augen.

»Und ich habe Glück, so eine gescheite und wunderschöne Frau zu haben«, raunte er ihr zu und küsste sie.

»Ah, hier werden wohl schon Geschenke verteilt!«, rief Paul laut, als er die Küche betrat, und grinste.

»Sie sind verlobt!«, verkündete Luises Stimme aus dem Wohnzimmer.

Sie hatten den Tisch im angrenzenden Esszimmer gedeckt, das mehr Platz bot als die Küche.

»Das Filet muss jetzt in den Backofen!«, rief Jasper hektisch, öffnete die Klappe und legte den Blätterteig hinein. »Setzt euch schon mal, es gibt jetzt Luises Hochzeitssuppe als Vorspeise.«

Marie und Karolina trugen die Suppenteller auf, Jasper befüllte die Gläser mit Wein. Als endlich alle saßen, hob Luise ihr Glas. »Ich freue mich, dass wir es dieses Jahr geschafft haben, wieder alle zusammenzukommen. Für das leibliche Wohl hat Japser gesorgt, für die Getränke danken wir Henri und Paul. Schön, dass ihr alle da seid, und jetzt lasst es euch schmecken. Frohe Weihnachten, meine Lieben.«

»Frohe Weihnachten, Luise!«, erklang es im Chor.

»Mhm! Die Hochzeitssuppe ist ein Gedicht«, lobte Paul, der bereits einen zweiten Teller vor sich sah.

»So kocht nur Luise diese Suppe«, erklärte Konrad; man hörte Stolz aus seinen Worten.

Luise freute sich über das Lob. »Das Rezept habe ich von meiner Mutter. Es ist eine Menge Arbeit, die Grießnockerl, die Flädle, die Leberspätzle zu machen, und dann muss allein der Tafelspitz drei Stunden langsam köcheln und der Schaum abgeschöpft werden.«

Karo stöhnte auf. »Du hast das alles selbst gemacht? Das dauert ja Stunden.«

Luise nickte. »Ja, und früher gab es die Suppe immer nur zu Hochzeiten, daher der Name. Dann weißt du ja, was es zu essen gibt, wenn du Jasper heiratest.« Luise grinste in die Runde.

»Luise! Das dauert noch eine ganze Weile«, rief Karo und schüttelte den Kopf. Die anderen blickten sie an, als würden sie ihr keinen Glauben schenken. Luise schon gar nicht.

»Die gab es auch zu deiner Hochzeit«, meinte Konrad, und Luise nickte. »Ja, meine Mutter war eine wunderbare Köchin.«

»Warst du bei Luises Hochzeit zu Gast?«, fragte Henri überrascht.

»Natürlich! Konrad war der beste Freund von Friedhelm, meinem Mann.« Luise schenkte Konrad einen liebevollen Blick, als wäre er damals der Bräutigam gewesen.

»Also, bei unserer Hochzeit gab es Meeresfrüchte«, erklärte Paul. »Wir haben auf Sylt geheiratet.«

»Vornehm geht die Welt zugrunde«, kommentierte Jasper diese Nachricht.

»Irrtum. Wir haben ganz allein geheiratet. Ohne viel Aufhebens. Damit haben wir alle überrascht. Das war ein Riesenspaß«, meinte Henri und ließ sich ebenfalls einen weiteren Teller Suppe geben.

Paul nickte zustimmend. »Ich kann das jedem empfehlen, der nicht auf große Partys steht. Das ist ja heute auch kaum noch zu bezahlen.«

»Also, ich kann jeden verstehen, der seine Hochzeit klein hält. Das Geld kann man wesentlich besser investieren«, gab auch Karo zu.

»Ja, zum Beispiel in Meeresfrüchte am Strand, wenn gerade die Sonne untergeht«, schwärmte Henri.

»Mach uns nicht den Mund wässrig, mein Lieber. Jetzt haben wir erst einmal Weihnachten. Da gibt es Spekulatius und Filet Wellington«, meinte Luise und erhob ihr Glas. Sie sah in die Runde und stellte fest, dass etwas fehlte. Aber sie wusste nicht genau, was. Die Unterhaltung der anderen flog nur so an ihr vorbei. Sie lächelte, ohne die Worte zu verstehen, doch das machte nichts, sie war froh, dass alle bei ihr waren. Alle, außer … eins, zwei, drei, vier, fünf, sechs, sieben …

»Mist! Das Fleisch muss aus dem Ofen!«, rief Jasper plötzlich, sprang auf und rannte in die Küche. Bei all den Gesprächen hatte er vergessen, die Uhr für das Fleisch zu stellen. »Ich hoffe nicht, dass das Filet zu durch ist.« Vorsichtig schnitt er den Blätterteig in Scheiben; darin kam das saftige Rinderfilet mit einer Pilzummantelung zum Vorschein.

»Das sieht doch toll aus«, lobte Paul.

»Ja, es ist perfekt. Aber beinah hätte meine Frau mich aus dem Konzept gebracht.« Jasper grinste Karo an.

»Ich! Das kann gar nicht sein.«

Sie stellte den Spinat in einer Schüssel auf den Tisch.

»Ich bereite noch schnell die Rotweinjus mit Trüffeln zu«, rief er gut gelaunt aus der Küche.

Jasper schwenkte die bereits gar gekochten Drillinge in der Pfanne mit Olivenöl, Knoblauch und einer Mischung aus Rosmarin und Koriander. Als alles fertig auf dem Tisch stand, legte er die Schürze ab, die seine Kleidung geschützt hatte und die Aufschrift trug: *Männer, die kochen, sind nicht nur sexy, sondern auch glücklich.*

Sie alle saßen an einem runden Tisch, der genau für acht Leute Platz bot. Die Tafel war mit allerlei Köstlichkeiten gedeckt: von einer Platte mit Weihnachtsgebäck über das gute Essen, das Jasper gekocht hatte, bis hin zu den Getränken, die Henri und Paul beigesteuert hatten.

Henri trug einen weißen Anzug, auf dem grüne Tannenbäume und rote Weihnachtsmänner gedruckt waren. Er sah hinreißend damit aus, es passte absolut zu seinem Typ.

»Das Filet Wellington ist wirklich ein Genuss!«, lobte Paul, und auch alle anderen stimmten zu, dass Jaspers Kochkünste über die eines Hobbykochs hinausgingen. Karo blickte ihn stolz an, was für Jasper mehr zählte als jedes Lob.

Während des Essens wurde viel gelacht und erzählt. Oskar berichtete von seiner Kindheit in der Ukraine, wie dort Weihnachten gefeiert wurde. Konrad erzählte davon, wie er als Junge das Fest am Meer verbracht hatte, wo er geboren worden war.

»Früher war Frieda immer ganz aufgeregt, bevor sie die Geschenke auspacken durfte«, sagte Luise leise. »Sie hatte sich eine Puppe gewünscht, die laufen konnte.« Sie starrte ins Leere, dann blickte sie Karo an. »Wo ist Frieda eigentlich?«

Konrad, der neben ihr saß, drückte ihre Hand. »An einem Ort, wo all ihre Wünsche in Erfüllung gehen«, sagte er sanft.

»Du meinst, auf einem Weihnachtsmarkt der zauberhaften Wünsche?«, fragte sie und zog die Stirn kraus.

»Ja, Luise, genau dort ist Frieda.« Er nahm ihre Hand, drückte einen Kuss auf den Handrücken.

»Wollen wir sie dort nicht besuchen?« Luise schaute aufgeregt in die Runde.

»Nicht heute, meine Luise. Schau doch aus dem Fenster. Es hat schon wieder zu schneien begonnen.« Konrad nickte in Richtung des Fensters, wo große weiße Flocken gegen die Scheibe flogen.

»Oh, dann wird es Zeit, dass wir endlich die Geschenke auspacken«, rief Luise aufgeregt und erhob sich, um den Tisch abzudecken.

»Wollen wir den Nachtisch probieren oder lieber alles etwas sacken lassen?« Jasper sah fragend in die Runde, erhob sich und nahm Luise den Teller aus der Hand. »Lass mal, Luise, wir machen das schon. Setz du dich mit Konrad schon mal ins Wohnzimmer, wir anderen kommen gleich nach.«

In der Küche stand Karolina und blickte aus dem Fenster, als Jasper ihre Schultern berührte. »Was ist los, mein Liebling?«, wollte er wissen.

»Es fällt Luise schwer, zu verstehen, dass Frieda nicht mehr da ist, und ich weiß nicht, was ich tun kann. Frieda fehlt mir auch, und mein Herz tut weh, weil ich sie so doll vermisse.«

»Ja, mir fehlt sie auch. Vielleicht sollten wir es so nehmen, wie es ist. Es wird eine Zeit geben, da wird Luise sich nicht mehr an Frieda erinnern. Solange sie das noch kann, sollten wir froh sein. Es als etwas Positives sehen.«

Karolina nickte. »Da hast du recht.«

»Die Spülmaschine läuft. Komm, es wird Zeit, dass wir unsere Wichtelgeschenke verteilen.«

Mittlerweile lagen eine Menge Pakete unter dem Baum. Marie machte den Anfang und übergab Paul das kleine Päckchen. Als er die Fliege auspackte, war er ganz aus dem Häuschen.

»Da hat Marie genau das richtige Geschenk erwischt«, erklärte Henri. »Mein Mann steht auf Fliegen und braucht mittlerweile einen eigenen Schrank für seine Sammlung. Wenn das so weitergeht, braucht er ein eigenes Zimmer dafür.«

»Vielen Dank, Marie! Du machst mir eine große Freude damit. Obwohl diese Fliege auch gut zu dem Anzug meines Mannes passen würde.«

»Wo bitte bekommt man solche Anzüge her?«, fragte Karolina neugierig und musterte das ungewöhnliche Stoffdesign.

Henri grinste. »Den habe ich selbst designt. Das ist eines meiner Hobbys, Stoffe entwerfen. Den Anzug habe ich dann nähen lassen.«

»Neben Handballspielen?«, fragte Jasper, und alle lachten.

Als Nächstes holte Konrad ein Päckchen unter dem Baum hervor. Er hatte Henri gezogen.

»Oh, schaut euch diesen schönen Schal an.« Henri hatte einen warmen Winterschal mit passenden Handschuhen und Mütze ausgepackt. Sofort prüfte Luise die Wolle.

»Das ist ja Babyalpaka«, rief sie begeistert. »Da hast du dich aber ganz schön ins Zeug gelegt.«

»Ich dachte, wir dürfen nur zwanzig Euro ausgeben«, bemerkte Karolina irritiert.

»Ja, das hatten wir mal so abgemacht, aber niemand hält sich wirklich daran«, erklärte Henri. »Vielen Dank, Konrad. Jetzt steht einem Winterspaziergang nichts mehr im Wege.«

Karolina warf Jasper einen bösen Blick zu, der nur lächelnd die Schultern hob. »Okay, dann bin ich die Nächste.« Sie erhob sich und überreichte Jasper ihr Päckchen.

»Du hast mich gezogen, was für eine Überraschung.«

»Ja, woher ich nur weiß, wen ich zu beschenken habe?«

»Ich habe nichts verraten«, erklärte er voller Überzeugung, und alle nickten mit einem ironischen Lachen.

»Sei meine Praline!«, las er laut vor. »Aber immer doch«, gab er zur Antwort und bedankte sich mit einem Kuss.

»Wir haben da was von einer Verlobung gehört«, hakte Paul nach.

»Ja, Karolina und Jasper werden heiraten. Nächste Woche«, erklärte Luise voller Überzeugung.

»Nächste Woche schon?« Marie sah die beiden verblüfft an.

»Nächstes Jahr, Luise«, verbesserte Jasper sie.

»Nein, du hast mir nächste Woche erzählt«, bestand Luise darauf. »Da bin ich mir ganz sicher. Ich weiß doch, was ich gehört habe.«

»Na, du hast es ja besonders eilig. Hast du Angst, dass Karo es sich noch einmal anders überlegt?« Paul grinste breit.

»Keine Angst, ich laufe ihm schon nicht weg«, beruhigte Karolina die Runde.

Luise erhob sich und reichte Karolina ein Geschenk. »Ich hatte ja eigentlich Frieda gezogen, aber nun bekommst du mein Geschenk.«

Es war nur ein großer Umschlag, den Karolina voller Neugier öffnete. War es eventuell ein Foto? Oder etwas, was Frieda gehört hatte? Nein, in dem Umschlag fand sie eine Mappe, die sehr amtlich aussah, nicht wirklich wie ein Geschenk. Vorsichtig schlug sie den Deckel auf und las das Schreiben, das darin lag, sorgfältig durch. Es legte sich eine Stille über den Raum, die schon fast gespenstisch war. Niemand wagte zu sprechen oder zu fragen, was es mit dem Geschenk auf sich hatte. Alle starrten sie an, als Karolina den Kopf hob und nach Worten suchte. Sie konnte nicht fassen, was sie da zu lesen bekam. Der Umschlag segelte zu Boden, sie hielt nur das Dokument in den Händen und sah aus, als würde sie jeden Augenblick in Ohnmacht fallen. Sie war weiß wie die Wand. Sie wollte etwas sagen, doch kein Laut kam über ihre Lippen. Sie musste sich erst einmal setzen.

27

Karolina schüttelte energisch den Kopf. »Nein, Luise, das kann ich nicht annehmen.«

»Doch mein Kind, das kannst du«, bestätigte Luise und verschränkte die Arme in ihrer bekannten Art vor der Brust. Wenn sie so drauf war, wurde es schwierig, ihr zu widersprechen.

»Wann warst du überhaupt beim Notar?«, wollte Karolina wissen.

Alle Anwesenden blickten zwischen Luise und Karolina hin und her und schienen nicht zu wissen, wovon eigentlich die Rede war.

»Gestern Vormittag, als ich mit Jasper Einkaufen war. Da habe ich ihn gebeten, mich kurz dort abzusetzen. Ich hatte vorher mit dem Anwalt telefoniert.«

Sofort warf Karolina Jasper einen Blick zu, der heißen sollte: Warum hast du mir nichts gesagt?

»Nein, Luise. Nein und nochmals nein.« Karolina stand energisch auf und schlug die Mappe wieder zu.

»Hey, Baby. Wir haben Weihnachten, wir sollten das in Ruhe klären«, versuchte Jasper sie zu beschwichtigen, und sie setzte sich wieder.

»Was ist denn überhaupt geschehen?«, fragte Paul und sah verständnislos in die Runde.

»Luise hat mich als ihre Alleinerbin eingesetzt. Unter anderem soll ich das Haus hier erben.« Karolina legte den Umschlag mit der notariellen Urkunde auf dem Couchtisch ab.

»Wow! Na, das ist ja mal ein Wichtelgeschenk«, murmelte Henri.

»Das ist viel zu viel. So etwas kann und will ich nicht annehmen«, erklärte Karolina erneut. »Es waren zwanzig Euro ausgemacht, nicht zwei Millionen oder wie viel das Haus auch immer wert ist.«

»Wem soll ich denn sonst alles hinterlassen? Frieda ist nicht mehr da. Sie hat mich verlassen, aber du bist da. Und du hast es sehr wohl verdient.« Luise war aufgestanden und stampfte wie ein kleines Kind mit dem Fuß auf.

»Luise hat doch recht, Karolina. Wenn sie keinen weiteren Erben hat, kann sie ihr Vermögen hinterlassen, wem sie möchte. Du kannst es natürlich ablehnen. Aber ich weiß nicht, ob man sie so vor den Kopf stoßen sollte.« Paul zuckte mit den Schultern.

»Natürlich will ich ihr nicht wehtun. Aber so ein großes Geschenk …« Karolina wusste einfach nicht mehr weiter, ihr fehlten die Worte.

»Ich hatte die Wahl zwischen Karolina und Frau Wagenbrecht«, erklärte Luise und nahm ebenfalls wieder Platz.

»Wer ist denn Frau Wagenbrecht?«, wollte Marie wissen.

»Die Putzfrau«, sagte Luise schnell. »Aber die hat mich bestohlen. Und der Kirche will ich nichts vererben. Die hat mir alle genommen, die ich liebe.«

»Luise, du weißt, dass das nicht stimmt.« Karolina schüttelte den Kopf.

»Ja, vielleicht habe ich das Geld auch wieder in die Tasche gesteckt. Aber ich will nicht, dass Frau Wagenbrecht alles bekommt. Ich möchte es Karolina geben. Greizkiesldunnerwedder!«, fluchte Luise leise.

»Jetzt beruhig dich doch, mein Mädchen.« Konrad strich ihr über den Arm. »Ich denke, Karo ist nur ein wenig überrascht, nicht wahr? So ein Geschenk bekommt man ja nicht alle Tage.« Er blickte Karolina an, die nachdenklich nickte. »Wenn sie sich erst einmal an den Gedanken gewöhnt hat, wird sie sich über dieses Weihnachtsgeschenk sehr freuen.«

»Es tut mir leid, Luise. Natürlich freue ich mich, aber ich habe noch nie etwas geschenkt bekommen, das so einen großen Wert hat. Ich meine nicht nur die finanzielle Relevanz, sondern auch den ideellen Wert. Ich habe Angst, dass jeder denkt, ich hätte dich beeinflusst und würde mich nur um dich kümmern, weil ich darauf spekuliert habe.« Karolina war den Tränen nahe.

»Du machst dir einfach zu viele Gedanken. Luise war bei klarem Verstand, und es gibt zwei Zeugen, die das Testament bestätigen.« Jasper nickte in Richtung der Mappe und hob den Umschlag auf, der zu Boden gerutscht war.

Erneut griff Karolina danach und sah das Dokument durch. Als Zeugen hatten Jasper Köhler und Konrad Feuerbach unterzeichnet. »Konrad! Du wusstest auch davon?«

Leise lachte Konrad auf. »Wir sind nun mal eine eingeschworene Gemeinschaft.«

»Ich weiß einfach nicht, was ich sagen soll«, murmelte Karolina und ließ ihren Blick wieder zu Jasper wandern.

»Sag einfach nicht viel, sondern vielleicht nur Danke, Luise.«

Karolina erhob sich und schloss die ältere Frau in die Arme. »Danke, Luise. Das ist furchtbar lieb von dir. Ich weiß gar nicht, wie ich dir danken soll.«

»Wir machen das zusammen für Frieda, nicht wahr?« Luise blickte sie flehend an.

»Natürlich, Luise. Wir machen das für Frieda.«

»So ist es gut, mein Kind.« Luise strich ihr zärtlich über die Wange.

»Dann wollen wir doch mal sehen, was ich für Konrad besorgt habe«, rief Jasper, erhob sich, und nahm eines der Pakete in die Hand.

Konrad nahm es dankend entgegen, froh, dass er das Thema gewechselt hatte. »Vielen Dank, mein Junge. Ich bin gespannt.«

Unter dem Weihnachtspapier kam ein Karton zutage, von dem Konrad den Deckel abhob. Darin befand sich ein nostalgisches Karussell in Kleinformat. Es entsprach haargenau dem Original, das Konrad auf dem Weihnachtsmarkt betrieb.

»Mein Gott, ist das schön«, murmelte Marie.

»Ja, da hat Marie vollkommen recht. Schaut euch die ganzen Details an. Es sieht genauso aus, wie das Original.« Konrad blickte hinüber zu Oskar, der still in seinem Sessel saß. »Das ist deine Arbeit, nicht wahr?«

Oskar grinste leicht und nickte.

»Ja, ich habe es bei Oskar in Auftrag gegeben, weil ich keinen besseren Tischler kenne«, erklärte Jasper.

»Vielen Dank, Jasper, und auch dir einen lieben Dank, Oskar. Da habt ihr mich gleich beide beschenkt. Das Karussell wird einen Ehrenplatz bekommen. Ich habe gleich die filigrane Arbeit von Oskar erkannt.« Konrad war ganz gerührt und besah sich das Geschenk von allen Seiten.

Oskar nickte Konrad zu und grinste Jasper vielsagend an, während Jasper den Daumen in die Höhe reckte. Er hatte hier sein ganzes Können gezeigt. Karolina fand es schön, dass Jasper Oskar mit einem Auftrag versorgt hatte. Das konnte er sicher gut gebrauchen.

Henri war als Nächster an der Reihe und beschenkte Luise. Sie packte einen Bilderrahmen aus. Hinter dem Glas war eine Zeichnung zu sehen, die ein Porträt zeigte.

»Aber das ist ja meine Frieda«, rief Luise begeistert. »Hast du das selbst gezeichnet?«

»Nein, aber ich habe eine gute Freundin, die Malerin ist, eine richtige Künstlerin. Sie hat die Zeichnung nach einer Fotografie angefertigt. Ich dachte mir, das würde dir gefallen.«

»Das ist meine Frieda«, erklärte Luise stolz, drückte Henri einen Kuss auf die Wange und das Bild an ihre Brust.

Die Zeichnung machte die Runde, und jeder war der Meinung, dass man Frieda sehr schön eingefangen hatte.

»Das musst du mir morgen aufhängen, Konrad«, rief Luise begeistert.

»Such du erst einmal einen richtigen Ort dafür.« Er lachte ausgelassen.

Alle starrten Paul an, der jetzt Oskar ein Geschenk überreichte. »Eigentlich ist es von Henri und mir«, erklärte er und übergab ihm einen kleinen Umschlag.

»Ein Gutschein für Gratisgetränke in eurer Bar?«, versuchte Jasper zu scherzen.

Die beiden Männer lachten. »Nicht ganz.« Sie sahen sich an und hoben die Augenbrauen.

Oskar faltete den Inhalt des Umschlags auseinander. »Ein Mietvertrag«, las er überrascht vor.

»Also, es ist so. Paul und ich dachten, es wäre an der Zeit, dass du dich endlich selbstständig machst. Du träumst schon so lange davon, und wir haben das Haus gekauft, in dem sich unsere Bar befindet. Das Ladenlokal neben der Bar steht leer, und es ist perfekt, um dort einen Laden für deine Arbeiten einzurichten. Nebenan gibt es ja schon den Blechspielzeugladen. Im hinteren Bereich kannst du dir eine Werkstatt einrichten, dort gibt es nochmals hundert Quadratmeter. Unser Geschenk besteht darin, dass wir dir die Miete für ein halbes Jahr schenken und dich gerne als Mieter hätten.«

Oskar saß auf dem Sofa, das an der Wand stand, sein Mund stand sprachlos offen.

»Ist das wirklich wahr?«, fragte Marie nach.

»Selbstverständlich. Oskar braucht den Mietvertrag nur zu unterzeichnen, und schon ist er Ladenbesitzer«, erklärte Paul, ganz im Ton eines Unternehmers. »Die Grundfläche entspricht der unserer Bar, du musst es dir nur spiegelverkehrt vorstellen.

»Pack den Steuerberater wieder ein, du hast Feierabend.« Henri zog eine Grimasse.

»Oskar, worauf wartest du noch?«, fragte Marie ganz nervös. Es schien, als hätte sie Angst, dass Oskar dieses wunderbare Geschenk ablehnen würde.

»Ich warte darauf, dass du mir sagst, dass du dir mit mir den Laden teilst.« Er blickte lächelnd in die Runde.

»Ich glaube, ich sage Ja. Ja, ich denke, ja, ich werde es machen. Ja, und ich glaube ja«, plapperte Marie ganz aufgeregt.

»Und ich warte darauf, dass mir jemand einen Kugelschreiber reicht«, rief Oskar. Konrad hatte sofort einen zur Hand. Schnell setzte Oskar seine Unterschrift unter den Vertrag. »Heute ist wirklich Weihnachten. Ein Traum geht in Erfüllung.«

»Wenn du solche Dinge im Angebot hast wie Konrads Karussell, dann kann der Laden nur ein Erfolg werden.« Karolina zog ihn in eine Umarmung und beglückwünschte ihn und Marie gleich mit. »Und was die finanziellen Dinge angeht, wende dich ruhig an mich.«

»Danke, Karo, das ist sehr lieb von dir.«

»Na, einen Steuerberater hast du ja auch schon«, verkündete Henri.

»Ich liebe es, wie du mir Mandanten besorgst.« Paul beugte sich vor und küsste seinen Mann innig.

Oskar reichte den beiden Männern die Hand. »Ich danke euch, Jungs, das ist mehr, als ich erwarten konnte.«

»Wir haben so oft darüber gesprochen, da war uns klar, dass wir helfen wollen«, sagte Paul, und Henri nickte zustimmend.

Es lag etwas Festliches in der Luft, das Karolina bisher noch nie gespürt hatte. War das dieses Weihnachtswunder, von dem immer alle sprachen? Sie beschloss, dass es mehr war. Es ging viel tiefer. Die Essenz dieser Zusammenkunft, des Geruchs, der in der Luft lag, war mit nur einem Wort zu beschreiben: Familie.

»Wer hat jetzt noch kein Geschenk?«, fragte Oskar in die Runde, und sein Blick blieb an Marie hängen.

Maries Wangen färbten sich dunkelrot. Es war ihr anzusehen, wie unwohl sie sich fühlte, weil alle sie anstarrten.

»Mein Geschenk liegt allerdings nicht unter dem Weihnachtsbaum«, erklärte Oskar. Er hatte Marie gezogen und für sie ein Wichtelgeschenk besorgt.

»Steht es etwa auf der Straße vor der Tür?«, witzelte Henri. »Vielleicht eines mit vier Rädern?«

»Ach, Quatsch! Ich hab doch ein Auto. Und das wäre wohl übertrieben«, winkte Marie ab.

»Heute ist alles möglich«, murmelte Karolina und lächelte ihr aufmunternd zu.

Oskar trat auf sie zu. »Nein, mein Geschenk ist wesentlich kleiner als ein Auto. Dafür kommt es von Herzen.« Er zog eine kleine Schatulle aus der Brusttasche seines Jacketts und klappte sie auf. »Du weißt, dass ich sehr viel für dich empfinde, Marie. Wir kennen uns jetzt schon fast drei Jahre, und ich möchte dich fragen …«

»Ja!«, rief Marie aufgeregt und fiel Oskar um den Hals. »Ja, ich will.« Sie küsste ihn stürmisch.

»Allmächd! Noch eine Hochzeit! So viele Suppen kann ich gar nicht kochen«, rief Luise aufgeregt.

Alle lachten und gratulierten dem Paar.

»Dass aus euch noch mal ein Paar wird, darauf warten wir schon fast drei Jahre«, erklärte Konrad.

»Wir sollten auf die Liebe anstoßen«, meinte Henri, ließ den Korken der ersten Champagnerflasche knallen und füllte die bereitgestellten Gläser. Gemeinsam stießen sie auf Weihnachten und die Liebe an.

Nachdem Jasper sein Glas geleert hatte, fragte er in die Runde, wer denn lieber ein Bier wollte. Konrad und Oskar meldeten sich dankbar. »Endlich etwas Anständiges zu trinken«, rief Oskar gut gelaunt.

»Ich weiß gar nicht, was ihr immer an meiner Getränkeauswahl zu meckern habt«, fragte Henri und köpfte die zweite

Flasche. Der Champagner war rosafarben, und Oskar warf Jasper einen angewiderten Blick zu. Dann begangen beide laut zu lachen und stießen mit ihren Bierflaschen aneinander.

28

Im Hintergrund lief das Radio und spielte Weihnachtslieder. Luise sang leise bei *Stille Nacht, heilige Nacht* mit. Sie hatte einen schönen Sopran und war sehr textsicher.

»Das ist mein Lieblingsweihnachtslied«, sagte sie und lächelte glücklich. Sie saß auf der Couch, Konrad hatte den Arm um ihre Schultern gelegt.

»Ich habe auch noch kleine Geschenke für euch besorgt, als Dankeschön, weil ihr mich in eure Runde aufgenommen habt.« Karo erhob sich und verteilte kleine Tüten an jeden von ihnen.

»Das wäre doch nicht nötig gewesen«, erklärte Marie, freute sich aber sehr über das Räuchermännchen.

»Die liebe ich wie verrückt!«, rief Henri, und auch Luise schien sich über den Schwibbogen sehr zu freuen.

»Das ist wirklich sehr lieb von dir«, raunte Jasper ihr zu. Es zeigte, was für ein großes Herz Karo hatte, und er liebte sie noch mehr dafür. »Was haltet ihr jetzt von einer Runde Nachtisch?«, fragte er und erntete großen Beifall damit.

Karo half ihm, die Gläser mit dem Spekulatius-Tiramisu zu verteilen.

»Was für schöne Gläschen.« Marie öffnete den Verschluss des kleinen Einmachglases.

»Die Gläschen dürft ihr gerne mitnehmen. Darin kann man super Marmelade kochen«, erklärte Jasper und sah Karo an.

»Ja, aber nur, wenn man kochen kann«, murmelte sie.

»Du heiratest doch nächste Woche einen Mann, der kochen kann«, meinte Luise und schob sich einen Löffel in den Mund.

»Luise, wir heiraten nicht nächste Woche«, versuchte Karo zu erklären, doch Luise winkte nur ab. Sie ließ sich nicht beirren.

Karo suchte Unterstützung bei Jasper, doch ihm gefiel, wie sie sich ins Zeug legte, um Luise vom Gegenteil zu überzeugen, und er hielt erst einmal seinen Mund.

»Mann, ist der Nachtisch lecker. Den sollten wir im Meyer Lansky anbieten. Wenn Jasper so weitermacht, werden wir ihn als Koch engagieren.« Henri kaute genüsslich.

»Na, Junge, wie wär das? Du wolltest doch schon immer gerne als Koch arbeiten«, verriet Konrad.

»Das Zeug dazu hätte er allemal, wenn ich an das Essen von heute Abend denke.« Maries Aussage stimmten alle zu.

»Na, mal schauen, kommt auf euer Angebot an, Jungs«, erklärte Jasper.

»Hättest du denn Lust? Wir könnten einen Eventabend im Monat anbieten. Das wäre eine tolle Abwechslung und würde zusätzliche Gäste ins Meyer Lansky locken.«

Jasper blickte Karo an. »Was meinst du? Bekommen wir das hin?« Er wollte die Entscheidung auf keinen Fall allein treffen. Es war schön, wenn man seine Entschlüsse mit jemanden teilen konnte. Wenn man das Für und Wider besprechen konnte und nicht alles mit sich allein ausmachen musste.

»Wenn ich nicht kochen muss, auf jeden Fall«, sagte sie und lachte auf. Wie er ihr Lachen liebte!

»Okay, Jungs. Wir sind im Geschäft. Einen Abend im Monat wird es demnächst zauberhafte Wünsche im Meyer Lansky geben.« Plötzlich sprang er auf und drehte das Radio lauter.

»O nein!«, stöhnten Karo und Marie im Duo auf.

»Last Christmas …«, begangen die Männer laut zu singen, während Karo die Augen verdrehte.

»Warum die Männer gerade auf dieses Lied so abfahren?«

»Weil George Michael einfach ein super Sänger ist«, erklärte Henri und zog Paul in seine Arme.

Jasper tat es ihm gleich und zog Karo in seine Arme. Er sang ihr den Refrain ins Ohr.

»Aber dein Herz gebe ich nie wieder her«, erklärte sie mit leuchtenden Augen, zog ihn an seinem Hemd zu sich und küsste ihn zärtlich.

Weit nach Mitternacht verabschiedeten sich Marie und Oskar, und auch Henri und Paul machten sich auf den Weg.

»Ich muss auch los, morgen früh wird das Karussell abgebaut, das muss ich überwachen, damit nichts verloren geht«, erklärte Konrad.

»Aber morgen ist doch Weihnachten«, wandte Karolina ein, die erwartet hatte, dass auch Konrad bei Luise übernachten würde.

»Ja, schon, aber die Arbeiter wollen in den Winterurlaub, und so bleibt nur der morgige Tag. Ich komme am Nachmittag vorbei. Luise hat mir einen Kuchen versprochen.« Er zwinkerte Luise zu, nahm sie in die Arme und gab ihr einen Kuss aufs Haar.

Es war Luise anzusehen, dass sie sehr müde war. »Ich werde ins Bett gehen, Kinder.« Sie verabschiedete sich und lief den Flur entlang.

Karolina und Jasper brachten Konrad noch zur Tür. »Dann sehen wir uns morgen. Ich schlafe hier bei Luise, damit sie nicht allein ist.«

»Das ist gut. Nach Weihnachten werden wir sehen, wie es weitergeht.« Konrad zwinkerte Karolina zu und kniff ihr spielerisch in die Wange. »Du machst das ganz hervorragend, meine Kleine.«

»Danke, Konrad. Komm gut nach Hause.«

Sie schlossen die Wohnungstür hinter ihm, und gemeinsam machten sie sich daran, das Wohnzimmer aufzuräumen.

»Jasper, ich weiß nicht, was du geplant hast, aber ich werde heute Nacht hier bei Luise schlafen. Ich will nicht, dass sie allein in der Wohnung ist.«

Jasper, der gerade die Spülmaschine anschaltete, nickte. »Ja, natürlich. Wir werden sie nicht alleine lassen.«

»Wir?«

»Ich schlafe auch hier. Das habe ich mit Luise bereits gestern besprochen. Wir sollen das Gästezimmer nehmen, hat sie gesagt, und ich soll dafür sorgen, dass dir nicht kalt ist.« Er grinste breit.

Mit einem Finger stieß sie gegen seine Brust. »Ich werde hier ganz sicher nicht mit dir schlafen«, flüsterte sie, damit Luise sie nicht hörte.

»Ich hab doch gar nichts gesagt«, erklärte Jasper scheinheilig.

»Aber ich kenne dich, mein Freund.«

»Glaubst du?«

Sie nickte. »Besser als du denkst.«

»Du glaubst also zu wissen, was ich gerade denke?« Er zog sie an seine Brust.

»Aber sicher doch. Du denkst, du hast den Weihnachtsgrinch bekehrt.« Sie biss sich auf die Unterlippe.

»Und habe ich das?«

»Ja, das hast du, und ich bin sehr froh darüber. Ohne Weihnachten wäre meine Welt doch ein wenig ärmer.«

»Dann bin ich ja zufrieden. Aber ehrlich gesagt, denke ich im Augenblick über etwas ganz anderes nach.«

Stirnrunzelnd sah sie zu ihm auf. »Worüber?«

»Weißt du, Oskar hat mir etwas erzählt. Dass Marie so was ganz Besonderes getragen hat bei ihrem Date, und ich weiß aus sicherer Quelle, dass du so ein Ensemble ebenfalls für dich gekauft hast. Jetzt stellt sich mir natürlich die Frage, ob du es schon den ganzen Abend trägst.«

Karolina zog eine Augenbraue in die Höhe. »Ich kann nicht glauben, dass Marie dir das verraten hat.«

»Marie natürlich nicht. Sie wäre vermutlich lieber im Boden versunken, aber Oskar hat so etwas angedeutet, und ich habe eins und eins zusammengezählt.«

»Na, dann hoffe ich, dass du nicht auf drei gekommen bist.«

Entsetzt schüttelte er den Kopf. »Wie kommst du denn da drauf? Ich habe vier gezählt.« Er lachte.

Schnell löschte Jasper in allen Räumen das Licht und führte sie ins Gästezimmer.

Mittlerweile hatte es aufgehört zu schneien, und der Mond schickte sein Licht ins Zimmer. Mit zittrigen Fingern löste Karolina den Reißverschluss ihres Kleides.

»Warte, ich helfe dir.« Sofort war Jasper an ihrer Seite und half ihr, die Kleidung abzulegen. Sie hatte auf eine Strumpfhose verzichtet, weil es in der Wohnung warm war. Jetzt trug sie nur ihre Wildlederstiefel und die dunkelroten Dessous.

Hart schluckte Jasper. »Du siehst so umwerfend aus, wie ich es mir vorgestellt habe. Ich weiß gar nicht, was ich sagen soll.«

»Vielleicht, dass dir das zusätzliche Weihnachtsgeschenk gefällt?«, sagte Karolina leise.

»Es gefällt mir sehr. Ich hatte schon Angst, du würdest Grün tragen und als Grinch kommen, doch du hast dich in einen Weihnachtsengel verwandelt.«

»Das war meine Absicht«, gab Karolina zu.

Von hinten schlang er seine Arme um ihre Hüften, küsste ihren Nacken. Fuhr mit den Fingerspitzen die Bänder am Rücken entlang, die den BH fixierten. »Ich glaube, Rot ist meine neue Lieblingsfarbe«, knurrte er und drehte sie zu sich herum.

Dann ging er vor ihr in die Hocke, zog die Reißverschlüsse der Stiefel herunter, um sie ihr auszuziehen, und ließ sie dabei nicht aus den Augen.

Mit den Händen fuhr Karolina durch sein kinnlanges Haar, dessen Haargummi er am Abend gelöst hatte. »Ich finde, Schwarz ist deine Farbe. Du sahst heute Abend wahnsinnig gut aus. Wenn ich nicht schon einen Typen hätte, hätte ich dich mit zu mir genommen«, erklärte sie und zog ihn wieder zu sich herauf, begann sein Hemd aufzuknöpfen und schob es ihm von den Schultern.

Sie liebte seinen trainierten Körper, fuhr mit den Händen über seine Haut.

Mit schnellen Bewegungen zog er den Rest seiner Kleidung aus. Schuhe, Socken und Hose fanden einen schnellen Weg auf den Boden. »Du bist dir sicher, dass wir keinen Sex haben werden? Ich frage nur noch mal nach, um sicherzugehen.«

»Ich bin mir sicher, Jasper. Nicht hier in Luises Wohnung. Das fühlt sich für mich einfach nicht richtig an.«

Er drückte ihr einen Kuss auf ihre Schulter. »Okay, dann halte ich mich zurück. Aber tu mir den Gefallen und lass dieses rote *Was-auch-immer* für mich an.«

Schnell schlüpfte Karolina unter die Bettdecke. »Dein Wunsch ist mir Befehl«, hauchte sie und hob die Decke, damit er zu ihr ins Bett steigen konnte.

»Das war ein wunderschöner Abend, findest du nicht auch? Dass Marie und Oskar endlich zusammengefunden haben, macht mich richtig glücklich.«

»Ja, es war nur eine Frage der Zeit. Die beiden scharwenzeln bereits seit drei Jahren umeinander rum, es wurde endlich Zeit. Aber weißt du, was *mich* richtig glücklich macht? Dass wir beide zueinandergefunden haben«, murmelte er und küsste Karolina innig.

»Warum hast du mich nicht vorgewarnt, was Luise vorhatte?«, wisperte sie an seinen Lippen.

Nachdenklich hob Jasper den Kopf, strich ihr mit dem Daumen über ihre Lippen. »Weil es mich nichts anging. Luise kann mit ihrem Vermögen machen, was sie will. Ich habe mir schon gedacht, dass dir das nicht gefallen wird, und ich dachte mir, wenn ich dich warne, kommst du womöglich gar nicht zu diesem Fest. Also habe ich die Klappe gehalten. Karo, manchmal muss man das Gute annehmen, was einem widerfährt. Selbst wenn man der Meinung ist, es nicht verdient zu haben. Luise wird noch einige Jahre deine Hilfe brauchen. Sieh es als Investition in die Zukunft. Sie hat keine anderen Erben. Freu dich darüber, anstatt dich zu grämen.«

»Ich freue mich ja! Vielleicht muss ich nur lernen, das Glück auch mal anzunehmen.«

»Du hast jedes Glück der Welt verdient, meine Liebste.« Er küsste sie erneut, und daraus konnte schnell mehr werden, wenn sie ihm keinen Einhalt gebot.

»Jasper, wir sollten schlafen«, flüsterte sie. »Ich bin müde. Du etwa nicht?«

Er nickte. »Doch, natürlich. Es war ein wunderschöner Tag, aber auch sehr anstrengend. Ich weiß gar nicht, wie Luise das all die Jahre allein geschafft hat.«

»Dein Essen war wunderbar. Wie denkst du über das Angebot von Henri und Paul? Hast du echt Lust, einmal im Monat für sie im Meyer Lansky zu kochen?«

Darüber schien er gar nicht lange nachzudenken. »Ja, es wäre eine tolle Herausforderung, und so etwas liebe ich. Ich hätte große Lust, meine Kocherfahrung zu erweitern. Einmal im Monat, das kriege ich hin.«

»Du liebst also Herausforderungen? Das habe ich noch gar nicht gewusst«, murmelte Karolina. Langsam fielen ihr die Augen zu.

»O ja«, flüsterte Japser, strich ihr eine blonde Locke aus der Stirn. »Und meine größte Herausforderung halte ich gerade in den Armen.«

29

Eine warme Hand strich ihr über den Arm. Dabei wollte Karolina noch gar nicht aufwachen. Sie hatte so etwas Schönes geträumt. Von einem Restaurant, in dem Jasper kochte und sie die Gäste an die Tische platzierte. Da waren zwei Kinder, die im Garten spielten. Von dem Restaurant konnte man auf einen See hinausblicken. Wenn sie sich nicht irrte, war es der Bodensee gewesen. Oder war es ein Meer? Sie hatte Wellen gesehen, den Horizont, wo eine rote Sonne langsam im Wasser versank. Es war ein so schöner Traum gewesen, wie ein Urlaub, der im Kopf stattgefunden hatte. Sogar die Wärme hatte sie auf der Haut gespürt. Sie seufzte leise und öffnete die Augen.

»Guten Morgen und frohe Weihnachten, mein Liebling.« Jasper küsste ihre Nasenspitze.

»Frohe Weihnachten«, murmelte Karolina. Sie wollte so gern die Augen schließen und noch ein wenig von dem Restaurant am Meer träumen.

»Hey, nicht wieder einschlafen. Wollen wir Luise mit einem Frühstück überraschen?«

»Wie kannst du schon wieder so fit sein? Wir haben gerade mal fünf Stunden geschlafen.«

Jasper lachte. »Nein, es waren neun Stunden. Wir haben bereits zehn Uhr. Luise will doch für Konrad einen Kuchen backen. Sie steht bestimmt schon in der Küche. Wenn wir Pech haben, hat sie schon längst gefrühstückt.«

»Nein, ich kann nichts hören. Sie war gestern sehr müde. Ich denke, wir sollten sie noch ein wenig schlafen lassen.«

»Das bedeutet, dass wir auch noch ein wenig Zeit für uns

haben?«, fragte er hoffnungsvoll und fuhr mit der Hand über ihren Busen.

»Nein, das bedeutet, dass du schon mal duschen kannst. Und verbrauch bitte nicht das ganze heiße Wasser. Das Haus ist alt, denk daran. Der Boiler braucht einige Zeit, um das Wasser aufzuwärmen.«

»Na, das sind ja tolle Aussichten«, knurrte Jasper, fügte sich aber und erhob sich.

»Und wenn du schon mal auf bist, kannst du vielleicht den Kaffee aufsetzen. Luise hat keine Maschine, du musst ihn ganz Old School mit Wasser aufgießen.«

»Das ist ja wie im Mittelalter«, beschwerte er sich. »Ich werde Konrad bestechen, dass er die nächsten zwei Tage bei Luise verbringt, dann können wir bei mir schlafen«, schlug er vor.

»Dann werden wir wohl nicht viel zum Schlafen kommen«, murmelte Karolina und zog die Decke über ihren Kopf.

»Das genau ist mein Plan. Die Manufaktur ist bis Neujahr geschlossen, ich habe also eine Menge Zeit, mich um dich zu kümmern.« Damit verließ Jasper das Zimmer und schloss die Tür hinter sich.

Karolina hörte das Wasser rauschen. Es erinnerte sie an die vielen Male, die sie hier zusammen mit Frieda in einem Zimmer verbracht hatte. Sie waren noch in der Schule gewesen, und Luise hatte ihnen immer Rührei und Speck zum Frühstück serviert. Sie würde ihr heute auch ein schönes Weihnachtsfrühstück zubereiten. Noch immer konnte sie nicht fassen, dass sie Luises Haus erben sollte. Auch, wenn es ihr nicht recht war, sie konnte Luise nicht enttäuschen, indem sie das Erbe ablehnte. Sie so vor den Kopf zu stoßen, das brachte sie nicht übers Herz. Es war eine liebevolle Geste und doch so weitreichend. Denn das Erbe beinhaltete nicht nur das Haus, sondern auch Luises Vermögen. Aber noch war Luise am Leben, und wenn sie sich für ein Pflegeheim entscheiden sollte, kämen hohe Kosten auf sie zu. Karolina sollte sich nicht zu viele Gedanken machen. Niemand wusste, wie die Zukunft aussah, und es kam bekanntlich immer alles anders, als man es plante.

Die Tür öffnete sich, und Jasper, nur mit einem Handtuch um die Hüften bekleidet, betrat das Zimmer.

Er sah aus wie eine Marmorstatue von Michelangelo.

»Schaust du nur oder möchtest du mich auch anfassen?«, fragte er mit einem Grinsen auf den Lippen.

»Ich schaue nur. Anfassen werde ich später«, gab sie zurück und stand ebenfalls auf. »Ich gehe jetzt ins Bad. Ist Luise schon wach?«

»Ich habe nichts gehört. Sie scheint noch tief und fest zu schlafen.«

»Bis zehn Uhr? Das ist eigentlich nicht ihre Art, aber gestern ist es auch spät geworden. Sobald wir den Tisch gedeckt und die Eier gebraten haben, werde ich sie wecken.« Schnell sprang Karolina unter die Dusche und zog dann die frische Kleidung an, die sie mitgebracht hatte. Obwohl es Weihnachten war, entschied sie sich für eine Jeans, zog aber einen Pullover mit Lurexfaden an, der festlich glänzte. Das Dunkelblau stand ihr gut, und er war schön warm. Für den Fall, dass sie am Nachmittag zusammen mit Luise und Konrad einen Spaziergang zur Burg machten oder einen Gottesdienst besuchten.

In der Küche traf sie auf Jasper, der gerade ein paar Eier in die Pfanne schlug.

»Ich setze mal den Kaffee auf.« Karolina füllte den Kessel mit Wasser, stellte ihn auf dem Herd ab, als ihr eine Tasse in der Spüle auffiel.

»Hast du schon Kaffee getrunken?«, fragte sie.

Jasper schüttelte den Kopf. »Nein, ich konnte die Filtertüten nicht finden.«

»Wir haben doch gestern alles in die Spülmaschine geräumt. Woher kommt dann diese Tasse?«

»Keine Ahnung, Miss Marple. Vielleicht ist Luise doch schon auf.« Er küsste ihren Nacken.

»Ich gehe mal nachschauen.« Entschlossen wandte sich Karolina ab und klopfte im Flur an Luises Tür.

»Luise? Bist du schon wach?«

Keine Antwort. Es waren auch keine Geräusche zu hören.

Sie klopfte erneut, doch wieder null Reaktion. Vorsichtig drückte sie den Türgriff hinunter, der leise quietschte, und öffnete die Tür einen Spalt weit. Die Vorhänge waren zur Seite gezogen, der Raum hell, und das Bett war leer. Karolina brauchte einen Moment, bis ihr klar wurde, dass Luise nicht mehr in ihrem Bett lag. Verwundert drehte sie sich um. »Luise?«, rief sie den Flur entlang.

Jasper trat in den Flur. »Was ist los?«

»Sie ist nicht in ihrem Zimmer!«

»Vielleicht im Bad?«

Die Tür des Badezimmers stand offen, Karolina sah hinein, doch auch der Raum war verwaist. »Luise! Bist du da?«

Nun schauten sie gemeinsam in allen Zimmern nach, doch Luise war nirgendwo zu finden. Sie gingen sogar in den Keller. Auch hier keine Spur von ihr. Dann sahen sie, dass ihr Mantel und die Winterschuhe fehlten.

»Ich rufe Konrad an. Vielleicht hat er sie ja am frühen Morgen abgeholt, weil sie dabei sein wollte, wenn das Karussell abgebaut wird.« Jasper zückte sein Handy und stellte eine Verbindung her.

»Guten Morgen, Konrad. Hör mal, ist Luise bei dir … nein, sie ist nicht zu Hause … nicht? Okay, dann schauen wir mal, wo sie abgeblieben ist. Ja, ich melde mich. Dir auch frohe Weihnachten.«

Jasper schüttelte den Kopf. »Sie ist nicht auf dem Markt.«

»Aber wo kann sie denn sein? Im Garten. Dort haben wir

noch nicht nachgesehen.« Langsam beschlich Karolina ein ungutes Gefühl. Es war nicht Luises Art, einfach so zu verschwinden. Schnell zogen sie feste Schuhe und die dicken Jacken an, suchten den Garten ab, aber auch hier gab es keine Anzeichen. Es hatte über Nacht wieder geschneit, und im Garten gab es keine Fußspuren. Die Schneedecke bildete eine einheitlich glatte Fläche.

Plötzlich stieg Panik in Karolina auf. »Was ist, wenn sie in die Pegnitz gefallen ist?«

»Warum sollte sie das?« Jasper hielt das wohl nicht für wahrscheinlich.

»Na, weil sie es so will. Ein letztes Weihnachtsfest mit ihren Lieben, sie setzt mich als Erbin ein! Das alles muss doch einen Sinn haben!« Hysterisch warf sie die Hände in die Luft.

»Hey, Schatz! Ganz ruhig. Für Panik ist immer noch Zeit. Wir müssen jetzt einen kühlen Kopf bewahren und dürfen nicht sofort vom Schlimmsten ausgehen. Lass uns in Ruhe nachdenken, wo wir nach ihr suchen können.«

»Ich rufe Marie an. Vielleicht weiß sie etwas.« Karolina atmete schwer aus. Es fiel ihr nicht leicht, die Ruhe zu bewahren. Vor lauter Hektik ließ sie das Handy in den Schnee fallen.

»Okay, ich werde bei Henri und Paul nachfragen. Vielleicht ist sie bei ihnen in der Bar.«

Die beiden telefonierten ihre Kontakte ab, doch das Ergebnis war niederschmetternd. Von Luise keine Spur.

»Was ist mit Oskar?«, fragte Jasper, weil auch ihm wohl langsam die Ideen ausgingen.

Karolina schüttelte den Kopf. »Der ist bei Marie.«

»Okay, was haben wir noch für Alternativen?« Jasper lief auf der Terrasse hin und her.

»Möglicherweise ist sie ja doch noch mal zum Christkindlesmarkt zu ihrem Stand«, warf Karolina ein.

Jasper hob die Schultern. »Es wäre zumindest eine Möglichkeit. Komm, lass uns nachschauen.« Er zog seinen Autoschlüssel aus der Hosentasche, und schnell liefen sie zu seinem Wagen.

Die Fahrt dauerte keine drei Minuten. Bevor Jasper den Motor abgestellt hatte, sprang sie aus dem Auto und lief zu der Hütte, die Luise gemietet hatte.

Das Schloss an der Hütte war unverletzt. Von Luise keine Spur. Es waren nur wenige Händler zu sehen, die ihre letzten verbliebenen Waren aus den Häusern räumten. Die meisten hatten schon gestern alles zusammengepackt. Sie fragte nach, ob jemand Luise gesehen hatte, doch die Antworten waren alle negativ.

»Und?«, fragte Jasper, der um die Ecke bog.

Langsam schüttelte Karolina den Kopf. »Sie ist nicht da.«

»Wo ist meine Luise?« Konrad kam den Gang mit schnellen Schritten auf sie zugelaufen.

»Wir können sie nicht finden!«, rief Karolina, breitete die Arme aus und ließ sie dann hoffnungslos wieder sinken.

»Das sieht ihr doch gar nicht ähnlich«, murmelte Konrad.

»Hat sie dir irgendwas gesagt? Vielleicht erwähnt, dass das Leben keinen Sinn mehr macht? Dass sie wegwill?« Die Panik in Karolina nahm langsam überhand.

Nachdenklich schüttelte Konrad den Kopf. »Nein, sie hat nichts gesagt. Wir sind heute zum Kuchenessen verabredet. Sie wollte mir Donauwellen mit Zimt backen.«

Ein Martinshorn war zu hören und kurz darauf ein Zweites. Mehrere Polizeifahrzeuge und Krankenwagen rasten die Straße entlang.

»Was ist denn da los?«, knurrte Konrad.

Jasper holte sein Handy hervor, scrollte durch die lokalen Nachrichten, schien aber nichts zu finden. Er wechselte zu Facebook, rief dort die *I love Nürnberg*-Seite auf. Er las konzentriert, runzelte die Stirn, dann sah er entgeistert auf. »Es wurde eine Leiche aus der Pegnitz gefischt.« Er war weiß wie die Wand.

»Wo?«, fragte Karolina.

»An der Henkersbrücke.«

»Eine Frau oder ein Mann?« Konrads Stimme hatte jegliche Wärme verloren.

»Das steht hier nicht. Die Meldung ist erst vor zwei Minuten gepostet worden.«

»Wir müssen dorthin. Schnell.« Karolina rannte in Richtung Auto los.

Jasper fuhr besonnen in Richtung des Flusses. Keiner sprach ein Wort. Karolinas Hände zitterten, sie brachte ihre Gliedmaßen nicht unter Kontrolle. Die Umgebung um die Henkersbrücke war abgesperrt, der Zugang zu der kleinen Brücke, die aus der Mitte des 15. Jahrhunderts stammte, wurde von beiden Seiten von der Polizei bewacht. Die Brücke trug ihren Namen, weil im Mittelalter die Scharfrichter am Rande der Stadt leben mussten, weil ihr Beruf als unehrenhaft galt. Im Henkershaus war mittlerweile ein Museum zur Rechtsgeschichte des mittelalterlichen Strafvollzugs untergebracht.

Für Karolina war das alles ein ungutes Omen. Sie mochte den Gedanken nicht zu Ende denken. Was, wenn es sich bei der gefundenen Person um Luise handelte?

Eine Menge an Schaulustigen, die sich am Absperrband drängelten, versperrte die Sicht. Es war mühselig, sich einen Weg zu bahnen, weil jeder der Schaulustigen als Erster erfahren wollte, was geschehen war.

»Weiß man schon etwas Genaues?«, fragte Karolina eine jüngere Frau, doch die schüttelte nur den Kopf. »Was ist denn geschehen?«

»Sie haben eine Leiche gefunden«, rief jemand, der weiter vorne stand.

»O Gott!«, murmelte Karolina, und ihr Herzschlag setzte einen Moment aus.

Ein Einsatzwagen der Polizei bahnte sich den Weg durch die Menge, gefolgt von einem Leichenwagen. Es war, als würde sich eine eiserne Faust um Karolinas Herz legen. Sie hatte nicht genug aufgepasst. Warum hatte sie die Wohnungstür nicht abgeschlossen? Wenn Luise etwas geschehen war, würde sie sich das niemals im Leben verzeihen können.

»Warte hier.« Jasper machte sich auf den Weg zur Absperrung, lief die Böschung herunter und sprach mit einem der Polizisten, die dort zur Wache abbestellt waren.

Konrad legte ihr einen Arm um die Schultern. »Sie ist es nicht. Das ist nicht meine Luise«, murmelte er geistesabwesend. »Sie würde sich niemals etwas antun.«

»Vielleicht war es ja ein Unfall und Luise ist verunglückt. Es muss ja nicht sofort ein Suizid sein. Was ist, wenn Luise ins Wasser gefallen ist?« Ihre Stimme bebte.

Entschlossen schüttelte Konrad den Kopf. »Nein, nicht meine Luise.« Doch seine Stimme klang nicht so selbstbewusst, wie sie es kannte. Eine Spur von Unsicherheit schwang mit und bescherte ihr ein unangenehmes Kribbeln im Nacken.

Jasper kam den Weg mit schnellen Schritten von der Böschung herauf. Laut atmend schüttelte er den Kopf. »Es kann nicht Luise sein, der Geborgene ist ein Mann.«

»Woher weißt du das?« Karolina wollte ihm nicht recht Glauben schenken.

»Ich kenne den Polizisten. Das ist Manni, wir sind mit ihm zur Schule gegangen, erinnerst du dich?«

Karolina nickte, auch wenn sie im Moment kein richtiges Bild des Jungen vor Augen hatte, aber das war auch egal. Wichtig war, dass die Möglichkeit bestand, dass Luise noch am Leben war. Jasper nahm ihren Arm und führte sie aus der Menge der Schaulustigen heraus. Konrad folgte ihnen mit hängendem Kopf.

»Wir finden sie, Konrad«, versuchte Jasper ihm Mut zu machen.

Dieser nickte, doch seine Augen blickten so traurig, dass einem das Herz wehtat.

»Wo sollen wir als Nächstes suchen?«, brummte der alte Mann und sah in den Himmel.

»Zur Burg. Vielleicht ist sie rauf zur Burg, macht einfach nur einen Spaziergang«, schätzte Jasper.

»Oder sie ist längst zu Hause. Es sollte jemand in der Wohnung nachsehen und auch dort bleiben, falls sie wieder auftaucht«, schlug Karolina vor.

»Bringt mich zur Wohnung. Ich warte dort auf sie und melde mich, sobald ich etwas weiß«, forderte Konrad mit neuer Energie. »Vielleicht finde ich einen Hinweis, was sie vorhat.« Ihm war anzusehen, wie groß seine Angst um Luise war.

30

Jasper parkte den Wagen vor dem Meyer Lansky.

»Was wollen wir hier?«, fragte Karo nervös.

Sie waren mit dem Auto, so weit es ging, zur Burg hinaufgefahren, hatten dort alles abgesucht, Besucher gefragt, ob sie Luise gesehen hatten, doch niemand wusste etwas. Nach einer halben Stunde hatten sie die Suche abgebrochen. Vorher hatten sie Konrad an Luises Wohnung abgesetzt.

»Herumlaufen bringt uns nicht weiter. Lass uns einen Kaffee trinken und in Ruhe nachdenken, wo wir noch suchen können.« Er hielt ihr die Tür zum Lokal auf.

»Habt ihr Luise gefunden?«, fragte Henri sofort, als er die beiden sah.

Niedergeschlagen schüttelte Jasper den Kopf. »Nein, noch nicht.«

»Es wurde eine Leiche aus der Pegnitz gefischt«, murmelte Henri und warf ihm einen warnenden Blick zu.

»Das wissen wir. Aber es ist ein Mann, der gefunden wurde. Wir waren schon an der Henkersbrücke«, berichtete Jasper und ließ sich neben Karo an der Bar auf einem Hocker nieder. »Machst du uns zwei Kaffee?«

Henri nickte, machte sich sofort an die Arbeit und stellte wenig später zwei Tassen auf dem Tresen ab. »Es passiert jedes Jahr wieder, dass Menschen das Weihnachtsfest zum Anlass nehmen, ihrem Leben ein Ende zu setzen.«

»Aber doch nicht Luise«, erklärte Karolina hartnäckig.

»Weiß Konrad schon Bescheid?« Paul blickte sie fragend an.

»Ja, er wartet jetzt bei Luise zu Hause, falls sie dort wieder auftaucht.« Jasper nahm einen Schluck warmen Kaffee.

»Weiß man was über den Mann, den man aus der Pegnitz gezogen hat? Kann ich euch irgendwie helfen? Wo könnte Luise denn stecken?«

Jasper schüttelte nachdenklich den Kopf, trank einen Schluck und wärmte sich von innen, obwohl sein Herz mit einer frostigen Schicht umgeben war. Er hatte Angst. Richtige Scheißangst, dass Luise etwas Schreckliches geschehen war. Das wäre für Karolina ein schwerer Schlag, und er hoffte einfach, sie davor bewahren zu können. Er liebte sie und wollte, dass es ihr gut ging. Doch im Augenblick hatte er keine Idee, wie er die Lage ändern konnte. Diese Hilflosigkeit machte ihn regelrecht wütend.

»Sie war gestern erstaunlich still zum Ende hin«, bemerkte Paul.

»Weil sie sehr müde war«, warf Karolina ein.

»Weiß denn jemand, seit wann sie überhaupt verschwunden ist? Heute Morgen oder vielleicht doch schon in der Nacht?« Paul nahm sich ebenfalls einen Kaffee, setzte sich zu ihnen.

»Nein, nicht wirklich. In der Nacht haben wir nichts gehört, aber wir haben auch geschlafen. Natürlich kann sie sich rausgeschlichen haben.« Alles war möglich, und es gefiel ihm ganz und gar nicht, dass er keinerlei Kontrolle über die Situation hatte.

»Ist noch etwas geschehen, seit wir gestern auseinandergingen?« Paul sah sie fragend an.

»Nein, Luise ist sofort ins Bett. Wir dachten, sie wäre einfach müde. Es war ein langer Tag gestern.« Jasper konnte sich das nicht erklären. Langsam begriff auch er, was es bedeutete, die Verantwortung für einen anderen Menschen zu haben. Ihn nicht nur zu lieben, sondern auch eine Verpflichtung zu tragen, und dass man nicht jede Situation unter Kontrolle haben konnte. Die Verantwortung war einfach zu groß.

Sein Blick fing den von Karolina auf und er zeigte, dass sie in keiner guten Verfassung war. Sie sprang plötzlich von ihrem Hocker auf und lief in Richtung der Toiletten.

Als sie nach wenigen Minuten nicht zurückkehrte, folgte Jasper ihr. Ohne darauf zu achten, dass es die Damentoilette war, stieß er die Tür auf. »Karo, geht es dir gut?«

Sie stand am Spülbecken, wischte sich über die Augen. »Nein, im Augenblick geht es mir ganz und gar nicht gut. Ich komme mir vor, als hätte ich mein Kind im Kaufhaus verloren. Es ist ein beängstigendes Gefühl.« Sie stellte den Wasserhahn ab und putzte sich die Nase.

»In gewisser Weise benimmt Luise sich auch so. Ich meine, sie hätte uns doch eine Nachricht hinterlassen müssen! Frieda hätte ihr das auch bestimmt nicht durchgehen lassen.«

Karo schüttelte den Kopf. »Nein, das hätte sie ganz sicher nicht. Aber Luise wird immer unberechenbarer.«

Karolina blickte ihr Spiegelbild an, und plötzlich kam ihr eine Idee. Wie ein Geistesblitz durchfuhr sie der Gedanke, der wie eine kleine Saat in ihr keimte und zu einer Hoffnung heranwuchs. »Ich glaube, ich weiß, wo Luise ist! Hast du deinen Autoschlüssel?«

»Klar.«

»Dann komm.« Karolina lief durch den Hinterausgang nach draußen.

»Wollen wir den anderen nicht schnell Bescheid geben?«

»Nein, wenn ich mich irre, machen sie sich nur unnütz Hoffnungen. Wir müssen zum Westfriedhof, schnell.«

»Zum Friedhof? Du glaubst, Luise ist zum Friedhof?«

»Ich bin mir fast sicher. Sie ist bei Frieda.«

Jasper gab Gas. Die Fahrt zum Friedhof dauerte eine Viertelstunde, der Friedhof lag westlich der Innenstadt. Die städtische Einrichtung lag ziemlich verlassen da. Der Himmel war grau, und es roch nach Schnee. An diesem Weihnachtsmorgen waren kaum Besucher zu sehen. Mit schnellen Schritten liefen sie den Hauptweg entlang, eine lange Allee, die von Bäumen gesäumt war. Sie hatten den Eingang am Nordwestring genommen, weil der Weg zu Friedas Grab von dort aus kürzer war. Am Denkmal *Trauernde Noris*, das zum Gedenken der gefallenen Soldaten des Ersten Weltkriegs aufgestellt worden war, bogen sie links ab. Direkt dahinter lag Friedas Grab.

Wie angewurzelt blieb Karolina stehen.

Das Grab war noch mit dem Blumenschmuck übersät, aber von Luise keine Spur.

Was hatte sie auch erwartet? Dass Luise seit Stunden an dem Grab stand? Das war doch verrückt. So viel Kraft konnte Luise gar nicht aufbringen.

»Es war einen Versuch wert.« Jasper nahm ihren Arm und wollte sie zurück Richtung Ausgang führen.

»Nein, warte.« Sie erinnerte sich an die Bank, auf der sie gesessen hatten, nach Friedas Beerdigung. Schnell machte sie sich von Jasper los und lief in die entgegengesetzte Richtung, umrundete die trauernde Noris.

Dort stand die Bank, und darauf lag eine kleine Frau, die ihre Hände tief in den Taschen vergraben hatte.

»Luise!«, rief Karolina erleichtert. »Luise! Mein Gott, da bist du ja! Was machst du denn hier?« Zwar waren ihre Worte streng, doch die Erleichterung, Luise endlich gefunden zu haben, war aus ihrer Stimme herauszuhören. Karolina hockte sich vor die Bank, berührte Luises Wange.

»Sie ist ganz kalt. Luise! Du musst aufwachen! Wir müssen nach Hause.« Vorsichtig rüttelte sie an ihrer Schulter, blickte sich zu Jasper um. »Ruf einen Krankenwagen. Sie ist unterkühlt!«

Jasper hatte schon das Handy in der Hand.

Erneut versuchte Karolina, Luise aufzuwecken.

»Ich habe Frieda gesucht. Doch sie ist nicht hier«, murmelte Luise, ohne die Augen zu öffnen.

»Luise! Da bist du ja! Wir haben dich gesucht.« Jasper ging vor der Frau in die Hocke, griff nach ihren Händen. »Du darfst doch nicht einfach so weggehen, ohne Bescheid zu sagen. Bitte, öffne die Augen. Du musst dich aufsetzen, wir müssen deinen Kreislauf in Schwung bringen.«

Luise blickte Jasper verständnislos an. »Können Sie mir sagen, wo Frieda ist? Sie ist meine Enkeltochter, und ich kann sie nicht finden.«

Jasper warf Karolina einen hilflosen Blick zu.

»Luise, komm, setz dich auf. Wir müssen hier weg. Es ist kalt, und du trägst nur ein Nachthemd unter deinem Mantel. Dir muss doch kalt sein.« Sie hatte keine Ahnung, wie lange Luise hier schon lag. Karolina legte ihr den Arm um die Schultern, half ihr auf. Gemeinsam führten sie Luise zu Friedas Grab.

»Schau mal, hier … das ist Friedas Grab. Hier können wir sie jederzeit besuchen«, erklärte Karolina ihr, während Jasper erneut sein Handy hervorholte und eine Verbindung herstellte.

»Wir haben Luise gefunden … auf dem Friedhof, an Friedas Grab. Ja, wir haben den Krankenwagen gerufen, sie ist ganz durchgefroren. Gut, Konrad, ich hole dich gleich ab.« Er legte schnell wieder auf.

»Wo ist Konrad?«, fragte Luise, die plötzlich aus ihrer Trance aufgetaucht war.

»Er wartet zu Hause auf dich und kommt zum Krankenhaus.«

»Kennen wir uns, junger Mann?«, fragte Luise neugierig.

»Und ob, Luise. Ich bin doch dein bester Freund«, erwiderte Jasper mit einem Lächeln.

Energisch schüttelte Luise den Kopf. »Das kann gar nicht sein, denn das ist schließlich Konrad.«

»Dann bin ich Karos bester Freund«, überlegte er laut.

»Das kann sein, aber nur, wenn Sie sie auch heiraten. Karolina braucht einen Mann, der auf sie aufpasst.« Luise wollte einen Schritt machen, da knickten ihre Beine ein, doch Jasper fing sie schnell auf. Er trug sie Richtung Ausgang, als auch schon der Krankenwagen vorfuhr. Karolina erklärte die Lage, und man half Luise auf die Liege und deckte sie mit Wärmefolie zu.

»Ich werde mitfahren. Kommst du mit dem Auto hinterher?«, sagte sie an Jasper gewandt.

»Ja, natürlich. Ich werde Konrad unterwegs einsammeln.« Schon hatte er wieder das Smartphone in der Hand.

Luise fror bitterlich, ihre Zähne klapperten laut aufeinander, und sie konnte es nicht unterbinden. Ihr Blick ging zur Decke des Krankenwagens, in dem es mächtig rumpelte. Sie klammerte sich an den Haltegriffen fest, während der Sanitäter ihren Puls maß. Panik stieg in ihr auf, sie wollte sich aufsetzen.

»Sie brauchen keine Angst zu haben. Sie sind hier sicher. Wie ist Ihr Name?« Luise blickte ihn an, gab aber keine Antwort. Sie kannte den Mann nicht und wollte auch nicht mit ihm sprechen.

»Ihr Name ist Luise Aigner. Frau Aigner ist an Demenz erkrankt.« Das war Karolinas Stimme, doch sie konnte sie nicht sehen.

»Und Sie sind Ihre Tochter oder Enkelin?«

»Nein ich bin … Ich betreue Frau Aigner«, hörte Luise Karolina sagen.

Ihre Betreuerin.

Das war ein Wort, das Luise im Zusammenhang mit ihr noch nie gehört hatte. Sie brauchte also eine Betreuerin, so weit war es schon mit ihr gekommen. Laut seufzte Luise.

»Geht es ihr gut?« Das war wieder Karolina.

»Der Blutdruck ist sehr niedrig, und sie ist unterkühlt«, erklärte der Sanitäter. »Ansonsten ist sie stabil.«

»Ich kann euch hören«, sagte Luise, doch die Worte kamen nur als Murmeln über ihre Lippen. Sie brachte sie einfach nicht unter Kontrolle, so sehr zitterte sie.

Eine Hand legte sich auf ihre Schulter. »Luise, es ist alles gut, ich bin bei dir.«

Sie versuchte zu lächeln. Karolina behielt immer die Ruhe, selbst wenn sie noch so dummes Zeug anstellte. Und das hatte sie getan, das wusste Luise, auch wenn ihr im Augenblick die Erinnerung daran fehlte, warum, und was genau geschehen war. Sie begann wieder zu zählen, was ihr ein wenig Sicherheit gab. Zwei, vier, fünf, sechs, acht …

Obwohl es Weihnachten war, wimmelte es in der Notaufnahme von Menschen. Die ganze Stadt schien auf den Beinen zu sein.

»Was ist denn hier los?«, fragte Karolina und sah die Krankenschwester verblüfft an, die Luises Daten aufnahm.

»Es hat heute früh einen Autounfall auf der A3 Höhe Nürnberg-Nord gegeben. Eine Massenkarambolage mit einer Menge Verletzter. Zum Glück ist niemand ums Leben gekommen, aber so etwas kann man zu Weihnachten echt nicht gebrauchen.« Die Schwester wischte sich über die Stirn.

»Das kann ich gut verstehen. Muss Frau Aigner hierbleiben? Wenn es ihr gut geht, wollen wir kein Bett besetzen, das anderweitig benötigt wird.«

»Wir werden sehen, was der Arzt sagt, sie wird gerade untersucht. Wenn Sie dort warten wollen.« Die Schwester deutete auf eine Reihe von Stühlen, die in der Notaufnahme standen. »Der Wartebereich ist vollkommen überfüllt.«

Karolina war erleichtert, dass sie direkt hier warten konnte und nicht in den Raum geschickt wurde, wo aufgeregte Angehörige zu warten schienen.

Einige Zeit später trafen Jasper und Konrad ein. Auch sie blickten sich verwundert um.

»Massenunfall auf der Autobahn«, erklärte sie in knappen Worten.

»Wie geht es Luise?«, wollte Konrad sofort wissen.

»Sie wird noch untersucht. Ich warte hier schon einige Zeit. Du siehst ja, was hier los ist.«

»Wer ist die Angehörige von Frau Aigner?«, kam in diesem Augenblick eine junge Frau aus der Untersuchung vier.

Sofort hob Karolina die Hand. »Ich bin ihre Betreuerin.«

»Guten Tag, ich bin Doktor Alexander und habe Frau Aigner untersucht. So weit geht es ihr gut. Sie ist ein wenig geschwächt, aber Sie können sie gerne mit nach Hause nehmen. Wärme ist eine gute Idee, und passen Sie auf, dass sie nicht wieder nur mit einem Nachthemd bekleidet auf die Straße läuft.«

Zähneknirschend nickte Karolina. Das schlechte Gewissen breitete sich wieder in ihr aus. »Danke, Doktor Alexander. Ich werde mich um sie kümmern.«

»Alles Gute. Ich muss zum nächsten Patienten, und frohe Weihnachten.« Die Ärztin hatte sich kaum verabschiedet, da war sie auch schon verschwunden.

Jasper zog seine dicke Jacke aus und legte sie Luise um die Schultern. Gemeinsam brachten sie sie zum Auto und schafften sie auf dem schnellsten Weg nach Hause, froh, dem Rummel zu entkommen.

»Was war denn dort los?«, wollte Luise wissen. »Was machen die ganzen Menschen im Krankenhaus? Sind die alle auf einmal krank geworden?«

»Nein, Luise. Es gab einen großen Unfall auf der Autobahn«, erklärte ihr Konrad.

»Ein Glück, dass ich meinen Führerschein abgegeben habe. Nicht, dass ich auch noch in so einen Unfall gerate und wieder ins Krankenhaus muss. Das letzte Mal hat mir gereicht. Da will ich nicht wieder hin.«

»Dann solltest du besser nicht mehr allein das Haus verlassen. So eine Aktion wie heute wird es nicht mehr geben, Luise.« Konrad saß mit Luise im Fond des Wagens. Sie sprachen leise, doch da der Motor so ruhig lief, verstand man jedes Wort. Aus Konrads Stimme war immer noch der Schreck zu hören, der ihm in den Gliedern saß. So hatte sie Konrad noch nie erlebt.

31

Konrad machte sich sofort daran, einen Kaffee aufzubrühen, und der angenehme Duft verbreitete sich sofort in der Wohnung.

»Was machst du nur für Sachen, mein Luischen? Wir haben schon das Schlimmste vermutet.« Konrad zog Luise in seine Arme und küsste ihr Haar. Er konnte sich immer noch nicht beruhigen.

»Mir passiert doch nichts«, erklärte die kleine Frau ein wenig unwirsch und zog die dicke Jacke und ihren Mantel aus. Darunter trug sie ihr Nachthemd. Zum Glück hatte sie Strümpfe und feste Schuhe angezogen. Nicht auszudenken, wenn sie in den dünnen Pantoffeln auf die Straße gegangen wäre.

»Komm, Luise, wir werden dir erst einmal etwas Warmes anziehen.«

Ohne Widerspruch ging Luise mit und zog einen dicken Jogginganzug an, ein Unterhemd aus Merinowolle und Strümpfe, die Frieda gestrickt hatte.

Wenig später saßen alle vier im Wohnzimmer zusammen und tranken Kaffee. Luise hatte eine heiße Wärmflasche in ihrem Rücken. Es war noch Nachtisch vom Vortag übrig, und Luise löffelte voller Freude das Gewürzspekulatius-Tiramisu aus dem Gläschen.

Konrad sah sie an. »Luise, wir müssen ein ernstes Wort mit dir sprechen.«

Karolina wusste nicht, ob das jetzt der richtige Augenblick war, doch wann sollte der sein? Vermutlich würde es ihn nie geben.

»Was ist denn?«, fragte Luise, leckte den Löffel ein letztes Mal ab und stellte das geleerte Glas auf den Tisch.

»Heute wurde ein Mann aus der Pegnitz geborgen.«

»Ist er dort hineingefallen?«, fragte sie erschrocken.

»Das wissen wir noch nicht, aber für einen Augenblick hatte ich Angst, dass du es sein könntest«, erklärte Konrad.

»Ich? Aber warum denn? Wie soll ich denn dort hineinfallen? Selbst wenn, ich kann doch schwimmen«, erklärte Luise und winkte ab.

»Weil du manchmal Dinge vergisst. Zum Beispiel, wo du wohnst, was mit Frieda geschehen ist oder wen du magst oder nicht.« Er sah sie eindringlich an.

Im ersten Augenblick wollte Luise wohl widersprechen, doch dann schloss sie den Mund und nickte.

»Ich habe recht, nicht wahr, Luischen?«

Sie nickte mit zusammengepressten Lippen. »Aber ich vergesse nicht, wie man schwimmt. Das ist wie Fahrradfahren, das vergisst man auch nicht.« Sie blickte trotzig. »Ja, vielleicht hast du recht. Aber das mache ich doch nicht mit Absicht«, gab sie dann doch nach. Vermutlich nur, weil Konrad mit ihr sprach.

»Das wissen wir, Luise, und niemand ist dir böse deshalb.« Karolina drückte ihre Hand.

»Aber wir müssen Vorkehrung treffen, damit so etwas wie heute nicht wieder geschieht. Dass du nur im Nachthemd auf dem Friedhof herumirrst.« Konrad nahm kein Blatt vor den Mund.

»Ich hatte einen Mantel an«, erklärte Luise.

»Trotzdem trugst du ein Nachthemd, und ich möchte nicht, dass man dich so sieht, mein Mädchen.«

»Aber was soll ich denn machen, wenn ich diese Dinge vergesse?«, murmelte sie hilflos.

Konrad zog Luise in seine Arme. »Ich möchte, dass du zu mir ziehst. Ich habe eine ganz besondere Wohnung, das habe ich dir noch gar nicht erzählt. Ich wohne seit drei Monaten im Marienstift. Es ist eine Seniorenresidenz mit betreutem Wohnen. Ich habe dort eine Drei-Zimmer-Wohnung, es gibt genug Platz für uns beide.«

Überrascht blickte Karolina zu Jasper, ob er das gewusst hatte, doch er schien genauso perplex, wie sie es war.

»Du wohnst in einem Altenheim?«, fragte selbst Luise erstaunt.

»Ich würde es nicht Altenheim nennen. Es ist viel mehr und sehr schön gelegen. Es ist ein großer Komplex mit Fitnessraum, einem Restaurant mit Dachterrasse und sogar einem Schwimmbad mit Außenanlage. Es gibt Ärzte und Pflegepersonal, wenn man es benötigt. Wenn nicht, kommt es einem so vor, als würde man Urlaub machen. Aber es gibt Pflegepersonal in allen Häusern. Ich habe für die Zukunft vorgesorgt, man kann nie wissen, was geschieht. Und ich möchte das gerne mit dir teilen, Luise. Ich werde auch nicht jünger und bin das Alleinsein leid. Würdest du mir den Gefallen tun?«

Sie sah ihn mit großen Augen an. »Aber ich kann doch nicht einfach so zu einem Mann ziehen. Wie sieht das denn aus?« Luise wirkte sehr entrüstet, als würde man sie zu etwas Illegalem überreden wollen.

»Luise, es ist ja nicht so, dass es verboten wäre«, murmelte Jasper.

»Hast du denn genug Platz, ich möchte wenigstens ein paar Möbel mitnehmen«, setzte sie direkt nach.

»Die Wohnung hat neunzig Quadratmeter, ich denke, wir werden ein Plätzchen finden, wo wir deine Sachen unterbringen.«

»Aber Karolina will sich um mich kümmern. Wird sie nicht traurig sein?« Luise sah Karolina erwartungsvoll an.

Sofort wollte Karolina erklären, dass sie sich kümmern würde, doch Konrad kam ihr zuvor.

»Karo hat eine Arbeit, die ihr gefällt und die sie so nicht aufgeben muss. Außerdem können sie und Jasper uns jederzeit besuchen kommen.«

»Aber sie müssen vorher anrufen!«, erklärte Luise sehr bestimmt.

»Natürlich melden wir uns vorher an, Luise. Nicht, dass ich dich noch im Nachthemd erwische«, erklärte Jasper und grinste breit.

»Das wäre ja noch schöner«, meinte Luise und blickte Karolina an. »Glaubst du, dass das eine gute Idee ist?«

»Ich halte das für einen wunderbaren Vorschlag. Wir können uns die Residenz in den nächsten Tagen ja sicher mal anschauen, oder, Konrad?«

»Ihr seid jederzeit willkommen.« Konrad nickte zustimmend. »Ich würde mich freuen, wenn ich endlich einmal Besuch bekomme.«

»Wir werden öfter vorbeischauen, als euch lieb ist«, sagte Jasper und begann Kaffee einzuschenken.

»Vielleicht kann ich dir im nächsten Jahr mit dem Karussell helfen«, schlug Luise vor.

Konrad nickte. »Darauf warte ich schon viele Jahre. Du im Kassenhäuschen, dann brauchen wir ein Kissen, damit du über die Theke schauen kannst.« Er lachte auf.

»So klein bin ich nun auch wieder nicht«, erklärte Luise und reckte ihr Kinn in die Höhe.

»Kannst du denn ohne Probleme deine Wohnung mit einer weiteren Person teilen?«, wollte Jasper wissen.

Konrad nickte. »Ja, ich habe mit der Leitung gesprochen. Die Wohnung ist für zwei Personen ausgelegt, also darf man dort auch zu zweit wohnen. Auf Luise kommen nur die Kosten für die Betreuung und das Essen zu. Ich denke, die Mieteinnahmen werden diese Kosten decken.«

»Ich möchte nicht, dass jemand für mich etwas bezahlen muss«, warf Luise schnell ein.

»Keine Angst, Luise. Wenn du hier ausziehst, können wir die Wohnung vermieten, das deckt deine Kosten. Du wirst niemandem auf der Tasche liegen, da bin ich mir sicher, und du weißt, ich kenne mich mit Zahlen gut aus«, nahm Karolina ihr die Angst.

»Dann ist es ja gut«, brummte Luise kleinlaut und sah zu Konrad auf, der liebevoll seinen Arm um sie gelegt hatte.

»Warum hast du nie etwas gesagt, dass du in einer Seniorenresidenz wohnst?«, fragte Jasper an Konrad gewandt.

»Ach weißt du, mein Junge, ich dachte ja auch immer, das ist nur etwas für alte Leute. Doch langsam muss ich mir eingestehen, dass ich selbst dazugehöre.« Konrad grinste verlegen. »Es hat seine Vorteile, wenn man nicht selbst kochen muss und wenn man Unterhaltung hat, wenn man es will. Es gibt einige Paare, die dort wohnen oder sich sogar dort gefunden haben. Es ist angenehm, besonders im Sommer ist es herrlich. Ich habe sogar einen kleinen Garten, um den ich mich kümmern kann. Er ist nicht groß, aber trotzdem habe ich meine Rosenbüsche und Lavendelsträucher, die gepflegt werden wollen. Auf jeden Fall würde ich mich sehr freuen, wenn Luise dort ihr Leben mit mir teilen könnte. Ich denke, für die Liebe ist man doch nie zu alt.«

»So ein Quatsch. Wir sind doch nicht alt. Man ist immer so jung, wie man sich fühlt«, erklärte Luise und hielt Jasper das Gläschen entgegen. »Haben wir noch Nachtisch?«

Jasper lachte auf. »Ja, haben wir, Luise. Ich glaube, du wirst immer siebzehn bleiben.«

Jetzt lachte auch Luise. »Warte mal ab. Auf eurer Hochzeit in der nächsten Woche werde ich mit Konrad tanzen«, rief sie vergnügt.

»Luise, im nächsten Jahr. Wir werden erst im nächsten Jahr heiraten. Ich glaube, du willst mich unbedingt unter die

Haube bringen.« Karolina schüttelte in gespielter Verzweiflung den Kopf.

»Natürlich will ich das. Du wirst auch nicht jünger, meine Liebe. Ich muss doch wissen, dass du gut versorgt bist«, erwiderte Luise, lächelte Jasper zuversichtlich an und deutete auf das Gläschen, ob es noch mehr Nachtisch gab.

32

Karolina hatte sich extra warm eingepackt. Zu einem großen Hoodie hatte sie noch die mollige Daunenjacke angezogen, den selbst gestrickten Schal umgelegt und eine Mütze aufgesetzt. Die dicken Boots an ihren Füßen wärmten ihre Zehen. Trotzdem trappelte sie auf der Stelle, damit ihr die Beine nicht einschliefen. Sie standen hier schon eine ganze Weile, hatten sich einen Platz in der ersten Reihe erkämpft und würden ihn auf keinen Fall aufgeben.

Jasper zog vorsichtig an den Enden ihres Schals. »Ist der neu?«, fragte er.

»Ja, und selbst gestrickt!«, sagte sie voller Stolz. »Luise hat es mir beigebracht, und sie hatte recht: Mit der dicken Wolle ging es schnell. Ich bin heute Mittag damit fertig geworden.«

»Na, dann kannst du mir ja auch mal einen Schal stricken. Ich hätte gerne den gleichen, dann können wir im Partnerlook auftreten.«

»Was immer du willst. Allerdings wird es etwas dauern. Jetzt wo Luise demnächst bei Konrad wohnen wird, werde ich sie nicht mehr so viel sehen.«

Jasper zog fragend die Augenbrauen in die Höhe, sodass sie fast eine Linie bildeten. »Was hat das mit Luise zu tun?«

»Na, ich weiß nicht mehr, wie man die Maschen auf die Nadel bekommt.«

Laut begann Jasper zu lachen. »Dann werden wir wohl Konrad und Luise demnächst besuchen müssen.«

»Es wird ja noch ein wenig dauern, bis wir Luises Sachen zusammengepackt haben. In einem Leben sammelt sich so viel an, und sie kann sich von nichts trennen. Ich habe schon mal vorgefühlt. Das wird schwierig, weil Konrads Wohnung zwar groß ist, aber was Luise alles mitschleppen will …« Karolina winkte lachend ab.

»Diese Residenz ist wirklich schön. Wenn wir beide mal alt sind, sollten wir uns auch überlegen, ob wir uns nicht solch eine Wohnung teilen wollen.« Jasper legte beide Arme um ihre Schultern.

»Du willst also dein ganzes Leben mit mir verbringen?«, fragte sie überrascht und begann dann zu lachen.

»Das habe ich vor, Frau Köhler! Schließlich habe ich es versprochen. Hoch und heilig. Hast du das schon vergessen. Bis dass der Tod uns scheidet.«

Karolina lachte auf. »Ich kann mich nicht daran erinnern, dass es so theatralisch war, aber wenn du es sagst, wird es schon stimmen.«

»Na, du wirst doch wohl nicht Luise nacheifern wollen?« Er sah sie skeptisch an.

»Zu spät. Jetzt hast du mich an der Angel, und ich lasse nicht mehr los. In Zukunft erinnere ich mich nur noch an Dinge, die mir von Nutzen sind.«

Als ein lauter Böller explodierte, zuckte Karolina erschrocken zusammen. »Ist es denn schon so weit?«

Er zog den Ärmel seiner Jacke hoch, blickte auf die Uhr. »Nein, noch einige Minuten. Da scheint jemand sehr ungeduldig zu sein.«

Jaspers Handy meldete sich, und er warf einen Blick darauf. »Oh, das ist Luca!« Sofort nahm er den Anruf an. »Hallo, Luca! Wie geht es dir, mein Alter? Ich stelle dich mal auf Lautsprecher.«

»Hi, Jasper! Wie ist die Lage in Nürnberg? Ich rufe vor zwölf an, damit ich noch durchkomme, um dir ein frohes neues Jahr zu wünschen.«

»Danke, das wünsche ich dir auch. Wann sollen wir dich abholen kommen? Geht es deinem Bein besser?«

»Nächste Woche bekomme ich endlich einen Gehgips und darf das Krankenhaus verlassen. Warum ist es bei dir so laut? Bist du bei Henri und Paul?«

Jasper lachte. »Nein, ich bin auf der Kaiserburg und feiere mit meiner Frau.«

»Wie bitte?«, drang es ungläubig aus dem Handy.

Laut lachte Jasper auf. »Da staunst du, was?«

Karolina konnte ein Kichern nicht unterdrücken.

»Ich glaube, ich habe mich verhört. Ich habe Frau verstanden.«

»Nein, du hast dich nicht verhört.« Jasper sah Karolina liebevoll an. »Ich bin mit meiner Ehefrau hier«, sagte er voller Stolz.

Für einen Augenblick herrschte vollkommene Stille. »Was? Deine Frau? Welche Frau denn? Habe ich dich richtig verstanden?«, wollte Luca wissen. Er hörte sich ganz aufgeregt an.

»Die Frau, die ich gestern geheiratet habe«, erklärte Jasper und lachte befreit auf.

»Wie bitte? Ich verstehe hier nur Heirat! Ist etwas mit der Verbindung nicht in Ordnung?« Luca schien das Ganze nicht erfassen zu können.

»Nein, mit der Leitung ist alles okay. Du hast dich auch nicht verhört. Ich habe gestern meine große Jugendliebe Karolina geheiratet. Du hast echt was verpasst, mein Lieber! Wärst du mal in Nürnberg geblieben.«

»Ich fasse es nicht! Warum hast du mir nicht eher Bescheid gegeben? Ich packe meine Sachen und komme sofort nach Nürnberg zurück!«

»Halt, Luca! Denk daran, dass du mit dem Gips nicht über die Alpen kommst. Wir sehen uns nächste Woche, und dann erzähle ich dir alles, und du wirst Karo kennenlernen. Wir werden dich gemeinsam abholen.«

»Frohes neues Jahr!«, rief Karolina lachend ins Handy.

»Prost Neujahr!«, hörten sie Luca rufen, dann war die Leitung plötzlich unterbrochen.

»Wir sollten mal die Flasche öffnen.« Karolina zog die Champagnerflasche und zwei Gläser aus dem Picknickkorb, den sie mit auf die Kaiserburg gebracht hatten. Sie standen an der Mauer mit einer Menge anderer Menschen, die genau wie sie dem neuen Jahr entgegenfieberten. Kaum hatten sie die Gläser gefüllt, hörten sie die anderen Gäste einen Countdown herunterzählen, und als sie die Null erreichten, brach ein großer Freudenjubel aus.

»Prost Neujahr, mein Liebling!«, flüsterte Jasper.

»Prost Neujahr! Ich freue mich auf ein aufregendes Jahr mit dir«, erklärte Karolina und sah ihm tief in die Augen.

Erste Raketen stiegen in den Himmel hinauf und explodierten dort in großer Farbenpracht.

»Das wird das erste von vielen aufregenden Jahren, Frau Köhler«, versprach ihr Jasper und küsste sie stürmisch.

Ein lauter Böller, der in ihrer Nähe explodierte, ließ sie erschrocken auseinanderfahren. Jasper zog ihre rechte Hand in seine und betrachtete den Ring. »Ich bin gespannt, was Luca sagen wird, wenn wir ihn aus dem Krankenhaus abholen. Ihm gönne ich es, dass er auch eine große Liebe findet. Er hat es verdient.«

»Das wird er. Oft wartet die große Liebe direkt um die Ecke, man muss nur die Augen offen halten, denn manchmal wartet sie auch am Stand direkt gegenüber«, prophezeite Karolina.

»Bei der kirchlichen Trauung wird Luca dabei sein. Aber ich konnte einfach nicht länger warten und bereue es nicht«, gab Jasper ehrlich zu.

Karolina blickte in den Himmel, erfreute sich an dem wunderschönen Licht des Feuerwerks und schüttelte den Kopf. »Nein, ich bereue es auch nicht. Es war eine schöne Trauung und ein so herrlicher Tag, sogar das Wetter hat mitgespielt, und die Sonne schien. Danke dafür.« Sie küsste ihn zärtlich.

»Für das Wetter bin ich nicht zuständig. Ich muss Konrad danken, dass er für uns so schnell einen Termin hat organisieren können.«

»Konrad ist wirklich ein erstaunlicher Mann. Weißt du, was er beruflich gemacht hat, dass er sich diese Seniorenresidenz leisten kann und über so gute Verbindungen verfügt, dass er innerhalb von drei Tagen einen Hochzeitstermin organisieren konnte?«

Jasper nickte und sah sie lächelnd an. »Er war früher Standesbeamter.«

»Was? Konrad?« Karolina konnte es nicht fassen.

Jasper zog sie in seine Arme. »Er war der Mann, der Luise und ihren Mann getraut hat. Ja, unser Konrad steckt voller Überraschungen.«

»Na, dann hat er ja etwas mit unserer Luise gemein. Er hat doch erzählt, dass er sich bei ihrer Hochzeit in sie verliebt hat. Du meinst, das war damals, als er sie traute?«

»Ja, so hat er es mir erzählt. Ein Leben lang hat er auf Luise gewartet und sie am Ende bekommen.«

Jasper zog Karolina an seine breite Brust. »Ein Glück, dass ich nicht so lange warten musste. Wir haben das Leben noch vor uns, und ich kann es mit dir teilen. Komm, lass uns gehen, das Feuerwerk ist fast vorbei. Ich habe Henri und Paul versprochen, dass wir noch auf ein Gläschen bei ihnen vorbeischauen. Er hat auch beteuert, dass er auf seine Eigenkreationen verzichten wird und uns ein Glas Champagner anbieten wird.«

»Na, dann kann das Jahr ja nur gut beginnen«, urteilte Karolina mit einem Lächeln.

»Wenn ich ein Bier bekomme, bestimmt.«

»Alkoholfrei.«

»Natürlich. Wir werden auch nicht lange bleiben.«

»So? Warum denn nicht?« Sie sah Jasper dabei zu, wie er den Picknickkorb zusammenpackte.

Er nahm ihn in die Hand und beugte sich zu ihr hinunter. »Ich habe heute noch mein ganz persönliches Feuerwerk mit dir vor«, flüsterte er an ihren Lippen.

»Sollte ich deshalb die Dessous anziehen?« Karolina hob fragend eine Augenbraue. »Du weißt, dass rote Unterwäsche an Silvester Liebesglück im neuen Jahr bedeutet?«

Jasper fuhr mit dem Daumen über ihre Lippen. »Na, dann ist es ja gut, dass Rot ab sofort meine neue Lieblingsfarbe ist.«

»Dann werde ich die wohl öfter tragen.«

»Unbedingt, dann habe ich das ganze Jahr über Liebesglück.« Er zog Karolina an sich und küsste sie so stürmisch, dass die Böller und Raketen, die über ihren Köpfen explodierten, ganz leise verstummten.

33

Vier Tage vor Silvester

Luise war aufgeregt wie ein Schulmädchen, als Jasper den Wagen auf das Gelände des Marienstifts lenkte. Es lag außerhalb der Stadt, war aber in einer halben Stunde zu erreichen. Direkt hinter dem Eingang lag der Parkplatz für Bewohner und ihre Besucher. Durch einen Torbogen betrat man zu Fuß einen großen Innenhof, wo es Sitzplätze mit Stühlen und Tischen gab. Dort konnte man im Sommer Schach spielen, picknicken oder lesen. Die Beete waren jetzt im Winter zurückgeschnitten und mit Schnee bedeckt, doch man konnte erahnen, wie schön es hier im Sommer sein musste.

»Konrad hat gesagt, wir müssen zum Haus Sonnental. Es ist das letzte Haus auf der rechten Seite«, erklärte Jasper und deutete in die Richtung. Er hatte am Vortag mit Konrad telefoniert und einen Besuchstermin ausgemacht.

Vor ihnen erstreckten sich drei Gebäudekomplexe, die jeweils einen hübschen Namen trugen. Sternenhimmel, Mondschein und eben Sonnental. Die Gebäude waren zweistöckig und in hellen, freundlichen Farben gestrichen. Haus Sonnental trug ein helles Orange, Mondschein war in hellblau gehalten, Sternenhimmel in einem Hellgrün. Wenn das Wetter wärmer wäre, hätte man meinen können, das Haus stehe in Italien oder Spanien.

Als sie das Gebäude betraten, empfing sie eine Dame, die wie bei einem Hotel am Empfang arbeitete. Per Telefon informierte sie Konrad, dass Besuch eingetroffen war, und wenig später kam Konrad den Flur entlang.

»Da seid ihr ja.« Er nahm Luise in die Arme und begrüßte Jasper und Karolina. »Kommt, ich zeige euch erst einmal meine Wohnung.« Er strich sich über seinen weißen Bart und schien ebenfalls ein wenig aufgeregt.

Luise hakte sich bei ihm ein, während Jasper Karolinas Hand in seine nahm. Der Gang war mit Bildern verschönert, die wohl von einigen Bewohnern gemalt worden waren, und von ihm gingen die Türen der einzelnen Wohnungen ab. Das Ganze wirkte auf Jasper eher wie ein Hotel als wie ein Heim. Alles war hell und freundlich ausgestattet.

»Der Speisesaal liegt auf der anderen Seite des Gebäudes. Man kann das Essen aber auch in seine Wohnung bestellen. Ganz wie man es will«, erklärte Konrad und öffnete am Ende des Gangs eine Tür. »Meine Wohnung ist die letzte in der Reihe, das hat den Vorteil, dass ich nur einen Nachbarn habe und der Garten um die Ecke reicht. Zu dem Komplex gehört auch eine Arztpraxis, die sich auf Geriatrie spezialisiert hat. Wir sollten Luise dort einmal vorstellen, das Spezialgebiet des Arztes ist Demenz.«

Luise hatte genau zugehört und nickte jetzt. »Zumindest hätte ich keine weiten Wege, wenn ich mal zu einem Arzt muss. Aber ich bin ja gesund. Ich habe doch nichts«, erklärte sie voller Überzeugung.

»Es ist immer von Vorteil, einen Arzt in der Nähe zu haben«, sagte Karolina zustimmend.

Zuerst betraten sie einen kleinen Flur, dann gelangte man in ein großes Wohnzimmer. Der Raum war nicht mit Möbeln überladen. Eine Couch und zwei Sessel luden zum Sitzen ein. Es gab einen Esstisch mit vier Stühlen, auf dem Geschirr und Kuchen bereitstanden. Hinter einer Wand kam eine kleine Küche zum Vorschein.

»Man kann auch selbst kochen, doch das Essen schmeckt sehr gut. Meistens nehme ich den Service in Anspruch, wenn

Luise mich nicht versorgt.« Er lächelte sie an und nahm ihr den Mantel ab. »Legt ab, im Flur gibt es Haken.«

Jasper nahm die Jacken an sich und brachte sie in den Flur. Die Räume waren mit Raufaser tapeziert, die Türen und Türstöcke in Weiß gehalten. Die hellen Töne gaben der Wohnung eine gewisse Größe.

»Gibt es einen Reinigungsservice?«, fragte Jasper und setzte sich zu den anderen an den Tisch.

»Ja, selbstverständlich«, erwiderte Konrad. Er hatte Kirschstreuselkuchen besorgt und schenkte Kaffee in die Tassen ein.

Luise sah sich alles genau an und war merkwürdig still.

»Du wohnst wirklich sehr schön, Konrad«, bemerkte Karolina und nickte zustimmend.

»Ja, Konrad. Es ist hier wirklich schön«, sagte nun auch Luise, und Jasper atmete innerlich auf. Er hatte schon Angst gehabt, dass es ihr nicht gefallen würde.

»Ich freue mich, dass es euch gefällt, ganz besonders dir, Luise. Könntest du dir vorstellen, hier mit mir zu leben?«

Sie griff nach seiner Hand und drückte sie. »Natürlich, Konrad. Ich habe ja immer geglaubt, wir würden irgendwann gemeinsam in meiner Wohnung leben, doch ich habe eingesehen, dass das nicht möglich ist. Ich bin Karolina sehr dankbar dafür, dass sie sich um mich kümmern will, aber ich kann nicht ihr Leben durcheinanderwirbeln. Du, Konrad, bist mir über die vielen Jahre ans Herz gewachsen, und ich glaube, es gäbe keinen anderen Mann, mit dem ich lieber zusammenleben möchte. Ich liebe dich, Konrad, und bin sehr glücklich, dass du mich trotz meiner Krankheit an deiner Seite wissen willst. Ich weiß, es wird nicht einfach werden, und ich hoffe nicht, dass ich am Ende eine Last werde. Umso mehr stehe ich in deiner Schuld und bin dir dankbar. Das ist etwas, was ich wohl erst lernen muss.« Sie blickte einen nach dem anderen an.

»Luise, du wirst mir nie zur Last fallen. Du weißt, dass ich dich schon viele, viele Jahre verehre und liebe. Ich kann mir nichts Schöneres vorstellen, als meinen Lebensabend mit dir zu verbringen. Für deine Krankheit werden wir Hilfe erhalten. Mach dir keine Sorgen, ich bin ein sehr glücklicher Mann.« Er küsste ihre Hand, und Luises Wangen färbten sich rot, als wäre sie ein junges Mädchen.

Jasper blickte zu Karolina hinüber, die die Szene verfolgte. Er konnte Konrads Worte so gut nachvollziehen, schließlich empfand er ganz ähnlich für Karolina und war sich sicher, dass auch er die große Liebe seines Lebens gefunden hatte. Warum länger Zeit verstreichen lassen, wenn die Gefühle auf der Hand lagen?

»Selbstverständlich wird es eine neue Erfahrung sein, hier zu leben, aber ich freue mich darauf. Erinnere mich morgen daran, wenn ich nicht mehr weiß, dass ich das gesagt habe«, erklärte Luise an Konrad gewandt und lachte. »Dabei habe ich noch nicht einmal das Schlafzimmer gesehen.«

»Das können wir sofort nachholen. Kommt mit, ich zeige es euch.« Konrad führte sie zunächst in ein geräumiges Badezimmer, dass behindertengerecht eingerichtet war. Alles war neu und sauber.

»Seit wann gibt es diese Residenz?«, wollte Jasper wissen.

»Sie ist noch nicht sehr alt. Das Haus wurde gerade mal vor sechs Jahren erbaut. Ich bin der zweite Bewohner dieser Wohnung.«

»Hier hat man sehr viel Platz, und man muss bestimmt nicht warten, bis das Wasser heiß wird«, murmelte Luise begeistert.

Während Luise und Karolina einen kurzen Blick ins Schlafzimmer warfen, das ebenfalls eine Menge Platz bot, traten Jasper und Konrad auf die Terrasse heraus, damit Konrad eine Zigarette rauchen konnte.

»Ich rauche nicht im Haus. Sollte es mir ohnehin schon längst abgewöhnt haben.«

»Du warst aufgeregt, ob es Luise gefallen würde?«, stellte Jasper fest.

Konrad nickte zustimmend. »Ja, mein Junge. Selbst ein alter Mann, wie ich es bin, ist sich nicht immer seiner Sache sicher.«

»Ich bin mir meiner Sache sicher und auch aufgeregt«, gab Jasper zu.

»Wegen Karolina?«

Er nickte. »Ich will sie heiraten. Jetzt, am liebsten sofort.«

»Das lässt sich einrichten«, brummte Konrad und zog an der Zigarette, sodass die Glut aufglomm.

»Wie meinst du das? Der ganze Behördenkrieg, das wird noch ewig dauern.« Jasper winkte ab.

»Das ist einfacher, als du dir denkst.«

»Aber ich dachte, du warst noch nie verheiratet?«

»Dafür habe ich Tausende von Paaren getraut«, erklärte Konrad mit einem Grinsen.

»Was willst du damit sagen?« Jasper verstand nicht ganz.

»Ich war bis zu meiner Pensionierung Standesbeamter.«

»Was?« Jasper war baff. »Das hast du nie erzählt. Heißt das, dass du auch Luise und ihren Mann getraut hast?«

Konrad nickte. »Es war meine erste Trauung, und ich habe mich in die Frau meines besten Freundes verliebt. Das Leben geht manchmal seltsame Wege. Doch am Ende habe ich sie bekommen. Man muss nur geduldig sein.«

»Ich kenne das Gefühl. Ich habe auch lange auf Karolina gewartet, und jetzt will ich nicht weiter warten.«

Mit einer entschlossenen Bewegung drückte Konrad die Zigarette aus. »Gut, dann lass uns Nägel mit Köpfen machen, mein Junge. Ich gebe dir eine Telefonnummer, da kannst du dich melden, wenn es dir wirklich ernst mit dem Heiraten ist. Ich werde alles in die Wege leiten. Du musst nur Karolina dazu bringen, Ja zu sagen.«

Verblüfft schüttelte Jasper den Kopf. »Von welcher Zeitspanne sprechen wir hier? Ein bis zwei Wochen?«

Konrad lachte auf. »Wenn es dir wirklich ernst ist und du an Karolinas Abstammungsurkunde kommst, könnt ihr in drei Tagen verheiratet sein.«

»Drei Tage?«, rief Jasper laut und presste dann die Lippen aufeinander. Er wollte doch nicht, dass Karo etwas mitbekam.

»Drei Tage. Du musst dich nur dafür entscheiden.«

Als Karolina die Terrasse betrat, sah sie beide Männer abwechselnd an. »Warum seht ihr beiden so aus, als hätte ich euch mit den Fingern im Bonbonglas erwischt?«, fragte sie neugierig.

Jasper hob die Schultern. »Ich habe keine Ahnung, wovon du sprichst.«

Luise trat auf die Terrasse und sah sich neugierig um. Sie hatte die letzten Sätze mitbekommen. »Warum esst ihr denn die Bonbons hier draußen auf der Terrasse? Hier ist es doch viel zu kalt.«

34

Zwei Tage vor Silvester

Den ganzen Tag hatte Karolina nichts von Jasper gehört. Es kam ihr irgendwie komisch vor. Er hatte zwar erklärt, dass er mit Konrad Platz in dessen Wohnung und Kellerraum schaffen wollte, damit Luise direkt nach Silvester zu ihm ziehen konnte, doch sonst hatte er sich zwischendurch immer mal gemeldet oder hatte am Abend vorbeigeschaut. Doch seit gestern herrschte Funkstille. Es war unglaublich, wie schnell sie sich an ihn und seine Gegenwart gewöhnt hatte. Sie schüttelte über sich selbst den Kopf und lachte auf.

Am Morgen war sie noch mit Luise einkaufen gewesen und hatte die Reste der Strickwaren, die sie nicht auf dem Christkindlesmarkt verkauft hatten, gut verstaut. Konrad war am Nachmittag gekommen und würde bis Neujahr bei Luise bleiben. So hatte Karolina etwas Zeit für sich.

Seit ewiger Zeit schnappte sie sich endlich mal wieder ihren Laptop und sah die E-Mails durch. Neben einer Menge von Newslettern gab es eine Mail von gestern, die ihr ins Auge fiel. Sie war von ihrem Vorgesetzten. Schnell überflog sie die Nachricht. Es war eine Abmahnung, in der ihr vorgeworfen wurde, einem unangemeldeten Nebenjob nachzugehen. Diese Abmahnung würde ihr noch brieflich zugestellt werden.

Thomas!

Das konnte ja wohl nicht wahr sein! Er steckte dahinter, etwas anderes kam gar nicht infrage. Wie sie diesen aufgeblähten Kerl hasste. Was bildete er sich nur ein? Er hatte sie verpetzt, ohne den wahren Hintergrund zu kennen. Und man hatte ihr eine Abmahnung zugesandt, ohne seine Anschuldigungen infrage zu stellen. Karolina war außer sich. Das war der Tropfen, der das Fass zum Überlaufen brachte. Darauf hatte sie eigentlich nur gewartet.

Sofort machte sie sich an die Arbeit, eine Antwort auf die Abmahnung zu senden. Sie erklärte in klaren und einfachen Worten, dass sie einer Freundin ausgeholfen hatte, deren Großmutter an Alzheimer erkrankt war. Und dass das Ganze unentgeltlich war und sie keinesfalls einem Nebenjob nachging. Voller Wut drückte sie auf Senden. Es war nicht zu glauben, dass man ihr sofort eine Abmahnung geschickt hatte, ohne vorher die Anschuldigungen von Thomas zu überprüfen. Warum redeten die Leute nicht einfach mal mit ihr? Sie konnte sich gar nicht beruhigen. Hatte man so wenig Vertrauen zu ihr?

Sie hörte den Schlüssel in der Tür, und Jasper betrat die Wohnung.

»Hi, Prinzessin.«

Sie hatte ihm den Schlüssel überlassen, den er von Luise erhalten hatte.

»Hallo«, murmelte sie, nicht gerade begeistert.

»Was ist los?« Sofort war Jasper bei ihr. Er kannte sie so gut, dass er aus ihrer Stimme heraushören konnte, wenn etwas nicht in Ordnung war.

In knappen Worten erzählte sie von der Abmahnung und dass Thomas alles falsch dargestellt hatte.

»Glaubst du, er will dir Steine in den Weg legen?« Jasper hatte sich zu ihr am Esstisch niedergelassen.

»Natürlich. Dieser Mann will mir eins auswischen. Ich habe ihn mehr als einmal auflaufen lassen, weil er nicht die Kompetenz besitzt, die ein Vorgesetzter haben sollte. Er hat sich die Beförderung erschlafen und besitzt gar nicht die Qualifikation für seinen Job. Er ist hoffnungslos überfordert und beißt um sich, damit er nicht auffliegt.« Karolina seufzte leise.

»Es tut mir leid, ich höre mich an, als würde dieser Kerl mir noch etwas bedeuten, doch so ist es gar nicht. Ich bin mit ihm durch. Mich ärgert nur, dass er so viel Einfluss hat.«

»Für mich hört es sich eher so an, als wärst du mit deinem Job nicht wirklich zufrieden.«

Sie nickte. »Da kannst du recht haben. Eigentlich arbeite ich nur noch dort, um diese Wohnung zu bezahlen. Doch allmählich frage ich mich, ob sie den Ärger wirklich wert ist.«

Fürsorglich griff Jasper nach ihrer Hand und spielte mit ihren Fingern. »Und wenn du diese Wohnung verkaufst? Ich meine, wenn wir heiraten, werden wir ohnehin zusammenziehen. Wenn du willst, können wir es sofort tun, und du kannst die Wohnung verkaufen, deinen Job kündigen und dir in Ruhe etwas suchen, woran wirklich dein Herz hängt.« Er sah sie erwartungsvoll an. »Mein Jobangebot in der Manufaktur steht. Du brauchst nur Ja zu sagen.«

»Du meinst, ich soll sofort zu dir ziehen?«

»Ich meine … wir sollten sofort heiraten.«

Kaum waren die Worte ausgesprochen, hielt Karolina inne und starrte Jasper mit offenem Mund an. »Wie meinst du das, sofort?«

»Na, morgen. Ich frage dich, ob du bereit bist, mich morgen auf dem Standesamt zu heiraten. Die kirchliche Hochzeit werden wir im Sommer nachholen. Doch ich möchte keine weitere Zeit verlieren und frage dich jetzt und hier, ob du morgen Ja sagen willst.«

Ein kleines Glucksen kam aus ihrer Kehle. »Ha! Du bist wirklich verrückt, Jasper Köhler. So einfach geht das nicht. Man braucht einen Termin und all das …«

»Schon erledigt«, sagte er, als wäre es das kleinste Problem der Welt.

»Wie bitte?«

»Es ist alles organisiert. Ich gebe zu, ich habe mich an deinen Unterlagen zu schaffen gemacht, um das Aufgebot zu bestellen. Und ich hatte Hilfe, aber wenn du willst, kannst du schon morgen meine Frau werden.«

»Und wenn ich Nein sage?«, fragte sie nach, weil ihr einfach nichts anderes einfiel.

»Dann wäre ich zwar enttäuscht, würde aber warten, bis du so weit bist. Ich gebe nicht auf, Karo. Ich liebe dich und werde auf dich warten. Ich habe gelernt, dass die wahre Liebe es wert ist, darauf zu warten. Egal wie lange.«

Hysterisch lachte Karolina auf. »Das ist verrückt. Da steckt bestimmt Luise hinter, die unbedingt will, dass du mich diese Woche heiratest. Es ist ein Scherz, nicht wahr?«

Langsam schüttelte Jasper den Kopf. »Es ist keinesfalls ein Scherz. Ich habe es geschafft, uns einen Termin zu besorgen, und ich hoffe, dass meine Bemühungen nicht umsonst waren. Du brauchst nur Ja zu sagen.«

»Nur Ja? Ein kleines Wort, mit einer weitreichenden Wirkung«, überlegte Karolina laut.

»Es liegt bei dir, mein Liebling. Doch egal wann, du wirst um dieses kleine Wort nicht herumkommen. Dafür liebe ich dich viel zu sehr.«

Karolina zog ihren Laptop zu sich heran und öffnete ihr E-Mail Programm. Mit flinken Fingern schrieb sie einige kurze Zeilen und las anschließend die E-Mail noch einmal Korrektur. Dann tippte sie, ohne groß nachzudenken, auf Senden und schloss grinsend das Gerät.

»Was hast du getan?«, wollte Jasper wissen. »Du siehst aus, als hättest etwas ausgeheckt.«

»Nun, ich denke, es wird Zeit, dass ich mich um deine Buchhaltung kümmere. So wie es aussieht, bin ich jetzt arbeitslos, denn ich habe gerade meinen Job gekündigt, aber soll ich dir mal was sagen? Ich habe mich noch nie so gut gefühlt.« Sie lachte ausgelassen. »Als Nächstes werde ich diese Wohnung verkaufen müssen, aber der Gedanke macht mir keine Angst. Ich weiß ja, wo ich demnächst leben und arbeiten werde.«

»Na, dann werde ich dich mal in die Geheimnisse der Pralinenmanufaktur einführen.«

»Ich liebe Geheimnisse«, gab sie zu.

»Und ich liebe dich, meine kleine Praline. Also, wie sieht es aus, bist du bereit, Ja zu sagen?« Jasper blickte Karoline so unsicher an, dass es ihr körperlich wehtat. Sie wollte ihn auf keinen Fall länger warten lassen.

*

»… so antworten Sie laut und deutlich mit Ja.«

»Ja«, sagte Karolina, nicht sehr laut, dafür aber sehr deutlich. Es war im Saal so still, dass auch so jeder hören konnte, was sie sagte.

»Dann darf ich dem Brautpaar gratulieren … und Sie dürfen die Braut jetzt küssen.« Die Standesbeamtin blickte Karolina und Jasper mit einem wohlwollenden Blick an.

»Na, dann wollen wir mal.« Jasper beugte sich zu ihr hinunter und gab ihr einen gefühlvollen Kuss auf die roten Lippen. »Sie sehen wunderschön aus, Frau Köhler«, murmelte er.

Großer Applaus brach aus. Ihre Gäste im Saal klatschten begeistert Beifall.

»Ich habe wirklich Ja gesagt«, überlegte Karolina laut, die es immer noch nicht fassen konnte. Als Jasper sie am Nachmittag zuvor gefragt hatte, ob sie ihn heute heiraten wolle, war sie aufgesprungen, hatte in ihrem Kleiderschrank nachgesehen und festgestellt, dass sie dafür nichts Passendes anzuziehen hatte. So waren sie gemeinsam einkaufen gefahren, und nun stand sie hier in einem weißen, eleganten Cocktailkleid vor ihm, das Haar kunstvoll hochgesteckt. Einen kleinen Strauß aus weißen Rosen hielt sie in den Händen.

Ihre Freunde gratulierten ihnen, nachdem die Standesbeamtin ihnen die Heiratsurkunde überreicht hatte.

»Aber sind weiße Rosen nicht eher für eine Beerdigung gedacht?«, fragte Marie leise nach.

Karolina schüttelte den Kopf. »Es waren die Lieblingsblumen meiner besten Freundin, und so habe ich das Gefühl, als wäre ein kleiner Teil von ihr hier. Frieda soll in Gedanken dabei sein.«

Luise warf ihr einen liebevollen Blick zu. »Da hast du vollkommen recht, mein Kind. Ich glaube, ich habe Frieda eben durch die Tür gehen sehen.«

Konrad legte ihr behutsam einen Arm um die Schultern. Die beiden waren festlich angezogen, und auch Marie und Oskar, die als Trauzeugen fungierten, hatten sich schick gemacht.

»Konrad! Wie schön, dich mal endlich wiederzusehen.« Die Standesbeamtin reichte ihm die Hand.

»Anna! Vielen Dank für deine Hilfe. Du hast bei mir etwas gut, das war sehr freundlich von dir, uns zu helfen.«

»Das habe ich doch gerne getan. Du warst immer mein Lieblingskollege«, gab Anna zu.

»Jetzt ist er mein Lieblingsmann«, erklärte Luise und strich ihm sanft über den Arm.

»Bahnt sich da vielleicht eine weitere Hochzeit an?«, fragte Anna lächelnd. »Ich hätte noch Zeit für eine weitere Trauung.«

»Allmächd! Wer heiratet denn heutzutage noch. Die wilde Ehe ist wieder in«, erklärte Luise lautstark und brachte damit alle zum Lachen.

»Seid ihr bereit für eine kleine Feier im Meyer Lansky?«, fragte Jasper. »Henri hat gerade angerufen und grünes Licht gegeben. Es ist alles vorbereitet.«

»Na, dann wollen wir mal los, um auf das Brautpaar anzustoßen«, rief Oskar. »Ich hoffe, es gibt ein anständiges Bier.«

Jasper nahm Karolina an die Hand und führte sie aus dem Gebäude. Es hatte schon wieder zu schneien begonnen. Vorsorglich hob er sie auf seine Arme und trug sie zu dem festlich geschmückten Wagen.

»Was machst du?«, rief Karolina erschrocken.

»Ich trage meine Frau auf Händen. Ich will doch nicht riskieren, dass sie sich am Hochzeitstag ein Bein bricht.«

Karolina sah ihn verschmitzt an. »Daran könnte ich mich gewöhnen. Es ist bestimmt nicht das Schlechteste, so für den Rest seines Lebens auf Händen getragen zu werden.«

»Worauf du dich verlassen kannst, du wirst es erleben«, flüsterte Jasper, setzte sie ins Auto und drückte ihr einen festen Kuss auf die Lippen.

»Willst du nicht endlich losfahren?«, kam Luises Stimme von der Rückbank, auf der sie Platz genommen hatte. »Aber fahr nicht wieder wie ein alter Mann, sonst wird das Essen noch kalt.«

»Luise, du fährst doch mit Oskar, Marie und mir.« Konrad holte sie aus dem Brautwagen heraus und brachte sie zu Oskars Auto. Sie trug ein feines dunkelblaues Kostüm und hatte sich sogar für einen kleinen Hut entschieden, der jetzt ein wenig schief auf ihrem Kopf saß.

Lachend ließ sich Jasper auf den Fahrersitz seines Wagens nieder. Er trug einen anthrazitfarbenen Anzug mit einem weißen Hemd und einer champagnerfarbenen Weste. Er sah umwerfend damit aus. »Was würden wir nur ohne unsere Luise machen?« Er startete den Wagen und fädelte sich hupend in den Verkehr ein.

»Ohne Luise würden wir mit Sicherheit nicht hier sitzen«, erklärte Karolina. »Wir haben ihr eine Menge zu verdanken. Ihr und der lieben Frieda.«

Jasper ergriff ihre Hand und küsste sie. »Natürlich hast du wie immer recht, mein Mädchen«, sagte er, Konrads Tonfall imitierend und sah sie verliebt an, dann betätigte er die Hupe, und die anderen Autofahrer stimmten in das Hupkonzert mit ein.

Rezept: Gewürzspekulatius Tiramisu

Für 6 Personen

Zutaten
500 g Himbeeren
1 EL + 75 g Zucker
1/2 TL Spekulatiusgewürz
1 EL Speisestärke
175 g Gewürz-Spekulatius
250 g Mascarpone
250 g Magerquark
100 g weiße Schokolade
3 EL Zitronensaft
200 g Schlagsahne
Kakaopulver zum Verzieren

Die Himbeeren waschen und abtropfen lassen. Den Saft auffangen. 1 EL Saft beiseite stellen. Den restlichen Saft mit 1 EL Zucker und Gewürz aufkochen. Stärke mit etwas kaltem Wasser glatt rühren. In die kochende Flüssigkeit einrühren und ca. 1 Minute köcheln lassen. Die Himbeeren untermischen, etwas abkühlen lassen. Dann in 6 Gläser (à ca. 300 ml) füllen und abkühlen lassen.

Den Gewürzspekulatius fein zerkrümeln.

Mascarpone, Quark, 75 g Zucker, Zitronensaft und beiseite gestellten Himbeersaft verrühren. Die Sahne steif schlagen, 2 EL Spekulatiusbrösel unterheben. In einen Spritzbeutel mit großer Sterntülle füllen. Restliche Brösel in den Gläsern verteilen, dann die Creme darauf spritzen. Die geraspelte weiße Schokolade darauf verteilen.

Das Spekulatius-Tiramisu mit Himbeeren mehrere Stunden kalt stellen. Kurz vor dem Servieren mit dem Kakaopulver bestreuen.

Gutes Gelingen!

Leseprobe

Ein heftiger Schneesturm fegt über die Nordseeküste hinweg und wirbelt alle Weihnachtspläne durcheinander. Weil der Fährverkehr zwischen Borkum und dem Festland eingestellt werden muss, stranden gleich mehrere Gäste in Julias kleiner Pension »Meereszauber«. Seit letztem Sommer kümmert sich Julia allein um das etwas in die Jahre gekommene Gästehaus. Kurzerhand beschließt sie, das Beste aus der Situation zu machen und ihren Gästen ein unvergessliches Weihnachtsfest zu bescheren. Tatsächlich genießen diese statt Weihnachtsstress schon bald die Ruhe und Abgeschiedenheit der Insel. Und auf Julia wartet nicht nur eine romantische Überraschung – sondern auch eine neue Perspektive für ihre Pension.

Kapitel 1

Der herbe Geruch von Sanddorn stieg ihr in die Nase, als sie prüfend in das Marmeladenglas spähte. Julia Sterweg griff nach einem Teelöffel und kratzte die Reste des Aufstrichs zusammen, den ihre Mutter aus den orangenen Beeren gekocht hatte. Die Menge würde gerade noch für Leons Schulbrot reichen. Gut, dass fast alle Gäste ihrer kleinen Pension schon gefrühstückt hatten. Trotzdem würde sie nachher einkaufen gehen müssen. Dabei hatte sie gehofft, mit ihren Vorräten bis zur Abreise der letzten Besucher auszukommen.

»Trink deinen Kakao«, bat sie ihren Sohn Leon, während sie eine Scheibe Vollkornbrot bestrich, in seine Spiderman-Dose packte und eine Clementine dazulegte. »Sonst kommst du zu spät zur Schule.«

Sie stellte die Brotdose und die mit Früchtetee gefüllte Thermoskanne auf den Frühstückstisch. Leon hatte höchstens zwei Bissen von seinem Käsebrot gegessen und an seinem Kakao noch nicht einmal genippt. Julia unterdrückte ein Seufzen.

Der Sechsjährige starrte auf den Adventskranz, der vor ihm auf dem Tisch stand und aussah wie jedes Jahr. Rote Kerzen und Tannenzapfen zierten das Grün. Wie immer. Nur, dass Julia den Kranz in diesem Jahr gekauft hatte. Sonst hatte ihre Mutter Thea ihn immer selbst gebunden und dekoriert.

Julia hatte lange überlegt, ob sie nicht besser etwas ganz anderes besorgen oder sogar auf einen Adventskranz verzichten sollte, sich dann aber dafür entschieden, die Tradition fortzusetzen. Thea hätte es vermutlich so gewollt. Mit jedem Tag, den die Kerzen weiter herunterbrannten, wuchs in Julia jedoch das Gefühl, dass sie Leon damit keinen Gefallen getan hatte. Die braunen Haare, die er von seinem Vater geerbt hatte, fielen ihm in die Stirn, und sie strich sie zurück, während sie neben ihrem Sohn Platz nahm.

»Hast du denn gar keinen Hunger, mein Schatz?«

Der Erstklässler schüttelte den Kopf. Er ist dünner geworden, dachte Julia. Das Sweatshirt schlackerte um seine Schultern, und den Knopf seiner Jeans hatte sie erst letzte Woche nach innen versetzt.

Ihr selbst ging es kaum anders. Julia zupfte an den Ärmeln ihres cremefarbenen Strickpullovers, der im letzten Winter auch noch deutlich enger gesessen hatte. »Gehst du heute wieder zusammen mit Finn und Carlo zur Schule? Ihr könntet später bei uns spielen, wenn ihr mögt.«

»Vielleicht.«

Der Tonfall reichte, um Julia wissen zu lassen, dass Leon sich nicht mit seinen Freunden verabreden würde. Ihr Blick glitt aus dem Küchenfenster. Die Hindenburgstraße lag noch im Dunkeln, doch das Licht der Straßenlaternen ließ den Gehsteig vor der Pension *Meereszauber* glitzern und verriet, dass es Frost gegeben hatte. Auch die Fensterrahmen waren von Eisblumen verziert. Bislang war es ein milder Dezember gewesen, wie er typisch für Borkum war, aber allmählich wurde es kühler.

»Geh gleich vorsichtig. Es könnte ein wenig glatt sein.«

»Wie lange ist überhaupt noch Schule?«, fragte Leon.

»In drei Tagen fangen die Ferien an. Dann packen wir sofort unsere Koffer, schließen hier alles ab und fahren zu Katrin. Freust du dich auf ihre Jungs? Max ist ja nur ein Jahr älter als du.«

Mit den Fingerspitzen schob sie die Kakaotasse ein Stück näher zu Leon. Endlich nahm er sie in die Hände und trank einen Schluck.

»Ich weiß. Aber ich kann mich gar nicht mehr richtig an ihn erinnern.«

»Wir waren ja auch schon fast zwei Jahre lang nicht mehr im Allgäu. Bestimmt werdet ihr ganz schnell wieder Freunde. Als wir letztes Mal dort waren, wart ihr unzertrennlich.«

Julia lächelte. Sie konnte es selbst kaum erwarten, endlich mit Leon zu ihrer Freundin Katrin und deren Familie zu fahren. Die Hohenachts lebten auf einem Hof mitten in den Bergen, umgeben von Kühen, Hühnern und Katzen. Der Tapetenwechsel würde Leon und ihr selbst guttun, besonders über die Weihnachtstage, wenn die Erinnerungen an Thea noch mehr als sonst in jeder Ecke lauerten.

Julias Mutter war im Sommer gestorben, an einem sonnigen Junitag, der eigentlich viel zu schön zum Sterben war, und ruhte jetzt auf dem Friedhof neben ihrem Mann Peter, der schon seit fast einem Jahrzehnt nicht mehr bei ihnen war. Seinen Großvater hatte Leon gar nicht kennenlernen dürfen.

Als einziges Kind der beiden versuchte Julia seit Theas Tod, die Pension alleine zu bewirtschaften. Sie vermietete nur fünf Zimmer, aber die Arbeit ging trotzdem nie aus. Julias Augen wurden feucht, als sie Thea förmlich vor sich sah. Wie sie die Betten frisch bezog, den Gästen ein Frühstück brachte. Immer darauf bedacht war, dass es allen gut ging – vor allem aber Leon.

Thea hatte ihren Enkel vergöttert, und er hatte seine Großmutter innig geliebt. Die beiden waren so vertraut miteinander gewesen. Leon war unter Theas Dach aufgewachsen und hatte sicherlich genauso viel Zeit mit ihr verbracht wie mit Julia. Selbst, als ihr Herz schon so schwach gewesen war, dass sie den Großteil des Tages im Schaukelstuhl neben dem Kachelofen in der Stube verbringen musste, hatte Thea sich noch um Leon gekümmert. Stundenlang hatte sie mit ihm Memory gespielt, gelesen oder seine Lieblingssendungen geschaut. *Löwenzähnchen* liebte er besonders. Er wünschte sich schon lange einen Hund wie Keks, treu und mit kuschelweichem Fell.

Nach Theas Tod war Julia mehr als einmal versucht gewesen, ihm den Wunsch zu erfüllen, aber wie sollte ein Tier in ihrer Familie zu seinem Recht kommen? Solange Julia sich alleine um die Pension kümmerte, blieb kaum Zeit für regelmäßige Spaziergänge. Hinzu kam, dass es unter den Gästen immer wieder Allergiker gab.

»Kommt das Christkind auch zu Katrins Familie?«

»Natürlich«, versprach Julia und zwinkerte Leon zu. Sie hoffte so sehr, dass er über die Feiertage nicht noch trauriger wurde, sondern im Allgäu Ablenkung fand.

Sie hatte schon ein paar Kleinigkeiten für den Jungen besorgt und in ihrem Schrank versteckt. Sein Vater, Jasper Berends, hatte ihr ebenfalls ein Paket für ihn gegeben. Er hatte nichts gegen die Reisepläne einzuwenden gehabt. Im Gegenteil! Julia hatte den Eindruck, dass er ganz froh darüber war. Vermutlich fürchtete er, sie könnte ihn sonst bei der Kinderbetreuung einbinden. Als hätte er sich dabei jemals hervorgetan.

Sie warf einen Blick auf ihre Armbanduhr. »Jetzt aber los, Leon. Warte am Neuen Leuchtturm auf die anderen Kinder, ja? Und mach im Unterricht gut mit. Noch sind keine Ferien.«

Leon holte Jacke, Schal und Mütze von der Garderobe im Flur und zog zuletzt seine grauen Fingerhandschuhe über. Julia half ihm, den Ranzen auf dem Rücken festzuschnallen. Umständlich schloss er den Brustgurt, und Julia lief schier das Herz über. Jeden Tag aufs Neue kam ihr dieser klobige Tornister viel zu groß für ihren kleinen Jungen vor. Zu Beginn des Schuljahres hatte sie ihm ein paar Mal angeboten, ihn zur Schule zu bringen und den Ranzen für ihn zu tragen, doch das hatte Leon stets und ungewöhnlich vehement abgelehnt. Vermutlich hatte er Angst, dass die anderen ihn auslachten.

Doch das änderte nichts daran, dass er nun einmal zu den Kleinsten in der ersten Klasse gehörte. Sie drückte ihm einen Kuss auf die Wange.

»Bis nachher, Mama.«

»Bis gleich, mein Schatz. Und denk dran, du darfst dich gern heute verabreden, wenn du möchtest.«

Leon antwortete nicht mehr, sondern zog leise die Tür hinter sich ins Schloss.

Julia blieb mit vor der Brust verschränkten Armen im Flur stehen. Sie fröstelte, wusste aber, dass es nicht an der Winterluft lag, sondern an der Sorge um Leon. Es wurde einfach nicht besser mit ihm. Fast jedes Mal, wenn Julia vorschlug, dass er Freunde einladen könnte, fand er eine Ausrede. Er wäre zu müde, der Bauch täte weh oder die anderen hätten ohnehin keine Zeit, behauptete er dann. Und er schlief schlecht. Beinahe jede Nacht hörte sie irgendwann das Tapsen seiner Füße auf dem Holzboden, bis er sich zu ihr unter die Decke kuschelte und sich im Schlaf hin und her wälzte.

Julia hatte schon das Foto von Thea, das sie auf ihren Nachttisch gestellt hatte, weggeräumt, weil sie dachte, es täte Leon nicht gut, seine Großmutter ständig vor Augen zu haben. Geholfen hatte dieser Schritt, der ihr selbst wehgetan hatte, aber auch nicht.

»Moin, Julia.« Eine fröhliche Stimme riss sie aus ihren Gedanken. Sie drehte sich zu der schmalen, weiß lackierten Holztreppe herum, die zu den Gästezimmern im Obergeschoss führte.

»Moin, ihr zwei. Gut geschlafen?«, erkundigte sie sich bei dem älteren Ehepaar, das auf dem Treppenabsatz erschienen war. Die beiden zählten zu den Stammgästen der Pension *Meereszauber*, deshalb war Julia längst mit ihnen per Du. Sie waren über siebzig, nahmen die lange Anreise aus Kassel aber trotzdem mehrmals pro Jahr auf sich.

Die beiden nickten einhellig, und Julia bat sie in den Frühstücksraum, der durch eine Schiebetür aus Milchglas mit der Küche verbunden war. Diese Tür hatten ihre Mutter und sie vor gut fünf Jahren einbauen lassen. Es war die letzte Investition gewesen, die sie getätigt hatten. Julia wusste, dass längst wieder die ein oder andere Renovierung fällig wäre, aber sie war froh, überhaupt über die Runden zu kommen.

Gerd und Florentine Rathmann setzten sich wie üblich an den Tisch am Fenster, der bereits mit dem Zwiebelmusterporzellan eingedeckt war, das schon Julias Großmutter gehört hatte. Ein kleines Gesteck sorgte mit einem Teelicht für etwas Adventsstimmung, genau wie die winzigen Schokoladen-Nikoläuse, die auf den Servietten lagen. Es war Leons Idee gewesen, allen so das Frühstück zu versüßen, und Julia war gern damit einverstanden gewesen. Das war eine Ausgabe, die sie noch überblicken konnte, und trotzdem eine nette Geste, fand sie.

»Ich hole rasch den Kaffee. Er ist schon fertig.«

Julia rückte Florentine den Stuhl zurecht und eilte in die Küche, um die Kanne zu holen. Während sie einschenkte, kreisten ihre Gedanken noch immer um Leon, aber sie versäumte es dennoch nicht, ein wenig mit ihren Gästen zu plaudern. »Morgen ist schon euer Abreisetag, richtig? Was habt ihr denn heute noch Schönes vor?«

»Die Zeit geht immer viel zu schnell vorbei«, seufzte Gerd und rückte die Hornbrille zurecht, die ihm über die schmale Nase gerutscht war. »Irgendwann kommen wir zum Überwintern. Oder bleiben ganz!«

»Ich muss noch ein paar Souvenirs für unsere Enkelkinder kaufen. Und ich möchte unbedingt Tee mitnehmen. Ostfriesentee kaufe ich grundsätzlich nur hier«, sagte Florentine.

Gerd lachte und griff nach einem Brötchen.

»Da hörst du es, Julia. Meine Frau möchte Geld ausgeben. Ich will lieber noch einmal einen Spaziergang machen. An der

Promenade entlang. Dann sammele ich Flora ein und entführe sie auf Kaffee und Kuchen in ein Café.«

»Das klingt doch großartig«, erwiderte sie. »Aber zieh dich warm an, Gerd. Der Wind soll heute zunehmen. Das Wetter ändert sich.«

»Das stimmt«, pflichtete Flora ihr bei. »Das merke ich in den Knochen.« Sie rutschte auf dem Stuhl hin und her, als schmerzten ihre Hüften. »Darum bleibe ich auch lieber im Warmen und bummele durch die Geschäfte.«

»Jeder, wie er mag.« Gerd zwinkerte. »Sind wir denn die Letzten, die du loswerden musst, bevor es ins Allgäu geht?«

»Loswerden! Ich bitte dich.« Julia hob eine Augenbraue und schmunzelte. »Und nein, Frau Vogt und Herr Lehnfeld sind ebenfalls noch da. Beide reisen einen Tag nach euch ab. In drei Tagen beginnen Leons Ferien, dann starten wir direkt.«

»Das wird euch guttun.« Flora griff nach Julias Hand und drückte sie für einen Moment. »Euch beiden.«

In ihren grauen Augen stand so aufrichtiges Mitleid, dass Julia einen Kloß im Hals spürte. Sie schluckte schwer. Flora und Gerd hatten Thea gut gekannt. Im Laufe ihrer vielen Aufenthalte in der Pension hatte sich fast so etwas wie eine Freundschaft zwischen den drei Senioren entwickelt, und Julia wusste, wie seltsam es sich auch für die Rathmanns anfühlen musste, dass Thea auf einmal nicht mehr da war. Sie lächelte, bemüht, das Zittern ihrer Mundwinkel zu kontrollieren.

»Danke«, flüsterte sie, nickte den beiden noch einmal zu und zog sich in die Küche zurück. Sie räumte das benutzte Geschirr der anderen Gäste in die Spülmaschine und wischte den Esstisch ab. Im Radio spielten sie *Last Christmas*, und Julia wollte gerade den Ton ausstellen, weil sie rührselige Musik im Moment nicht ertragen konnte, als der Song für eine Eilmeldung unterbrochen wurde. Der Moderator warnte mit routinierten Worten vor einem Kälteeinbruch an der Nordsee.

Anscheinend näherte sich eine neue Kaltfront von Osten her in rasendem Tempo.

Julia warf einen Blick aus dem Fenster. Der Himmel war grau, aber es sah nicht nach Schnee aus. Der Wind hatte etwas zugenommen, doch so schlimm würde es schon nicht werden. Die letzten Winter waren immer mild gewesen, und selbst wenn es ein paar Flocken geben sollte, konnte es ihr egal sein. Sie würde ja ins Allgäu fahren, da herrschte ohnehin richtiger Winter!

Julia hörte, wie Flora und Gerd ihre Stühle zurückschoben und miteinander flüsternd den Frühstücksraum verließen, um sich ihren Plänen für den letzten Urlaubstag zu widmen. Wenn sie aus dem Haus waren, würde sie das Zimmer der beiden in Ordnung bringen, aber vorher wollte sie noch die Einkäufe erledigen.

Sie ging in den Flur und nahm ihren kanariengelben Wollmantel vom Haken. Sie hatte ihn im letzten Jahr gekauft; da hatte ihr der Gedanke gefallen, ein wenig Farbe in die tristen Wintermonate zu bringen. Nun wäre ihr eine schwarze Jacke lieber gewesen, aber Wintermode war teuer, und Leon würde vermutlich bald neue Schuhe brauchen – er war ziemlich gewachsen in den letzten Wochen. Julia wickelte sich einen dunkelblauen Schal um den Hals, nahm den Einkaufskorb und machte sich auf den Weg. Da sie nicht viel brauchte, würde sie nicht zu einem der Supermärkte außerhalb des Ortskerns fahren, sondern alles zu Fuß erledigen, beschloss sie.

Sie war gerade auf der Höhe des Neuen Leuchtturms, als ein paar erste Schneeflocken aus den grauen Wolken fielen, denen mehr und mehr folgten. Eine Windböe traf Julia von vorne, und sie senkte den Kopf. Sie hätte eine Mütze mitnehmen sollen. Schon jetzt fühlten ihre dunkelblonden Haare sich feucht an. Nicht, dass sie sich noch erkältete – sie wollte die Feiertage im Allgäu nicht krank auf dem Sofa verbringen müssen. Sie passierte die Gleise am Inselbahnhof. Die Kleinbahn mit der roten Lok und ihren bunten Waggons stand schon bereit, um die ersten Gäste, die den Heimweg antreten mussten, zum Hafen zu bringen und Neuankömmlinge abzuholen.

»Oh, Verzeihung!« Julia hatte gar nicht gemerkt, dass sie jemanden angerempelt hatte. Sie hob den Kopf. »Herr Lehnfeld. Moin!«

Ausgerechnet ihrem eigenen Gast war sie in die Hacken gelaufen.

»Moin«, erwiderte er und nickte ihr zu. Er war fast einen Kopf größer als Julia, und sie musste den Kopf in den Nacken legen, um ihn ansehen zu können.

Simon Lehnfeld kam aus Frankfurt, und soweit Julia wusste, war er zum ersten Mal auf Borkum. Der Anmeldebogen, den er ausgefüllt hatte, hatte ihr verraten, dass er zweiundvierzig Jahre alt war. Julia hätte geschworen, ihn noch nie ohne sein Handy in der Hand oder sogar am Ohr gesehen zu haben. Auch jetzt hielt er das teuer wirkende Gerät in den behandschuhten Fingern. Unter der grauen Mütze schauten ein paar blonde Strähnen hervor. Die Luftfeuchtigkeit hatte seine schwarz gerahmte Brille beschlagen lassen und versteckte seine stets müde wirkenden grünen Augen.

Eigentlich war er ein gut aussehender Mann, und bestimmt zog er so manchen Blick von Frauen auf sich, aber er verschwendete offensichtlich keinen Gedanken daran. Im Gegenteil, er wirkte immer so geschäftig und geradezu gehetzt, dass er selbst vermutlich gar nicht mehr wusste, wie er aussah oder wie er auf andere wirkte. Ob er jemals in Ruhe morgens in den Spiegel blickte, sich wie Julia fragte, wo das nächste Fältchen schon wieder hergekommen war?